Prof. Dr. rer. nat. Milan Rýzl
HELLSEHEN
und andere parapsychische Phänomene
IN HYPNOSE

Prof. Dr. rer. nat. Milan Rýzl

HELLSEHEN
und andere parapsychische Phänomene
IN HYPNOSE
Der experimentelle Nachweis
außersinnlicher Wahrnehmung

Ariston Verlag · Genf/München

CIP-Titelaufnahme der Deutschen Bibliothek

RÝZL, MILAN:
Hellsehen und andere parapsychische Phänomene in Hypnose /
Milan Rýzl. [Das Werk wurde nach d. in amerikan. Sprache
verf. Ms. von Karlhermann Bergner ins Dt. übertragen]. – 4. Aufl.
– Genf ; München : Ariston Verlag 1989
ISBN 3-7205-1083-2

HELLSEHEN
und andere parapsychische Phänomene
IN HYPNOSE

Schutzumschlag von Roger Pfund

Das Werk wurde nach dem in amerikanischer Sprache verfaßten Manuskript von
Karlhermann Bergner ins Deutsche übertragen

4. Auflage 1989

Printed in Austria

ISBN 3 7205 1083 2

Inhaltsverzeichnis

Ein Wort an den Leser

Dies ist ein ungewöhnliches Buch. Es schildert das Ergebnis der mehr als zwanzigjährigen Bemühungen des Autors, außersinnliche Wahrnehmung (= ASW) unter Kontrolle zu bringen und sie als einen neuen Sinn so weit zu entwickeln, daß man sie experimentell erforschen und sogar in der Praxis verwenden kann.

Der größte Teil der Wissenschaftler stand bisher der ASW skeptisch gegenüber. Selbst für Parapsychologen, die diese seltsame Fähigkeit erforschen, war sie stets eine allzuschwer greifbare, praktisch unbrauchbare Funktion.

Doch werden Sie nun von Experimenten lesen, in denen ASW auf Wunsch wiederholt hervorgerufen werden konnte. In diesen Experimenten konnten wir ihre Eigentümlichkeiten in der gleichen gesetzmäßigen Form studieren, wie die Naturgesetze in anderen experimentellen Wissenschaften studiert werden.

Das Buch enthält zum größten Teil Schilderungen von durchgeführten Experimenten. Bisweilen erscheinen sie nicht besonders erregend. Wissenschaftliche Forschung wirkt nun einmal wenig erregend, wenn von einzelnen Laboratoriumsforschungen berichtet wird (obwohl es Ausnahmen gibt). Beschreibungen von Versuchen, die notwendig ausführlich sein müssen, erscheinen leicht langweilig. Für den Wissenschaftler aber bildet die Entdeckung neuer Naturgesetze und jede neue Antwort, die er auf sein unermüdliches Fragen erhält, jede Andeutung neuer Kenntnis von den gewaltigen Geheimnissen des Universums, die ihm zuteil wird, das erregendste und mitreißendste Erlebnis, das er sich vorstellen kann.

Erregend sind die in diesem Buch geschilderten Versuche vor allem in ihrer Zielsetzung: nachzuweisen, daß ASW sich wie jedes andere gesetzmäßig verlaufende natürliche Phänomen im Laboratorium studieren und nach bestimmten Regeln praktisch anwenden läßt.

Natürlich bleibt noch viel zu tun, ehe wir diesen weitgespannten Ausblicken voll entsprechen können. Es wird von einigen recht komplexen psychologischen und soziologischen Problemen die Rede sein, die zu bewältigen sind, ehe die ASW wirklich in größerem Umfang unter die Kontrolle des Willens gebracht werden kann. Schon die Erwähnung dieser wenigen Probleme reicht aus, um ein Bild von den Schwierigkeiten der Aufgabe zu vermitteln. Aber ist und war die Forschung in anderen Bereichen der Wissenschaft nicht ebenfalls schwierig?

Immer wieder aber ist es der Wissenschaft gelungen, Wunschträume in Wirklichkeit umzusetzen, in der Vergangenheit Unmögliches zu Selbstverständlichem werden zu lassen.

Wer hätte, als Galvani seine ersten Beobachtungen der Elektrizität machte, auch nur ahnen können, welch gewaltigen Einfluß die Elektrizität nach weniger als zwei Jahrhunderten auf unser aller Leben ausüben würde? Oder wer hätte, als vor 75 Jahren die Radioaktivität entdeckt wurde, an eine praktische Verwendung von Atomenergie glauben können? (Der große Physiker Lord E. Rutherford, dem als erstem die Umwandlung von Elementen auf künstlichem Weg gelang, glaubte auch nicht daran.)

Die Vorstellung, daß eines Tages die Fähigkeit der ASW eine völlig reguläre praktische Anwendung finden kann, ist erregend genug!

Einleitung

Die ganze Geschichte der Parapsychologie hindurch ist das Problem, wie ASW sich unter menschliche Kontrolle bringen läßt, von entscheidender Bedeutung gewesen. Die notorische Labilität der ASW war stets eine Quelle von Zweifeln an ihrer tatsächlichen Existenz. Sie hemmte die Forschung und bildete das unüberwindliche Hindernis für die Bemühungen um eine ausgedehnte praktische Anwendung der ASW.

Jeder, der mit ASW experimentiert hat, weiß, wie wenig stabil diese Fähigkeit für gewöhnlich ist. Er kann eine begabte Person zur Verfügung haben, die an einem Tag eine aufsehenerregende Leistung vollbringt. Am nächsten Tag plant er, unter scheinbar gleichen Bedingungen, das Experiment zu wiederholen (möglicherweise lädt er sogar andere ein als Zeugen des zu Leistenden) und erlebt einen vollständigen Fehlschlag. Wenn man diese mangelnde Stabilität, die Unvollkommenheit der bisher beobachteten ASW-Manifestationen, die Betrügereien und Scharlatanerie mancher Medien, die Leichtgläubigkeit vieler Leute, die hier um jeden Preis an etwas Mysteriöses oder gar Übernatürliches glauben wollen, berücksichtigt, und wenn man schließlich den außergewöhnlichen Charakter der ASW bedenkt – dann wird man sich nicht mehr wundern, daß viele Wissenschaftler immer noch zögern, sie als echtes Phänomen anzuerkennen.

Aber wie launenhaft die ASW sich auch zeigen mag – auch sie hat ihre Gesetze. Zeitweiliges Versagen selbst guter Versuchspersonen ist mit dem Versagen gut vorbereiteter Studenten beim Examen zu vergleichen, wenn schlechte Disposition oder Lampenfieber zur Folge haben, daß sie ihre normale Leistung nicht erreichen. Der Stabilitätsmangel der ASW hat seinen ebenso gesetzmäßigen wie verständlichen Grund: die Abhängigkeit der ASW von der psychischen Tätigkeit des Menschen.

Phänomene, die nur von einigen einfachen, leicht zu erfüllenden
Bedingungen abhängen, lassen sich in einer bestimmbaren Form wiederholen. Das ist zum Beispiel der Fall bei Experimenten in der Physik
oder Chemie (obwohl auch hier unvorhergesehene Ergebnisse eintreten können, wenn z. B. die Chemikalien nicht genügend rein sind oder
wenn irgendeine notwendige Bedingung nicht erfüllt wurde). Biologische Objekte dagegen sind komplexer, und ihr Verhalten wird
durch komplizierte Wechselwirkungen einer großen Anzahl einfacherer
Regelhaftigkeiten bestimmt. Wegen der Komplexität und Variabilität
eines lebenden Objektes können wir nicht immer die genaue Wiederholung biologischer Prozesse garantieren. (So sind zum Beispiel
manche Menschen gegen Antibiotika allergisch, andere nicht.) Psychologische Regelmäßigkeiten sind noch komplexer. In derselben Situation
können scheinbar gleiche Individuen unter dem Einfluß derart scheinbar unbedeutender Faktoren wie zum Beispiel unterschiedliche Erfahrungen in der Vergangenheit völlig verschiedenartig reagieren. So
nimmt der Grad der Wiederholbarkeit mit der Komplexität der stu-
dierten Regelmäßigkeiten ab.

Das Auftreten von ASW hängt von der Erfüllung einer großen Anzahl Bedingungen psychologischer (bisweilen auch soziologischer) Art
ab. Viele von diesen Faktoren sind uns noch unbekannt; und selbst
die wenigen, die wir schon kennen, lassen sich in ihrer ganzen Komplexität nicht leicht hervorrufen. Bei ASW-Experimenten haben die
Wissenschaftler für gewöhnlich versucht, nicht mit der Sache selbst
zusammenhängende Bedingungen der Versuchssituation zu kontrollieren, die zwar wichtig sind für den Schutz vor Betrug und Fehlinter-
pretation, aber ziemlich belanglos für den Erfolg der ASW selbst. Von
größter Bedeutung sind bei der ASW innere, subjektive Dispositionen
der betreffenden Persönlichkeit (das heißt: scheinbar so geringfügige
Faktoren wie Launen, Wohlbefinden, innere Gelöstheit usw.), die sich
oft nicht willentlich herbeiführen lassen.

Verständlicherweise ist deshalb unsere Hauptaufgabe in der Parapsychologie, soviel wie möglich über die Bedingungen zu erfahren, die
für ASW erforderlich sind, und darüber, wie diese Bedingungen sich
in möglichst vollkommener Weise herbeiführen lassen. Wenn wir
darin Erfolg haben, dürfen wir hoffen, daß wir fähig werden, ASW
nach Belieben immer dann hervorzurufen, wenn die Notwendigkeit
dazu besteht.

Glücklicherweise sind einige wichtige Schritte in dieser Richtung bereits getan.

So hat man zum Beispiel festgestellt, daß die ASW-Leistung für gewöhnlich besser ausfällt, wenn die betreffende Person in guter Stimmung ist: in einer optimistischen Gefühlslage, ohne Sorgen oder andere Störungen. Eine entsprechende Motivierung, Selbstvertrauen und Freisein von neurotischen Zügen helfen in der Regel mit, ASW-Leistungen zu steigern. Es sei dazu gesagt, daß dies die gleichen Bedingungen sind, die zu guten Leistungen in jeder geistigen Tätigkeit disponieren. Es sei auch darauf hingewiesen, daß es sich dabei um geistig-seelische Zustände handelt, die bekanntlich von einem Tag auf den anderen, von einer Stunde zur anderen, ja nicht selten von einer Minute zur anderen wechseln können.

Außer diesen allgemein-psychologischen Bedingungen scheint ein Faktor wesentlich zu sein für das Auftreten von ASW, nämlich ein besonderer Bewußtseinszustand, der offenbar zu ASW disponiert. Spontane ASW-Erlebnisse treten für gewöhnlich nicht ein, wenn die betreffende Person sich im Normalzustand wacher Verstandestätigkeit befindet, sondern vielmehr in Zuständen, in denen ihr Wachbewußtsein gemindert ist. Das kann der Fall sein im Traum, im Halbschlaf, im Zustand der Entspannung nach einer ermüdenden Arbeit, in Wachträumen oder wenn sie von starken Erregungen ergriffen wird usw. Spiritistische Medien behaupten, ASW-Fähigkeiten im Zustand der „Trance" zu haben, die bestimmte Eigentümlichkeiten des Wachzustandes zusammen mit einer Anzahl Eigentümlichkeiten des Tiefschlafes zeigt. Anhänger des Yoga und Menschen, die mit der Praxis der Meditation vertraut sind, glauben, daß sie im ekstatischen Zustand des „samadhi", der ebenfalls durch ein völlig verändertes Bewußtsein gekennzeichnet ist, höhere Erleuchtung erlangen können. Selbst Sensitive oder Hellseher, die scheinbar (soweit man das äußerlich beobachten kann) im normalen Wachzustand arbeiten, versichern, daß dies nicht der Fall ist. Auch diese Personen empfangen ihre ASW-Eindrücke in einem veränderten Bewußtseinszustand, einem Zustand, der von leichtem Vertieftsein, von „Gedankenversunkenheit" mit herabgesetzter Aufmerksamkeit für die Umwelt bis zu tiefer „Konzentration" reicht, die einem tranceähnlichen Zustand nahekommen kann. Es ist für gewöhnlich schwierig, gerade diesen Geisteszustand zu beschreiben, da er im Alltagsleben nur sehr selten vorkommt und unserer Sprache die Begriffe fehlen, ihn adäquat zu schildern. Verschiedene Forscher haben in jüngster Zeit behauptet, der für die ASW disponierende Bewußtseinszustand sei durch ein besonders starkes Auftreten von Alpha-Wellen im Elektroenzephalogramm (=EEG) der Versuchsperson zu erkennen. Doch abgesehen von diesen bis heute noch recht bruchstückhaften physiologischen Beobachtungen hat sich als bestes Verfahren zu seiner Identifizierung die Selbstbeobachtung erwiesen. Wie begrenzt auch unsere Möglichkeiten sein mögen, diese Beobachtung in Worte zu kleiden, wir können zumindest einige typische subjektive Züge dieses Zustandes aufzeigen: Es ist ein Zustand mit ruhig verlaufender geistiger Tätigkeit; ein Zustand passiver Indifferenz („Achtlosigkeit") der Außenwelt und den eigenen geistigen Vorgängen gegenüber, bei dem gleichzeitig die Aufmerksamkeit scharf auf einen spezifischen, aber sehr begrenzten räumlichen Bereich konzentriert ist; ein ruhevoller, passiver, gelöster Zustand konzentrierter aktiver Erwartung; ein Zustand, in dem die eintreffenden Sinnesreize derart ignoriert werden, daß sie das Bewußtsein nicht erreichen, das seinerseits die Wege für eintreffende außersinnliche Reize öffnet.

Diese Beobachtung legt einen Weg zur Kontrolle der ASW nahe: den Versuch, durch irgendwelche künstlichen Mittel diesen notwendigen Geisteszustand herbeizuführen. Spontan geschieht dies bisweilen, wenn eine günstige Disposition unseres Geistes uns für ASW-Signale empfänglich macht; die Jogis suchen sie durch ihre Übungen zu erreichen; in diesem Zustand nehmen Zauberer primitiver Völker ihre Beschwörungen vor; und jedes echte spiritistische Medium muß lernen, diesen Zustand zu erreichen. Natürlich gibt es manche Verschiedenheiten in den individuellen Variationen dieser Zustände; sie beruhen auf unterschiedlichen kulturellen Glaubensvorstellungen und den verschiedenen Individualitäten der sie erlebenden Personen. Aber diese Unterschiede sind unbedeutend. Der wesentliche Faktor der Beruhigung der Gedankenbewegung, verbunden mit einer gespannten Aufmerksamkeit, ist all diesen Zuständen gemeinsam.

Dieser angestrebte Geisteszustand läßt sich mit Hilfe von Hypnose erreichen. Es ist daher keineswegs verwunderlich, daß es in der Geschichte der Hypnose eine Unzahl von Berichten gibt, die Fälle von ASW bei Hypnotisierten schildern. Aber die Situation ist nicht ganz so einfach. Einerseits bestätigen manche zuverlässige Berichte überzeugende ASW-Leistungen in Hypnose. Dagegen leugnen andere namhafte Autoritäten der Hypnoseforschung jeden derartigen Effekt und betonen, daß sie trotz all ihrer Bemühungen niemals irgend etwas beobachtet haben, was an ASW erinnert. Wie lassen sich diese beiden unterschiedlichen Ergebnisse miteinander in Einklang bringen?

Die hypnotischen Zustände, die die verschiedenen Hypnotiseure beobachtet haben, waren nicht immer gleich. Der Zustand der Hypnose variiert stark je nach dem einzelnen Hypnotiseur, der einzelnen Versuchspersonen und der im Einzelfall verwendeten Hypnosemethode, aber auch entsprechend den Ansichten und Vorurteilen der Versuchsperson beziehungsweise den ihr (bewußt oder unbeabsichtigt) vom Hypnotiseur gegebenen Suggestionen. Der Hypnotisierte nimmt leicht Suggestionen an, vor allem solche, die er vom Hypnotiseur erhält. Wir können unschwer begreifen, daß die Versuchsperson keine ASW-Leistungen zeigen wird, wenn – zum Beispiel – ein nicht an ihre Möglichkeit glaubender Hypnotiseur sie der ASW gegenüber skeptisch macht.

Unser Schluß lautet: Der hypnotische Zustand selbst reicht noch nicht aus, um ASW hervorzubringen; aber die Hypnose kann, sinnvoll eingesetzt, als Werkzeug bei der Herbeiführung von ASW dienen, wenn sie gezielt verwendet wird. Wir können die Hypnose einsetzen, um unsere Versuchsperson in den gewünschten Bewußtseinszustand zu versetzen. Tritt dann ASW auf, so können wir versuchen, sie nach und nach zuverlässiger zu machen, sowohl hinsichtlich ihrer Stabilität als hinsichtlich der Vollkommenheit ihrer Leistung. Bei diesem Vorgang können wir ferner Nutzen aus der gesteigerten Suggestibilität der Versuchsperson ziehen. Sie kann uns helfen, die oben erwähnten zusätzlichen psychologischen Bedingungen zu schaffen, die mit zur Erhaltung der guten Qualität ihrer ASW-Leistung beitragen.

Dieses Verfahren hat dem Autor geholfen, mit einigen Versuchspersonen ASW-Leistungen zu erzielen, die besser und zuverlässiger waren als alle anderen bisher unter streng kontrollierten Laboratoriumsbedingungen beobachteten. Die Methode des ASW-Trainings mit Hilfe von Hypnose, wie sie im Verlauf eines zwanzigjährigen Experimentierens entwickelt worden ist, soll auf den folgenden Seiten beschrieben werden. An diese Beschreibung schließen sich die Geschichten zweier ausgewählter Versuchspersonen (Fräulein J. K. und Herr P. S.) an. Damit sollen die erzielten Ergebnisse veranschaulicht werden, aber auch einige der Schwierigkeiten, die sich bei den Bemühungen eingestellt haben, ASW zum perfekten Funktionieren als „sechsten Sinn" zu entwickeln, der im Idealfalle vom Menschen im Zusammenwirken mit den übrigen Sinnen gebraucht werden kann.

Die Entdeckung, daß ASW sich einüben und bewußt einsetzen läßt, eröffnet neue, erregende Perspektiven, bringt aber auch eine Anzahl neuer, ernster Probleme mit sich. Einige Überlegungen zu diesen Problemen sollen am Ende des Buches angestellt werden.

Methode des ASW-Trainings

In Versuchen, die ich in den letzten zwanzig Jahren durchgeführt habe, erwies sich die Hypnose als wertvolles Hilfsmittel zur Entwicklung von ASW-Fähigkeiten bei meinen Versuchspersonen. Für gewöhnlich habe ich mit jungen Leuten gearbeitet, vor allem mit Studenten der Universität Prag, die zum weitaus größten Teil vorher nie irgendwelche ASW-Erlebnisse gehabt hatten und daher mit keinerlei eigener ASW-Fähigkeit rechneten. Im Durchschnitt waren sie der Möglichkeit von ASW gegenüber eher kritisch eingestellt, jedoch interessiert, die Wahrheit darüber zu erfahren.

Wir haben uns keineswegs bemüht, Personen auszuwählen, die womöglich schon ein gewisses Maß von ASW-Fähigkeiten mitbrachten, – angenommen wurde jeder, der sich interessiert erklärte, bei diesen Versuchen mitzutun (und von Zeit zu Zeit in den Genuß eines kleinen Honorars zu gelangen). Aber da auf der Universität selbst ein sehr starkes Interesse vorhanden war, ergab sich bei der Auswahl eine gewisse Bevorzugung der Studenten. Das Alter der Versuchspersonen lag zwischen 16 und 35 Jahren, von wenigen Ausnahmen abgesehen.

Wir verfügen nicht über genügend Unterlagen, um festzustellen, ob die bevorzugten Altersgruppen bessere ASW-Begabung hatten als andere. Jedenfalls scheint die unbeabsichtigte Bevorzugung der Studenten die Ergebnisse nicht wesentlich beeinflußt zu haben, da Studenten allgemein keine bessere ASW-Fähigkeit hatten als Nichtstudenten. Immerhin waren die beiden ausgewählten Versuchspersonen, deren Geschichte in den weiteren Kapiteln berichtet werden soll, Nichtstudenten.

Über die Wirksamkeit des Trainingsverfahrens kann man sich ein allgemeines Urteil bilden an Hand des Gesamtüberblicks, in dem alle Personen erfaßt sind, die sich zwischen dem 1. Januar 1950 und dem 1. Januar 1965 an dem Training beteiligten. Während dieser fünfzehn

Jahre wurden insgesamt 463 Versuchspersonen (220 Männer und 243 Frauen) getestet. Unter Hypnose zeigten 57 von ihnen (21 Männer und 36 Frauen) ASW-Fähigkeiten in einem Grad, der sich in etwa mit dem von J. K. oder P. S. erreichten vergleichen läßt.

Natürlich ist es nicht leicht, einen objektiv gültigen Vergleich der „Qualität der ASW" bei verschiedenen Versuchspersonen neu anzustellen. Die Leistungen meiner Versuchspersonen variierten stark. Sie unterschieden sich in der Zuverlässigkeit ihrer ASW-Eindrücke, in der Promptheit, mit der diese Eindrücke auftraten, aber auch in ihrer Fähigkeit, sie wiederzugeben. So ergibt sich bei jedem Vergleich leider nur ein Annäherungswert. Doch können wir mit Sicherheit sagen, daß unter meinen Versuchspersonen mehr als zehn waren, die gelegentlich ASW-Leistungen gleicher oder gar besserer Qualität zeigten als Fräulein J. K. oder Herr P. S. Was J. K. und P. S. als ASW-Versuchspersonen besonders auszeichnete, war nicht so sehr die ungewöhnliche Qualität ihrer ASW als solcher, sondern ihre Bereitschaft, sich über einen langen Zeitraum hin an Experimenten zu beteiligen. Diese langfristige Mitarbeit machte es möglich, Forschungsprojekte durchzuführen, die es wert waren, in Fachzeitschriften wiedergegeben zu werden, was das Interesse an ihren Leistungen steigerte.

Zumindest zwei leicht erkennbare Faktoren, die den Prozentsatz erfolgreicher Versuchspersonen entscheidend reduziert haben, verdienen erwähnt zu werden:

Die Durchführung des ASW-Trainings ist ein langwieriger Prozeß, der viel Geduld von seiten des Versuchsleiters wie der Versuchsperson erfordert und zwischen mehreren Wochen und einigen Monaten Dauer schwankt. (Meine besten Versuchspersonen haben sich länger als ein Jahr an den Versuchen beteiligt.) Im Durchschnitt verlangte ich von meinen Versuchspersonen, daß sie dreimal wöchentlich an Sitzungen teilnahmen, die zu Beginn des Trainings ein bis zwei und in einem fortgeschrittenen Stadium der Versuche zwei bis drei Stunden dauerten. (In Ausnahmefällen waren die Sitzungen bedeutend länger. Bisweilen dauerten sie bis zu zehn Stunden; doch ermüdeten sie die Versuchspersonen nicht mehr als irgendeine andere gleich lange ausgeübte geistige Tätigkeit mittleren Schwierigkeitsgrades.)

Nicht selten kam es vor, daß Studenten nur an einer oder zwei Sitzungen teilnahmen. Wenn ihre Neugierde auf Hypnoseversuche befriedigt war oder wenn ihre Erwartungen, möglichst schon in der ersten Sitzung selbst großartige Erlebnisse zu haben, nicht befriedigt wurden, kamen sie nicht wieder. Diese Versuchspersonen sind im übrigen in dem oben gegebenen Gesamtüberblick mit enthalten als „Versager", obwohl sie sich in Wirklichkeit nicht dem ganzen Training unterzogen haben.

Außerdem war die Hypnosemethode (die meistens auf Verbalsuggestion von Schläfrigkeit und Ermüdung basierte), die in diesen Versuchen angewandt wurde, nicht bei allen Versuchspersonen gleich wirksam. Manche von ihnen waren nicht in den angestrebten Bewußtseinszustand zu bringen; sie wurden nach einigen Sitzungen entlassen und ebenfalls als „Versager" registriert.

Wir können berechtigtermaßen schließen: Der Prozentsatz der erfolgreichen Versuchspersonen ließe sich beträchtlich erhöhen, wenn eine wirksamere Hypnosemethode angewandt werden könnte und wenn überdies einige wirksame Mittel eingesetzt würden, die das Interesse der Versuchspersonen über die gesamte Dauer des Trainings hin wachhalten könnten.

Versuche mit hypnotisierten Versuchspersonen trugen zur Überwindung einer Anzahl erheblicher Schwierigkeiten für die parapsychologische Forschung generell bei. Spontane ASW-Leistungen sind unerwartet und können nur als Gelegenheitsbeobachtungen gewertet werden. Daher besitzen sie für die Wissenschaft nicht so viel Wert wie ähnliche Phänomene, die bei gut vorbereiteten Versuchen von fachkundigen Beobachtern registriert werden. Auch das Experimentieren mit Hellsehern, Medien oder Sensitiven bringt seine eigenen Probleme mit sich. Diese Versuchspersonen verlangen für gewöhnlich die Beachtung besonderer Bedingungen, die sie ihren Glaubensvorstellungen entsprechend auferlegen und die nicht selten die Sicherungen und Verfahren störend beeinflussen, die der Forscher einführen möchte. Auch erfolgt die Auswahl von ASW-Eindrücken häufig entsprechend den Gesetzen der (unbewußten) inneren psychischen Mechanismen der Versuchspersonen, und das macht jede wirkliche Kontrolle der Fähigkeit der betreffenden Person vollkommen illusorisch.

Im Gegensatz dazu hat der Versuchsleiter, wenn er mit hypnotisierten Versuchspersonen arbeitet (vor allem mit solchen, die nicht von vorgefaßten Meinungen über ASW belastet sind), die Möglichkeit, die Versuchsbedingungen bis ins letzte Detail zu bestimmen. Selbst für die Korrektur möglicher Fehlvorstellungen der Versuchsperson hinsichtlich der für den Erfolg von ASW wesentlichen – oder nicht wesentlichen – Bedingungen kann die Macht der Suggestion eingesetzt werden. Dank diesen Tatsachen war ich in der Lage, meine Versuchspersonen dahin zu bringen, daß sie alle Bedingungen vollkommen erfüllten, die nach meiner Überzeugung für ein sinn- und wertvolles Experiment erforderlich waren; auch der Gegenstand der ASW-Eindrücke konnte stets völlig von mir aus bestimmt werden. Der Einsatz hypnotisierter Versuchspersonen ermöglichte es so, ASW-Forschungen zu echten Experimenten im eigentlichen Sinne des Wortes zu machen, so wie wir es in anderen experimentellen Wissenschaften verstehen, das heißt zu Versuchen, bei denen der Versuchsleiter nach seinem Gutdünken bestimmte, von ihm gewünschte Versuchsbedingungen auferlegen und sie den Erfordernissen jedes besonderen Forschungsprojektes entsprechend abwandeln konnte.

Allgemeines Verfahren

Die bei diesen Versuchen angewandte Methode des ASW-Trainings läßt sich in fünf verschiedene Phasen einteilen:
1. Psychologische Vorbereitung der Versuchsperson vor der Hypnose.
2. Hypnose und Suggestionsübungen im Zustand der Hypnose.
3. Weckung der ASW.
4. Einübung im Einsatz von ASW: Steigerung der Stabilität und Wiederholbarkeit der Leistung der Versuchsperson.
5. Bemühungen, die ASW in den Wachzustand zu übertragen.

Aus didaktischen Gründen stellen wir die Gesamtmethode so dar, als lasse sich das Training in einer einzigen Sitzung durchführen. In der Praxis aber wird in der ersten Sitzung für gewöhnlich nur die zweite Phase erreicht: Die Versuchsperson wird in den Zustand der Hypnose versetzt. Selbst der Vorgang der Hypnose erfordert bisweilen mehrere Sitzungen. Es ist eigentlich eine Ausnahme, wenn es bereits in der ersten Sitzung gelingt, das Verfahren bis zur dritten Phase voranzutreiben, also bis zur Aktivierung der ASW der Versuchsperson. Doch selbst wenn dies gelingt, erfordern die beiden nächsten Schritte eine lange Reihe aufeinander aufbauender Sitzungen: Es gilt ja den Einsatz einer neuen Fertigkeit einzuüben, und eine solche Übung erfordert immer Zeit und Geduld.

Beim ersten Treffen mit der Versuchsperson gehen wir für gewöhnlich mit unserem Verfahren so weit, wie es zumutbar und möglich ist: Bei manchen Versuchspersonen, die für Hypnose wenig empfänglich sind oder Angst vor ihr haben, kommen wir kaum über das vorbereitende Gespräch hinaus. Andere Versuchspersonen lassen sich nur in leichte Hypnose versetzen und reagieren nur schwer auf Suggestionsübungen. Wieder andere Versuchspersonen reagieren gut auf Suggestionen. Und schließlich gibt es solche Versuchspersonen, denen schon bei der ersten Sitzung einfache ASW-Leistungen gelingen. Ungeachtet dessen, wie es sich bei der einzelnen Versuchsperson damit verhält, versuchen wir – das ist eine feste Regel –, soweit wir können, der Generallinie zu folgen. Wenn es sich aus irgendeinem Grunde (sei es aus Zeitmangel oder weil die Versuchsperson den Erfordernissen der betreffenden Phase nicht entspricht) bei einer Sitzung als unmöglich erweist, weiterzugehen, versichern wir der Versuchsperson, daß alles planmäßig verlaufe, beschließen den Versuch und laden sie für die nächste Sitzung ein.

Bei der nächsten Sitzung widmen wir etwa 15 bis 30 Minuten dem erneuten Eingehen auf die Hauptpunkte der vorigen Sitzung und ihrer Wiederholung. Dann fassen wir das Gesamtverfahren bis zu dem Punkt zusammen, bei dem wir abgebrochen hatten. Für gewöhnlich können wir ohne größere Schwierigkeiten bis zur nächsten Etappe weitergehen (die ebenfalls durch unseren Zeitplan oder die zeitweilige Unfähigkeit der Versuchsperson, speziell den nächsthöheren Anforderungen zu entsprechen, bestimmt wird). Dann schließen wir den Versuch wieder und geben womöglich einige Suggestionen, die der Versuchsperson die Zuversicht verleihen, daß die nächste Sitzung noch erfolgreicher verlaufen wird, und laden zum nächsten Treffen ein.

Dabei wird wieder einige Zeit dem erneuten Eingehen auf verschiedene Höhepunkte in den Leistungen der Vergangenheit gewidmet, und das Training wird fortgesetzt. So gelangen wir schließlich an einen Punkt, an dem wir entweder die Hoffnung auf einen Erfolg mit der Versuchsperson verlieren, wenn sie keine Fortschritte macht, oder sie macht Fortschritte, bis unser Ziel erreicht ist.

In der Regel erfolgt das Training in einer Reihe aufeinanderfolgender Sitzungen, und die Leistungen in den Einzelsitzungen steigern sich schrittweise. Doch ist es immer nützlich (genauso wie bei allen

anderen Formen von Einübung), einige Zeit der Festigung erwor-
bener Fähigkeiten zu widmen, ehe man mit der Einübung neuer Fertigkeiten beginnt. Dabei ist viel Geduld erforderlich, aber diese Geduld wird schließlich durch den Erfolg belohnt.

Die Methode, wie sie oben geschildert wurde, stellt mehr eine allgemeine Richtlinie dar als ein strenges Verfahrensschema. Jeder, der sie
verwendet, sollte entschieden versuchen, individuell bestimmte Variationen einzuführen, die das Verfahren den Neigungen der einzelnen
Versuchsperson anpaßt. Die Methode hat sich bei einer charakteristischen völkischen Gruppe als wirksam erwiesen, nämlich bei jungen
Studenten Prags. Einige kleinere (oder vielleicht auch größere) Abwandlungen könnten für ihre Anwendung bei anderen völkischen
Gruppen notwendig werden.

Erstes Treffen mit der Versuchsperson

Zu Beginn des ersten Treffens sollte einige Zeit für ein zwang-
loses Gespräch mit der Versuchsperson verwendet werden. Dieses Gespräch dient mehreren Absichten: Es erbringt einige Informationen
über die Persönlichkeitsgeschichte und die Motive der Versuchsperson, hilft festzustellen, was sie von ASW hält, und gibt ferner die
Möglichkeit, ihr alle wichtige Information zu geben, die ihr fehlt und
die sie braucht.

Ich habe stets versucht, die Hobbies der Versuchsperson herauszufinden, um ihr soviel Freude wie möglich machen zu können und die
Versuche ihren Neigungen anzupassen. Auch habe ich immer versucht, einen angenehmen, freundschaftlichen Kontakt herzustellen
und eine vertrauensvolle Atmosphäre zu schaffen. Dazu erklärte ich
dann, daß unsere Absicht sich auf die Weiterentwicklung und das
Studium der ASW beschränkt und daß – obwohl unser Gebiet erst
wenig erforscht ist und ungeachtet unseres Erfolges oder Mißerfol-
ges – unser Bemühen ernsthaft sein soll und die volle, bereitwillige
Mitarbeit der Versuchsperson erfordert.

Manche Versuchspersonen hatten die unterschiedlichsten falschen
Vorstellungen von Hypnose und ASW und fürchteten sich auf Grund
dessen, was sie in irgendwelcher Sensationsliteratur gelesen hatten,
vor Gefahren. Das Vorbereitungsgespräch bildete dann eine willkom-
mene Gelegenheit, diese falschen Vorstellungen zu zerstreuen und der

Versuchsperson die Sicherheit zu geben, daß alles, was ihr begegnen werde, als ebenso normal und natürlich angesehen werden müsse wie jedes andere Phänomen oder jede andere Fertigkeit in physiologischem oder psychologischem Bereich. Häufig stellte sich heraus, daß es notwendig war, der Versuchsperson einen allgemeinen Überblick über die jüngsten Errungenschaften in der ASW-Forschung zu geben und ihr zu zeigen, daß die wissenschaftlich fundierte Erkenntnis auf diesem Gebiet umfassender ist als manche Menschen meinen; daß sie unsere Bemühungen rechtfertigt und uns begründete Hoffnungen auf einen verheißungsvollen Fortschritt gibt.

Wenn die Versuchsperson dann ihre Bereitschaft für den Versuch und zur Mitarbeit ausdrückte, begannen wir mit dem Hypnotisieren.

Die Hypnose

Für gewöhnlich wurde die allgemein üblichste klinische Methode der Hypnose angewandt: Die Versuchsperson schaute angespannt auf irgendeinen glänzenden Gegenstand, während der Hypnotiseur mit langsamer und monotoner Stimme die Suggestionen der Ermüdung und Schläfrigkeit gab.

Die Hypnose hat an dieser Stelle einen doppelten Zweck: Zum ersten hilft sie, die Versuchsperson in einen geistigen Zustand zu bringen, der für ASW disponiert: ein Zustand, in dem die geistige Aktivität der Versuchsperson völlig zum Stillstand kommt; ein Zustand auf der Grenze zwischen Schlafen und Wachen; ein Zustand von Bewußtseinsverengung, in dem der Denkprozeß zum Stillstand gebracht ist (im Gegensatz zu der beständigen Wandlung des Bewußtseinsinhaltes in vollem Wachzustand); ein Zustand, in dem allen gewöhnlichen Sinnesreizen der Zugang zum Bewußtsein versperrt ist.

Die Hypnose kann ferner helfen, die Gewißheit der Versuchsperson zu steigern, daß es tatsächlich ASW gibt, und ihr Selbstvertrauen, daß sie ASW-Leistungen hervorbringen kann. Leider wirken die Einflüsse aus unserer gegenwärtigen kulturellen Umwelt allgemein entmutigend auf jeden Glauben an ASW und jedes Bemühen, sie als zuverlässigen zusätzlichen Sinn zu entwickeln. In der frühen Kindheit lernen wir, unsere körperlichen Sinne zu gebrauchen; aber wir lernen nie, ASW zu verwenden. Dieser ungewollten Suggestion, die das Wirksamwerden von ASW verhindert, muß entgegengearbeitet werden.

Hier kann schon das Einführungsgespräch helfen. Wenn die Versuchsperson sich dann im Zustand der Hypnose befindet, können wir uns
überdies die in Hypnose gegebene Suggestion zu diesem Zwecke zunutze machen.

Daher versuchen wir zuerst, die Suggestibilität der Versuchsperson
zu steigern, indem wir mit ihr eine Anzahl Versuche mit Suggestion
im hypnotischen Zustand durchführen. Wir können mit einfachen
Experimenten beginnen, z. B. Bewegungshemmungen suggerieren (der
Versuchsperson wird suggeriert, daß sie ihre Hand nicht heben und
ihre Arme nicht von sich strecken kann usw.). Wenn diese Versuche
erfolgreich verlaufen, können wir fortfahren, bis wir visuelle Halluzinationen herbeiführen. Zugleich benutzen wir jede Gelegenheit, der
Versuchsperson Vertrauen darauf einzuflößen, daß sie ASW-Fähigkeiten entwickeln kann und wird.

In der Regel ist die Fähigkeit der Versuchsperson, mit geschlossenen Augen deutliche, feste und suggestiv gut kontrollierte visuelle
Halluzinationen zu erzeugen, ein Anzeichen dafür, daß sie bereit und
disponiert ist, ASW-Fähigkeiten zu entfalten. Sie muß in der Lage
sein, sich visuell vorzustellen, was ihr gesagt wird; ihre Vorstellungsbilder müssen deutlich und realen Anschauungsbildern gleich sein; sie
müssen für längere Zeitabschnitte unverändert in ihrem Gesichtsfeld
bleiben oder sich unschwer in andere Vorstellungsbilder verwandeln,
wenn der entsprechende Befehl gegeben wird.

Sehr häufig ließ ich meine Versuchspersonen sich halluzinatorisch
einen Blumenstrauß vergegenwärtigen. Wenn sich das Vorstellungsbild dann stabilisierte und unverändert im Blickfeld der Versuchsperson blieb, suggerierte ich Farbänderungen einzelner Blumen. Ich
suggerierte zunächst vernünftigerweise denkbare Änderungen (die
Umwandlung einer gelben Rose in eine rote usw.), später dann
solche, die unmöglich waren (grüne oder blaue Maiglöckchen usw.).

In seltenen Fällen kann sich bereits in diesem Stadium spontan
ASW entwickeln. So war es am 18. Oktober 1966 in einem Versuch
mit Fräulein H. Z., bei dem nachdrücklich der Vorgang der Telepathie suggeriert wurde. In der zweiten hypnotischen Sitzung hatte
die Versuchsperson die Halluzination eines Rosenstraußes. Nach der
Farbe der Rosen befragt, antwortete sie, einige von ihnen seien rosa,
andere gelb. Die erste Suggestion lautete dann, sie solle eine rosa-
farbene Rose herausnehmen und sehen, wie diese nach und nach

dunkler werde, bis sie rot sei. Sie tat es sofort. Dann fuhr ich fort: „Nun nehmen Sie eine gelbe Rose. Auch diese Blume wird ihre Farbe wechseln. Die Änderung wird schrittweise vor sich gehen. Zunächst wird sie eine unbestimmte Graufärbung annehmen und sich dann immer weiter ändern, bis die ganze Blüte grün ist." Ganz spontan erklärte daraufhin die Versuchsperson: „Ich habe im voraus gewußt, daß Sie ‚grün' sagen würden. Ich habe die Rose, schon ehe Sie es gesagt haben, grün gesehen." Um mich zu vergewissern, daß hier wirklich Telepathie im Spiele war, bat ich sie festzustellen, ob noch mehr Rosen ihre Farbe änderten. Dabei beschloß ich, daß die nächste Rose schwarz werden sollte, und die Versuchsperson berichtete, sie sehe eine schwarze Rose, ohne daß ich die Farbe irgendwie ausgesprochen hatte.

Aktivierung der ASW

Wenn der erforderliche Geisteszustand erreicht ist, kann die ASW für gewöhnlich einfach dadurch in Erscheinung gebracht werden, daß man der Versuchsperson die Aufgabe gibt, irgend etwas mit Hilfe von ASW zu ermitteln. So können wir sie auffordern, die Farbe einer in einen dunklen, undurchsichtigen Umschlag gesteckten Karte zu bestimmen – oder einen in einem undurchsichtigen Kasten hinter einem Schirm liegenden Gegenstand zu benennen – oder die Einrichtung des Nachbarraumes zu beschreiben, in dem die Versuchsperson noch nie gewesen ist – oder die Körperhaltung einer hinter ihrem Rücken stehenden Person zu bestimmen. Wir können die Versuchsperson auch auffordern, in ihrer Phantasie an einen entfernten Ort zu reisen und Szenen, die sich weit von ihr entfernt abspielen, durch „travelling clairvoyance"[1] wahrzunehmen.

Grundsätzlich kann alles, was man sich vorstellen kann, als Gegenstand dieser ersten ASW-Aufgabe dienen. Dennoch ist es ratsam, bei der Auswahl einige Dinge zu beachten, die eine gute Hilfe bieten können.

---

[1] Für diesen Ausdruck gibt es keinen eingebürgerten wissenschaftlichen Terminus. Professor Bender vom Institut für Grenzgebiete der Psychologie der Universität Freiburg empfiehlt „wandernde" ASW. Andere Wissenschaftler ziehen dafür „reisendes Hellsehen" vor. – Näheres zur Sache selbst findet sich in dem kürzlich erschienenen Buch *„Parapsychologie"* von M. Rýzl, dem Autor dieses Buches. (Der Übersetzer.)

Zunächst einmal sollte die Aufgabenstellung so einfach wie möglich sein. Wir geben einfachen Gegenständen mit charakteristischen
Formen den Vorzug. Ein Schlüssel, eine Münze, ein Ring oder ein
Spielwürfel sind besser geeignet als etwa ein gesticktes Taschentuch
oder eine Ansichtskarte mit einem komplizierten Bild. Auch sind wir
bestrebt, die Versuchsperson auf realistische Eindrücke zu beschränken, die sich leicht verifizieren lassen. Wir entmutigen sie, wenn wir
sie etwa die Gemütsbewegungen oder Assoziationen schildern lassen,
die der Gegenstand weckt (im Unterschied zu bestimmten psycho-
skopischen oder „psychometrischen" Versuchen), und lassen sie nur
die äußere Erscheinungsform des Gegenstandes beschreiben.

Außerdem ist es bisweilen nützlich, auf die Motivierung der Versuchsperson Rücksicht zu nehmen und eine Aufgabe zu wählen, die
sie besonders interessiert. So wird sich zum Beispiel ein romantisch
empfindendes junges Mädchen mehr dafür interessieren, was sein
Freund im Augenblick des Versuchs tut, als für die Aufgabe, irgendwelche prosaische Gegenstände in undurchsichtigen Kästen zu identifizieren.

Auf skeptische Personen mag die direkte Aufforderung, ihre ASW
zu betätigen (zum Beispiel durch die Wand in den Nachbarraum hin-
einzuschauen) absurd wirken und Abwehrreaktionen gegen ASW
überhaupt auslösen. Eine solche Versuchsperson kann versagen, weil
es ihr nicht gelingt zuzugeben, daß auch sie auf diesem Gebiet Erfolg
haben könnte. Müssen wir diese Gefahr befürchten, so können wir
unauffällig auf die ASW zusteuern: wir lassen die Versuchsperson
zum Beispiel mit geschlossenen Augen ein halluzinatorisches Bild von
der Einrichtung des Nachbarraumes (den sie natürlich vorher gesehen
hat) erzeugen und lenken dann ihre Aufmerksamkeit auf ein Detail,
das sie vorher übersehen haben oder gar nicht zur Notiz genommen
haben könnte.

Zwei Verfahren habe ich sehr praktisch gefunden. Ich nehme zum
Beispiel einen kleinen Gegenstand in die Hand und suggeriere der
Versuchsperson, sie habe Röntgenaugen, könne also mit ihren Blicken
meine Hand durchdringen wie mit Röntgenstrahlen und ihr Knochen-
gerüst und schließlich auch den verborgenen Gegenstand erkennen.

Oder wir können der Versuchsperson eine autoskopische Halluzination suggerieren: Sie soll sich als in der Luft über ihrem Körper
schwebend fühlen und von oben her ihren Körper betrachten, oder als

irgendwo im Raum stehend und von dort aus auf ihren Körper schauend. Wir verstärkten diese Halluzination, indem wir die Versuchsperson sich Einzelheiten ihrer Körperhaltung und Kleidung (die sie natürlich normalerweise kennt) visuell vorstellen lassen. Wir können sie dann nach einzelnen Dingen fragen, die ihr nur halb bewußt sein können (so etwa danach, daß sie von ihrer Armbanduhr die Zeit abliest). Dabei stellen wir einen Gegenstand hinter den Kopf der Versuchsperson, auf ihre Schultern oder an einen anderen Platz, der nicht in ihrem Blickfeld liegt, und fordern sie auf, diesen Gegenstand ebenso deutlich zu sehen, wie sie ihren Körper sieht.

Die Versuchsbedingungen sind zunächst sehr formlos. In dieser Phase kommt es noch nicht darauf an, Beweise dafür zu erbringen, daß wirklich ASW auftritt; wir wollen uns lieber selbst davon überzeugen, daß die Versuchsperson Fortschritte macht, und die Versuchsperson davon überzeugen, daß sie ASW entwickeln kann. Es werden noch keine komplizierten Sicherungen gegen normale sinnliche Wahrnehmung eingeschaltet. Jede unnötige Komplizierung würde in diesem Stadium störend wirken, und alle nötigen Sicherungen können später eingebaut werden, wenn sie notwendig sind.

Selbst wenn wir in dieser Phase nicht immer formell alle Anhaltspunkte der Sinneswahrnehmung ausschließen können, ermutigen wir die Versuchsperson nach jeder erfolgreichen Leistung und suchen eine Atmosphäre der „Selbstverständlichkeit" um die Tatsache der ASW zu schaffen. Bisweilen können wir es sogar ratsam finden, unserer Versuchsperson bei ihrer ersten Aufgabe behilflich zu sein, wie sich aus folgendem Auszug des Versuchsprotokolles mit Fräulein J. P. vom 1. März 1963 entnehmen läßt.

Es war die zweite hypnotische Sitzung mit dieser Versuchsperson. Sie war gebeten worden, einen verborgenen Gegenstand mit Hilfe von ASW zu bestimmen. Dazu wurde ihr erklärt, sie möge damit rechnen, daß man eine ASW-Karte als Zielobjekt genommen habe, sie werde daher den Eindruck eines weißen, rechteckigen Stückes Papier mit einigen dunklen Flecken in der Mitte haben; diese dunklen Flecken in der Mitte stellten eins der ASW-Symbole: Stern, Viereck, Kreis, Wellenlinien oder Kreuz dar. Das tatsächliche Zielobjekt war in diesem Falle die Karte mit dem Viereck. – Versuchsperson: „Der Flecken ist groß und hat ein leeres Mittelfeld." Versuchsleiter: „Sind Sie sicher, wenn Sie sagen, das Symbol auf der Karte habe ein weißes Mittel-

feld?" Versuchsperson: „Ja." Versuchsleiter: „Damit sind in diesem
Falle Kreuz und Wellenlinien ausgeschlossen, denn die haben kein
weißes Mittelfeld. Wenn Sie also sicher sind, daß Ihr Symbol ein
weißes Mittelfeld hat, dann müssen Sie entscheiden zwischen Stern,
Viereck oder Kreis." Versuchsperson: „Es hat keine Spitzen, wie
Sterne sie haben, die Seiten sind zu glatt. Aber sie sind auch nicht so
regelmäßig, daß sie einen Kreis bilden könnten. Sie sind stärker voneinander getrennt; ich würde sagen, es ist ein Viereck."

In diesem Stadium können wir der Versuchsperson schon erste
Ratschläge geben, die ihr helfen sollen, mit ihren späteren Visionen
richtig zu verfahren. Sie wird lernen, daß ihre Visionen anfangs wenig
beständig sein und häufig verschwinden können. Das geschieht immer
dann, wenn sie von dem zur ASW disponierenden Geistes- und Bewußtseinszustand abweicht. Angespannte Konzentration oder aktives
Bemühen, diese oder jene Einzelheit des ASW-Bildes deutlicher zu
machen, haben häufig diese Folgen. Das lehrt die Versuchsperson,
niemals aktiv das Auftreten von Eindrücken zu erzwingen zu suchen;
nicht die geringste eigene Willensanstrengung zu machen. Statt dessen
lautet die Regel: nur das Ziel im Auge behalten und dann passiv auf
eintreffende Eindrücke warten, ohne sich emotional an sie zu klammern – ganz wie ein wartender, aber innerlich von dem Erwarteten
losgelöster und ihm gegenüber indifferenter Zuschauer. Und die Lehre
für den Versuchsleiter lautet: Die Versuchsperson niemals drängen!
Ihr genug Zeit geben, daß ihre Eindrücke sich entfalten können! Vor
allem muß man der Versuchsperson, wenn sie aufgefordert worden
ist, über ihre Eindrücke zu berichten oder auf eine andere Weise
geistig tätig zu werden, hernach genug Zeit geben, ihre Gedanken
wieder zur Ruhe kommen zu lassen und wieder in den richtigen
Geisteszustand zurückzukehren.

Die Versuchspersonen „sehen" das Zielobjekt zunächst sehr undeutlich, gleichsam wie durch einen Nebel. Erst allmählich werden
die Bilder deutlicher; schließlich können sie an Deutlichkeit normalen
Anschauungsbildern gleichkommen. Regel ist jedoch: ASW-Eindrücke
entwickeln sich langsam. Das läßt sich aus folgender Beobachtung
bei einem Versuch mit Fräulein S. K. am 10. März 1951 ersehen. Die
Versuchsperson sollte durch ASW eine eiserne Schere erkennen, die
vor ihr, hinter einem undurchsichtigen Schirm, lag. Die Schere hatte
einen schwachen metallischen Glanz und war ein wenig geöffnet.

Fräulein S. K. berichtete, sie habe zuerst eine Reihe sich schnell wandelnder Bilder gesehen, und die Einzelheiten hätten vor ihren Augen getanzt, als würde ihr ein zu schnell laufender Film vorgeführt werden. Dann sei ihr eine metallische Farbe mit einem schwachen Schimmer erschienen, danach ein spitzer und ein stumpfer Winkel. Aber, so erklärte sie, sie sei unfähig gewesen, die Farbe oder die Winkel einander räumlich zuzuordnen. Dann wurden die spitzen Winkel deutlicher sichtbar. Sie bemerkte, daß zwei spitze Winkel vorhanden waren, die mit ihren Spitzen aufeinander zuliefen. Doch berührten sie sich nicht, sondern blieben durch einen kurzen Abstand voneinander getrennt. Das metallische Grau wurde in dem Bereich längs der beiden stumpfen Winkel lokalisiert. Das Ganze habe sie, so erklärte Fräulein S. K., an zwei gekreuzte Zeichenstifte erinnert. Sie fuhr fort: „Wenn ich eben sagte, es sehe aus wie zwei gekreuzte Zeichenstifte, so habe ich jetzt den Eindruck, daß es in Wirklichkeit etwas ist, bei dem ein Teil den andern kreuzt, aber es sind sicher keine Bleistifte . . . Die von mir entfernt liegenden Enden sind spitz, aber die zu mir hin liegende Seite ist mir nicht klar. Ich sehe sie noch nicht deutlich genug . . . Es kommt mir vor, als ragten hier zwei Kreise aus einem dicken Nebel heraus . . . Es ist eine Schere."

Als dieselbe Schere später einer anderen Versuchsperson (Fräulein M. J. bei einem Versuch am 5. März 1961) vorgelegt wurde, gab sie folgende Beschreibung: „Ich beginne in einem dichten Nebel undeutlich . . . etwas Längliches zu sehen . . . Es hat so etwas wie spitze Vorsprünge an zwei Seiten . . . Es ist gespalten wie eine Gabel . . ., auf der anderen Seite ist es unregelmäßig . . . bogenförmig . . . Ich sehe etwas wie zwei Bögen . . . Auf der anderen Seite ist es, wie schon gesagt, gespalten . . ., danach fügt es sich wieder zusammen . . . Dann ist da ein Paar von Kreisen, und eine Art gabelähnliche Verbindung springt daraus hervor . . . Aber ich kann es noch nicht deutlich genug erkennen . . . Es sieht aus wie eine halb geöffnete Schere." Kurz danach beschrieb die Versuchsperson die Schere in allen Einzelheiten.

Wir können noch einige weitere Beispiele von Versuchen berichten, bei denen ASW-Karten als Testgegenstände gewählt wurden. Bei diesen Versuchen bekamen die Versuchspersonen nicht den geringsten Hinweis darauf, mit was für einer Art Testgegenstand sie rechnen konnten. Das schrittweise Deutlichwerden der Bilder war typisch. Versuchsperson Fräulein Jana K., Versuch vom 30. April 1961 (Test-

karte mit „Stern"): „Etwas Helles, ein Stück weißes Papier . . . Darauf
ist in der Mitte etwas Dunkles, das ich nicht erkennen kann . . . Eine
Art geometrische Figur . . ., sie ist im Mittelfeld hell . . . Ein Stern
mit etwa sechs Strahlen, aber ich kann die Strahlen nicht deutlich
sehen . . . Da ist noch eine Spitze, gerade von mir entfernt . . . Der
Stern hat fünf Strahlen." – Versuchsperson Fräulein D. H., Versuch
vom 3. Februar 1962 (Testkarte mit „Kreis"): „Ein Stück weißes
Papier . . . mit einem kreisförmigen dunklen Flecken in der Mitte . . .
In diesem Flecken ist in der Mitte wieder ein weißes Feld." – Ver-
suchsperson Herr V. D., Versuch vom 13. Juni 1961 (Testkarte mit
„Viereck"): „Ein weißer Fleck, wie ein Stück Papier." Versuchsleiter:
„Nennen Sie die Größe!" Versuchsperson: „Etwa 4 cm. Aber das ist
schwierig zu sagen. Das Ganze sieht wie ein längliches Gebilde aus."
„Ist der ganze Gegenstand weiß?" „Nein, es scheint, als sei auch etwas
Schwarzes darin." „Was ist das?" „Das schwarze Ding ist wie zwei
Linien, wie der Ansatz zu einer Pyramide . . . zwei senkrecht zueinander stehende Linien . . . Das andere Ende dieser beiden Linien liegt
im Nebel. Vielleicht sieht es dort genau so aus . . . ja, nun bin ich
mir sicher: Es ist symmetrisch . . . Die Linien sind ziemlich dick und
scheinen ein Viereck zu bilden . . . Jetzt erkenne ich es ganz genau als
Viereck."

Solch ein langsames Zustandekommen von Visionen ist typisch
für Versuche, bei denen die Versuchsperson die Aufgabe hat, einen
unbekannten Gegenstand zu bestimmen. (Die oben genannten Versuchspersonen hatten vor dem Versuch noch nie ASW-Karten gesehen.) Wenn die Versuchsperson dagegen nur eine Auswahl aus
einer bekannten Anzahl bekannter Möglichkeiten treffen soll (die an-
erkanntermaßen ihre Konzentration und ihre Haltung passiven War-
tens stört), ändert sich ihre Leistung. Die Versuchsperson neigt dann
dazu, die Antworten schneller zu geben, wobei die Zahl der richtigen
Antworten beträchtlich abnimmt.

Typisch in dieser Hinsicht war die Leistung von Herrn A. S. bei
dem Versuch vom 9. Mai 1961. Die Versuchsperson hatte vorher niemals ASW-Karten gesehen; trotzdem gelang es ihr, alle fünf der unbekannten Karten in der oben beschriebenen Form nach und nach zu
identifizieren. Kreis: „Eine Art Karte mit einem Kreis darauf." Wellenlinien: „Eine Wellenlinie . . . senkrecht verlaufend . . . Es sind vier
Linien, nah nebeneinander." Stern: „Ein Kreis, aber er hat ein paar

Vorsprünge wie ein Stern. Er hat fünf oder sechs solche Strahlen."
Kreuz: „Zwei Linien, die sich senkrecht kreuzen, ein Kreuz." Viereck:
„Ein Viereck." Im Anschluß an diesen erfolgreichen Versuch wurde
der Versuchsperson gesagt, es gebe keine weiteren Symbole als Alternativen, und im nächsten Teil des Versuches sei nur unter diesen
fünf Möglichkeiten zu wählen. Die Leistung der Versuchsperson sank
augenblicklich auf kaum 60 Prozent richtige Antworten (bei 35 aufeinanderfolgenden Fragen gab sie nur 21 richtige Antworten).

Natürlich sind visuelle Bilder nicht die einzigen Formen, in denen
ASW-Eindrücke empfangen werden können. Bisweilen können auch
andere Sinne beteiligt sein: Auch der Gehör-, der Tast-, der Geruchs-
sinn usw. können ASW-Eindrücke erfahren; aber visuelle Bilder sind
am verbreitetsten, weil wir uns für gewöhnlich mehr auf den Ge-
sichtssinn als auf irgendeinen anderen Sinn verlassen. Daneben gibt es
nicht allein visuelle Persönlichkeitstypen, sondern auch zum Beispiel
auditive, die mehr zu ASW-Eindrücken akustischer Art neigen. Daher empfangen auch manche „Sensitive" (oder „Hellseher") ihre ASW-
Informationen in Bildern und andere zum Beispiel in Stimmen. Bei
unter Hypnose durchgeführten Versuchen kann der Versuchsleiter
durch seine Instruktionen bestimmen, in welcher Erfahrungsform die
Eindrücke empfangen werden sollen.

Wir wollen Beispiele für andere Typen von Sinnesvorstellungen in
den beiden folgenden Versuchen bringen. Bei dem ersten geht es um
Präkognition, während wir im zweiten die Form der „wandernden
ASW" haben.

Bei der Sitzung vom 2. März 1963 mit Fräulein J. P. (dem dritten
Treffen mit dieser Versuchsperson) wurde ein Präkognitionsversuch
unternommen. Ich erwartete den – angekündigten – Besuch eines Bekannten, der in etwa 30 Minuten eintreffen sollte. Fräulein J. P. bekam die Suggestion, in sich die Gefühlsvorstellung zu wecken, sie
reise „in die Zukunft", bis sie den erwarteten Besucher sehe. Tatsächlich „traf" sie ihn und beschrieb eine Anzahl von Einzelheiten seiner
Erscheinung und Kleidung. Dann bekam sie die Aufgabe, den Namen
des Besuchers zu nennen; auch sollte sie den Augenblick ermitteln, in
dem der Besucher sich bei den Anwesenden vorstellen werde. Sie beklagte sich, sie könne den Namen nicht deutlich genug verstehen.
Daraufhin erhielt sie die Anweisung, die Vorstellungsszene wiederholt
zu beobachten und den Namen immer und immer wieder „durchzu-

spielen", genauso wie wir bei einem Tonbandgerät Einzelheiten der
Aufzeichnung durchspielen können, so oft wir wollen. Schließlich erklärte sie: „Es ist ein kurzer Name mit zwei oder drei Silben." Dann
schwieg sie für etwa eine halbe Minute, offenbar weil sie den Namen
„wieder durchspielte", um schließlich zu berichten: „Ich höre ihn nun
zweisilbig. Ich höre die ganze Zeit über den Konsonanten Ř (dieses Ř
ist ein der tschechischen Sprache eigentümlicher Laut, der wie ein
stimmhaftes R klingt) . . . so als käme zweimal ein R darin vor oder
etwas ähnliches . . . Es klingt wie Repař oder Řepař. Ich sehe ihn
jetzt, wie er seinen Namen nennt . . . Er öffnet seinen Mund, aber nur
ganz kurz . . . es hört sich an wie Řepa oder so ähnlich . . . Řepř oder
Řepař."

Kurz danach war der Versuch beendet, und die Versuchsperson,
die sich an alles erinnerte, bat mich, bleiben und warten zu dürfen,
um zu sehen, ob der Mann wirklich komme. Sie war sehr überrascht,
als kurze Zeit danach der Mann kam, genauso gekleidet, wie sie ihn
gesehen hatte, und sich ihr nur mit einem kurzen Wort vorstellte. Sein
Name lautete Řehoř (ein in der Tschechoslowakei ganz ungewöhnlicher Name).

In unserem zweiten Beispielfall half ein Eindruck des Geruchs-
sinnes die durch vorherrschend visuelle Eindrücke erlangte Information ergänzen. Die Versuchsperson, Herr C. S., hatte bei einem
Versuch am 10. Dezember 1961 die Anweisung, in seiner Vorstellung
in ein etwa 1 km entferntes Gebäude zu gehen. Es war eine Kirche,
in der C. S. noch nie gewesen war. Er wurde zu einer Tür dirigiert,
die ihn zu einer Grabstätte unter der Kirche führte. Hier wurden
Aschenurnen in einem Raum aufbewahrt, der durch solide Marmor-
wände in Abteilungen eingeteilt war; das konnte an Bücherregale in
einer Buchhandlung erinnern. Die einzelnen Abteilungen waren in
einer gleichen Form gehalten und enthielten Reihen kleiner, gleich-
förmiger rechteckiger Fächer für Urnen. Jedes dieser Fächer war mit
einer Marmorplatte bedeckt, auf der der Name des Verstorbenen
stand. Die Dekoration war die eines Friedhofs: mit vielen Blumen
und Kerzen.

Hier die Niederschrift von der Aufzeichnung des Gesprächs mit der
in Hypnose befindlichen Versuchsperson. Versuchsleiter: „Nun gehen
Sie bitte durch die Tür, die Ihnen beschrieben worden ist. Sie werden
sich in einem Raum befinden und mir erzählen, was Sie sehen." Ver-

suchsperson: „Der Raum ist ziemlich klein, und es scheint mir, er hat keine direkte Beleuchtung. An den Wänden sind einige Regale, als wären hier Bücher aufbewahrt, oder irgend etwas ähnliches . . . Ja: Bücher, eine große Zahl." Versuchsleiter: „Sehen Sie die Bücher deutlich?" „In solchen Regalen werden doch Bücher aufgestellt . . . Ich kann nicht sicher sagen, ob es Bücher sind, aber vermutlich sind es welche." „Warten Sie einen Augenblick, bis Ihre Gedanken sich wieder beruhigt haben, und dann warten Sie weiter, bis Sie weitere Einzelheiten erkennen. Blicken Sie völlig passiv in dem Raum umher, und versuchen Sie an Hand auffallender Einzelheiten, Ihre Orientierung zu finden. So werden Sie nach und nach zu einem richtigen Eindruck gelangen." „Es sieht aus, als wären hier getrennte Fächer . . . es ist so ein dicker Block, und es sieht aus, als wären einzelne, voneinander getrennte Teile darin. Ich habe ein Gefühl, als wäre ich auf einem Friedhof." „Was meinen Sie mit dem, was Sie ‚getrennte Fächer' nennen? Was kann das sein?" „Es ist ein seltsames Gefühl, alle gleichen einander, aber doch ist jedes wieder verschieden von den anderen. Ich kann es nicht ausdrücken . . . Es sieht aus wie ein Friedhof, aber das kann doch nicht sein." „Und was gibt Ihnen das Gefühl, als wäre dies so etwas wie ein Friedhof?" „Ich fühle mich so bedrückt wie auf einem Friedhof. Als könne ich hier Kerzen riechen. Und da ist etwas um mich herum, ich kann nicht sagen was, aber im normalen Alltagsleben sehen Sie das nicht." „Wollen Sie mir bitte genauer sagen, was Sie eben gemeint haben, als Sie von diesen ‚getrennten Fächern' sprachen?" „Ja. Es sieht aus, als stünde auf jedem ein eigener Name, es sieht so seltsam aus. Ich habe noch nie so etwas gesehen . . . Doch; ich erinnere mich, ich habe es schon gesehen. Es ist wie eine Krypta oder so etwas ähnliches. Es sieht aus, als würden hier Urnen mit der Asche Verstorbener aufbewahrt."

Vertraut werden mit ASW

Nach dem ersten Auftreten von ASW beginnt der längste und anspruchsvollste Teil des Trainings: die Vervollkommnung dieser Fähigkeit.

Es ist die Regel, daß eben geweckte ASW im Anfang sehr unvollkommen ist. Zwar ist die Versuchsperson dahin gebracht worden,

daß sie visuelle oder andere Eindrücke hat, die ihr außersinnliche
Information zutragen – aber das ist wirklich nur der erste Schritt.

Hier muß auf eine wirklich unangenehme Eigenart der ASW im
Vergleich zur Wahrnehmung mit den anderen Sinnen hingewiesen
werden. Sie hängt vermutlich mit der andersartigen phylogenetischen
Geschichte der ASW zusammen. Die normale Sinneswahrnehmung
ist charakterisiert durch spezifische subjektive Erfahrungen, die für
jeden Einzelsinn verschieden und typisch sind. Durch diese subjektiven Züge können wir deutlich zum Beispiel visuelle Erfahrungs-
gehalte von akustischen unterscheiden. Wir können unschwer sagen,
ob wir sehen oder hören. Ebenso bemerken wir gleich, wenn äußere
Umstände die Sinneswahrnehmung weniger zuverlässig machen (wenn
zum Beispiel mangelnde Beleuchtung die Sicht behindert).

Dieser typische Zug fehlt bei ASW. Außersinnliche Wahrnehmungen werden im Bewußtsein nur im Gewand von Sinneseindrücken erfahren: als (mehr oder weniger deutliche) halluzinatorische Erfahrungen der normalen Sinne. Doch entstehen ganz ähnliche halluzinatorische Erfahrungen der normalen Sinne häufig im Gefolge verschiedener
innerer psychischer Vorgänge im Geist der Versuchsperson, die nichts
mit ASW zu tun haben (ähnlich wie Träume, die während des Schla-
fens entstehen). Ja solche Erfahrungen ohne außersinnlichen Wahr-
nehmungsgehalt sind sogar viel verbreiteter als jene außersinnlicher
Art.

Überdies braucht ASW-Information, die durch solche halluzinatorische Erfahrungen empfangen wird, keineswegs immer ein genaues
Abbild der Wirklichkeit zu sein. Das durch ASW Wahrgenommene ist
häufig verzerrt, genauso wie eine Sinneswahrnehmung durch Sinnestäuschungen verzerrt sein kann. Diese Verzerrungen wiederum sind
individuell außerordentlich verschieden und hängen von inneren psychischen Vorgängen im Geiste der Versuchsperson ab.

Auch hier eine Regel: Die Versuchsperson erlebt eine Mischung
aus echten Erfahrungen (die die ASW-Information enthalten) und
anderen Erfahrungen, die keine ASW enthalten (d. h. unechten Erfahrungen).

Subjektiv empfängt sie bisweilen blitzartig aufleuchtende klare Bilder, die aber nicht sehr stabil sind und bald wieder verschwinden, um
anderen blitzartig aufleuchtenden Bildern Platz zu machen; oder sie

hat bleibendere Visionen, in denen verschiedene Teile mit unterschiedlicher Deutlichkeit gesehen werden: In ihnen sind Einzelheiten, die deutlich erkannt werden, mit anderen, die nur verschwommen erscheinen, vermischt.

Normalerweise ist nur ein Teil der Erfahrungen der Versuchsperson echt bzw. richtig. Sie muß daher lernen, zu welcher Art von Eindrücken sie persönlich neigt, d. h. sie muß lernen, echte Eindrücke von Eindrücken ohne ASW-Beteiligung zu unterscheiden. Das ist aber nur durch die Praxis möglich. Für gewöhnlich verfahren wir dabei so, daß wir mit der Versuchsperson lange Reihen einfacher Versuche anstellen, bei denen wir sie auffordern, irgend etwas durch ASW zu ermitteln und ihre Eindrücke mitzuteilen. Dann sagen wir ihr unmittelbar, welcher Teil ihres Eindruckes richtig war, und machen auf ihre Irrtümer aufmerksam. Wir fordern sie auf, subjektive Kriterien zu beachten, an Hand derer sie das nächste Mal echte und unechte Eindrücke unterscheiden kann.

Das wird immer und immer wieder geübt, und die Versuchsperson gewinnt dadurch Schritt für Schritt die Fertigkeit, echte ASW-Eindrücke zu erkennen. Im Anfang ist das zumeist sehr schwierig, da echte und unechte Eindrücke häufig einander sehr ähnlich sind. Bisweilen lassen sich echte Eindrücke auch durch größere Klarheit und Stabilität erkennen. Wenn Versuchspersonen gefragt werden, wie sie echte und unechte Eindrücke unterscheiden, geht aus ihrer Schilderung sehr häufig hervor, daß Eindrücke ohne Beteiligung von ASW wie durch einen Nebel oder gebrochen wie durch eine bewegte Wasserfläche gesehen werden. Sie können aufblitzen und dann für eine gewisse Zeit wieder verlöschen. Aber das ist kein allgemeines Gesetz. Häufig sind die Unterscheidungsmerkmale individuell verschieden (und lassen sich auch nur schwer in Worten wiedergeben). Jede Versuchsperson muß sie daher für sich selbst lernen.

Es dürfte nützlich sein, sich folgende Hauptirrtumsquellen für die ASW stets gegenwärtig zu halten:

(1) Suggestiver Einfluß von seiten des Hypnotiseurs: Der Versuchsleiter kann unwissentlich einen Ausdruck verwenden, der für die Versuchsperson eine besondere Bedeutung besitzt, ihr die Antwort andeutet oder irgendwelche unbeabsichtigten Assoziationen in ihr hervorruft.

(2) Der Einfluß einer Autosuggestion der Versuchsperson und ihrer Vermutungen oder Voraussetzungen. So können ihre Eindrücke beeinflußt sein von ihren Wünschen, Befürchtungen und Annahmen.

(3) Undeutliche Bilder: Zu Beginn der Versuche werden die Bilder häufig undeutlich gesehen, und die Versuchsperson kann dazu neigen, Einzelheiten zu ergänzen, von denen sie in Wirklichkeit kein klares Bild gehabt hat.

(4) Die Versuchsperson kann unter „Sinnestäuschungen" leiden – genauso wie bei der normalen Sinneswahrnehmung.

(5) Einwirkungen von Müdigkeit und Indisposition: Ist die Versuchsperson ermüdet oder durch Krankheit, persönliche Probleme oder Abneigung gegen der Versuch usw. indisponiert, so verwendet sie nicht genügend Aufmerksamkeit auf ihre Aufgaben, und es stellen sich häufiger Irrtümer ein. Wenn ihre mangelnde Disposition sie daran hindert, einen ausreichenden Grad von Konzentration zu erreichen, kann ihre ASW vorübergehend sogar ganz verschwinden.

(6) Interpretationsfehler: Die Versuchsperson kann eine bestimmte Szene ganz richtig sehen, mißdeutet aber ihren Sinn. Sie muß unterscheiden lernen zwischen Eindrücken, die den Charakter der Gewißheit tragen, und mehr oder minder wahrscheinlichen Annahmen oder Interpretationen, die auf zusätzlichen rationalen Erklärungen ihrer Eindrücke beruhen.

(7) Fehler in der Wiedergabe: Die Versuchsperson sieht die betreffende Szene richtig, doch schildert sie sie in einer unklaren oder verworrenen Form (zum Beispiel mit geringer Ausdrucksfähigkeit oder an Hand einer ungeschickten Skizze), und so kann der Versuchsleiter sie mißverstehen und falsche Schlüsse ziehen.

(8) Wenn die Versuchsperson längere Handlungsabläufe durch ASW wahrnimmt, tendiert sie leicht dahin, die zeitlichen Zwischenräume ungenau zu bestimmen; normalerweise wird sie sie zu kurz ansetzen. (Solche Irrtümer hängen natürlich mit dem bruchstückhaften Charakter von ASW-Eindrücken zusammen.)

(9) Der bruchstückhafte Charakter von ASW-Eindrücken: Wenn die Versuchsperson verwickeltere Szenen durch ASW wahrnimmt, erfaßt sie die Szene in der Regel nicht ganz, sondern lediglich in Bruchstücken, die sie dann oft nicht richtig in den Zusammenhang einordnen kann. (Das ist so, als bekäme man nur einige Einzelbilder

oder Bildteile anstelle eines ganzen Filmes gezeigt.) Wenn solche bruchstückhaften Eindrücke falsch kombiniert werden, kann daraus eine breite Skala unterschiedlicher Irrtümer entstehen.

(10) Die Eindrücke der Versuchsperson können beeinflußt sein durch unerwünschte, sich aufdrängende ASW-Eindrücke, die sie bisweilen nicht abschirmen kann. (So kann sie zum Beispiel durch Gedanken anderer Personen telepathisch beeinflußt werden.)

(11) Es besteht die Tendenz, daß Irrtümer, die einmal gemacht worden sind, sich bei Wiederholungen des Versuches ebenfalls wiederholen.

(12) Methodische Irrtümer von seiten des Versuchsleiters: Irrtümer können entstehen, wenn der Versuchsleiter die Versuchsperson zur Eile drängt und ihr nicht genügend Zeit gibt, ihre Angaben mit genügender Sorgfalt zu machen. Die Versuchsperson kann dann leicht übereilte Aussagen über Dinge machen, deren sie sich nicht sicher sein kann und die zu verifizieren sie nicht ausreichend Zeit hatte.

In seinem fortgeschrittenen Stadium besteht das Training somit vor allem darin, daß die Versuchsperson angehalten wird, ihre Eindrücke kritisch zu betrachten und sich vor Irrtümern zu hüten, die unbedingt vermieden werden müssen. Die meisten Urteile beruhen auf subjektiven Eindrücken der Versuchsperson und müssen von ihr gegeben werden. Der Versuchsleiter spielt dabei mehr oder minder eine Beraterrolle. Damit ergibt sich bei Versuchen im fortgeschrittenen Stadium eine neue Art von Gleichstellung der Beteiligten: Es steht nicht mehr der den Ablauf der Dinge beherrschende, Anweisungen gebende Hypnotiseur der passiven Versuchsperson gegenüber, sondern es setzt eine geplante und gezielte Zusammenarbeit zweier Persönlichkeiten ein, von denen jede ihre eigene Rolle spielt: Die eine betätigt ihre ASW-Fähigkeit, während die andere ihr durch ihren Rat hilft, indem sie ihre Eindrücke kritisch bewertet. (So können uns zum Beispiel die Versuche mit „wandernder ASW" an einen Wissenschaftler erinnern, der an Bord eines Schiffes steht, einen Taucher zur Erforschung des Meeresbodens hinunterschickt und mit ihm durch eine Wechselsprechanlage in Verbindung bleibt.)

In einer solchen Situation braucht die Versuchsperson ihr ungeschmälertes logisches Denk- und Urteilsvermögen, um zur sachgerechten Bewertung ihrer Eindrücke fähig zu sein. Daher ist in dieser

Phase ihre Suggestibilität absichtlich herabgesetzt. Sie wird vielmehr angeleitet, alles kritisch zu beurteilen, einschließlich der Worte des Hypnotiseurs (denn auch die können Quellen von Irrtümern sein).

So wie wir die Versuchsperson anleiten, Irrtümer zu vermeiden, unterweisen wir sie auch, ihre ASW als einen neuen Sinn in der gleichen Weise zu gebrauchen, wie sie ihre normalen Sinne gebraucht, und im Zusammenwirken mit diesen. Schritt für Schritt lernt sie, mit der ASW vertraut zu werden und ihren Gebrauch als etwas völlig Natürliches anzusehen.

Auch erwirbt sie nach und nach neue Fertigkeiten im Einsatz dieser Fähigkeit: Bei den visuellen Formen der ASW lernt sie zum Beispiel, den beobachteten Gegenstand, wenn erforderlich, unter verschiedenen Blickwinkeln zu sehen. Und sie lernt, wenn es notwendig ist, auch andere Formen von ASW anzuwenden (so zum Beispiel Berührungseindrücke von dem beobachteten Gegenstand zu bekommen – genauso wie ein Kind lernt, die Erfahrungen des Tast- und des Gesichtssinnes zu koordinieren). Und schließlich erwirbt sie die notwendige Gewandtheit, ihre Eindrücke wiederzugeben (in Worten, durch Skizzen und Zeichnungen usw.).

Hier zwei Beispiele für Versuche im fortgeschrittenen Stadium, bei denen die Versuchspersonen bereits fähig waren, recht unabhängig zu arbeiten. Im ersten Falle wurde die Versuchsperson (Fräulein S. K. am 10. März 1951) aufgefordert, einen Hammer zu erkennen, der hinter einem undurchsichtigen Schirm lag. Der Hammer hatte einen alten, durch langen Gebrauch abgenutzten Stiel. Am Ende des Stieles, wo der eiserne Kopf befestigt war, befand sich eine etwa einen Zentimeter breite Kerbe. Diese Kerbe stach durch die Helle des Holzes an dieser Stelle stark von dem schmutzigen Stiel und dem dunklen Eisenkopf ab. Die Versuchsperson erklärte: „Jetzt sehe ich einen langen, dunklen Streifen" (dessen ungefähre Länge zeigte sie mit den Händen an), „und nah dabei ist ein anderer, dunklerer Fleck, der fast wie der Schatten dieses Streifens aussieht. Der Streifen gleicht einem Lineal . . . aber ich habe ihn jetzt von der Seite gesehen. Er ist doch kein Lineal, er ist dicker, es könnte eine Art Stange sein, und der dunkle Fleck darüber ist auch kein Schatten . . . es ist ein Hammer . . . Aber oben am Stiel sehe ich eine Art hellen Streifen, der in die Grundfläche eingekerbt ist. Dadurch bekam ich den Eindruck, als stünden die beiden Flecke nicht in direktem Zusammenhang miteinander."

Im Falle des zweiten Beispiels war das Zielobjekt eine schwarze Schallplatte, die hinter den Rücken der Versuchsperson gelegt worden war. Ihre Größe betrug genau 10 cm im Durchmesser. Sie lag auf einem steifen weißen Karton von 10,5 × 15,0 cm Größe. Die Versuchsperson (Fräulein M. F., Versuch vom 15. November 1957) erklärte, ihr erster Eindruck sei der eines dunklen Rechtecks von Postkartengröße. Doch dann verbesserte sie sich ganz spontan: „Nein, eine flache, dunkle Scheibe von etwa 10 cm Durchmesser." Dann ging sie zur taktilen Form von ASW über und erklärte: „Sie ist rauh und hart." Danach fuhr sie mit visueller ASW fort und betrachtete die Platte so, daß das Licht darauf fiel: „Es sind eine Anzahl Rillen darauf . . . es ist eine Schallplatte."

Bei Versuchen fortgeschrittenen Stadiums muß die Versuchsperson ausgiebig ihre logische Denkfähigkeit zur Orientierung und Bewertung ihrer Eindrücke einsetzen. Bei der Weckung ihrer ASW dagegen muß sie sich in einem Zustand befinden, in dem ihr Geist sozusagen leer und ihre geistige Tätigkeit ausgeschaltet ist. Das sind widersprüchliche Forderungen. Jede geistige Tätigkeit stört den Geisteszustand, der für ASW disponiert, während dieser Zustand geistiger Untätigkeit kein logisches Denken zuläßt.

Die Stillegung der geistigen Tätigkeit bei der hypnotisierten Versuchsperson kann während der Anfangsversuche einige Probleme für die Kommunikation mit ihr schaffen. Es ist ratsam, komplizierte Fragen zu vermeiden und Anweisungen in einfacher Form zu geben. Außerdem kann die Stillegung der geistigen Tätigkeit den Vorgang der ASW insofern stören, als sie bisweilen die verstandesmäßige Integrierung von Begriffen und das Erkennen wahrgenommener Gegenstände unmöglich macht. Als zum Beispiel die Schallplatte, die bei dem oben beschriebenen Versuch mit Fräulein M. F. verwendet worden war, einer anderen Versuchsperson vorgelegt wurde (Herrn L. M. am 15. Mai 1961), erklärte er: „Ein schwarzer, kreisförmiger Fleck . . . Er sieht aus wie ein Stück Karton . . . Ein Kreis . . . mit einem Durchmesser von 10 bis 15 cm . . . Seine Oberfläche ist matt, nur in der Mitte ist sie glänzend, als wäre sie poliert . . . Die übrige Oberfläche hat Rillen und ist nicht glatt . . . Ich kann nicht erkennen, was das sein könnte."

In einem weiteren Versuch (14. März 1967) sollte Fräulein M. V. durch ASW die Klinge eines Rasierapparates von länglicher Form mit

drei kreisförmigen Löchern erkennen, die durch einen Schirm ihren
Blicken verborgen war. Sie erklärte: „Etwas Weißliches, Längliches."
Der Versuchsleiter: „Versuchen Sie jetzt, von der Seite her zu sehen,
wie hoch es ist." Versuchsperson: „Es ist ganz flach." „Aus was für
einem Material?" „Papier." „Und von was für einer Form?" „Läng-
lich." „Sehen Sie etwas Auffallendes an dem Gegenstand?" „Da ist
etwas in der Mitte ... etwas, das ausgespart ist ... oder ein Loch ...
Ich sehe ein weißes Rechteck mit einem dunklen Loch in der Mitte ...
es ist entweder ein Loch oder ein kleiner aufgemalter Kreis." „Nur
ein Loch?" „Ich sehe jetzt zwei Löcher." „Was für einem Gegenstand
könnte es gleichen? Erkennen Sie eine Ähnlichkeit mit irgendeinem
Gegenstand? Erinnert es Sie an irgend etwas?" „Nun, zum Beispiel
an eine Art länglichen Knopf." „Oder an was noch?" „Ich weiß es
nicht." – Nach der Weckung aus der Hypnose (und noch ehe ihr der
Gegenstand gezeigt worden war) wurde die Versuchsperson aufgefordert, sich alle die Eindrücke noch einmal zu vergegenwärtigen und zu
berichten, was sie während des Versuches mitzuteilen versäumt haben
könne. Da fiel ihr plötzlich ein, daß sie „in Wirklichkeit mindestens
drei Löcher in dem Gegenstand gesehen" hatte, und ganz spontan
integrierte sie ihre Wahrnehmungen: „Ich meine nun, es war wohl
eine Rasierklinge."

Doch gibt es einen Weg, auf dem sich diese beiden einander wider-
streitenden Bedingungen erfüllen lassen: nämlich durch ständige
Änderung dessen, was wir „Tiefe" des hypnotischen Zustandes während des Versuches nennen können. Anfangs, wenn wir erreichen wollen, daß die Versuchsperson ihre ASW-Eindrücke bekommt, versuchen wir, sie in eine „tiefere" Hypnose zu bringen, in der ihr Denken ausgeschaltet und ihr Bewußtsein für die gewünschte Erfahrung
vorbereitet wird. Etwas später, wenn sich ihre ASW-Erfahrung eingestellt hat, entlassen wir sie in einen Zustand weniger tiefer Hypnose, in der sie die Qualität ihrer Eindrücke beurteilen, ihre Richtigkeit bewerten und sie dem Versuchsleiter mitteilen kann. Wenn einige
zusätzliche Ermittlungen erforderlich werden, kann man die Hypnose
erneut „vertiefen".

Je nach dem Versuchsverlauf kann die Tiefe der Hypnose also
ständig verändert werden. Das geschieht zunächst nach den Anweisungen des Hypnotiseurs, später aber unter voller aktiver Mitwirkung
der Versuchsperson, die gelernt hat, jenen Bewußtseinszustand her-

beizuführen und zu erhalten, der für die jeweilige Phase des Versuches erforderlich ist.

Das ist das Ziel eines fortgesetzten und einigermaßen schwierigen Trainings. Natürlich hängt auch der Grad, in dem die einzelne Versuchsperson zur Erfüllung dieser Forderungen fähig ist, weitgehend von ihrer Persönlichkeit ab. (Ein Vergleich der ASW-Fähigkeit mit dem Schreiben mag das verdeutlichen: Die meisten Menschen können schreiben lernen, aber längst nicht jeder wird dadurch ein begabter „Schreiber", d. h. Schriftsteller.)

ASW im Wachzustand

Durch die Praxis lernt die Versuchsperson, ihre ASW-Fähigkeit immer vollkommener zu handhaben: Sie lernt (1) zwischen richtigen und falschen Eindrücken unterscheiden; (2) auf der Hut zu sein vor Irrtümern; (3) ihren Bewußtseinszustand zu korrigieren; (4) ihre ASW-Fähigkeit geschickter einzusetzen.

Ist das genügend trainiert worden, so muß die Versuchsperson die Praxis der Autohypnose erlernen, d. h. sie lernt, den erforderlichen Bewußtseinszustand ohne Hilfe von außen zu erreichen und ihre ASW-Fähigkeit völlig unabhängig zu betätigen, wann immer sich die Notwendigkeit ergibt, dies zu tun. Das ist der logische Höhepunkt des Trainings, der die ASW endgültig unter die Willenskontrolle der Versuchsperson bringt.

Doch in diesem Vorgang liegt noch ein Problem, auf das hingewiesen werden muß. Wenn es ratsam ist, die Suggestibilität der Versuchsperson in den fortgeschritteneren Phasen des Trainings herabzusetzen, so führt dies am Ende dazu, daß sie völlig unabhängig wird vom Versuchsleiter. Für die Versuchsperson führt das zur Vermeidung von Irrtümern und zum Zustandekommen einer wirklich unabhängigen Kontrolle über die ASW. Andererseits aber verzichtet der Versuchsleiter damit auf die Möglichkeit, mit Hilfe von Suggestion einzugreifen, falls unerwartete Hindernisse zu überwinden sind oder falls die zusätzliche Entwicklung neuer ungewöhnlicher Fertigkeiten erforderlich wird. (In solchen Fällen kann der Versuchsleiter die Versuchsperson dann nur auf dem Weg normalen Umgangs, durch logische Argumentation usw. beeinflussen.)

Doch dieser Nachteil ist gering im Vergleich zu den Vorteilen, die die Versuchsperson durch die Aussicht gewinnt, ihre ASW-Fähigkeit unabhängig einzusetzen, und durch die Möglichkeit, sie nach eigenem Gutdünken systematisch weiterzuentwickeln.

Versuche mit Fräulein J. K.

Viele Jahre waren erforderlich, bis die auf den vorhergehenden Seiten geschilderte Methode des ASW-Trainings mit Hilfe von Hypnose entwickelt und zur Gebrauchsreife vervollkommnet war. Als im Sommer 1958 Fräulein J. K. ihren Weg als bedeutende Versuchsperson für ASW begann, war die Methode erst in groben Umrissen vorhanden. Eine ganze Anzahl Einzelfragen zum Verfahren selbst waren noch offen. Und gerade die Erfahrung aus den Versuchen mit J. K. trug dazu bei, Antworten auf mehrere dieser Fragen zu finden. Ihr gebührt die Anerkennung, daß sie immer ihr Bestes getan hat, um alle von mir – anfangs bisweilen tastend und suchend – auferlegten Bedingungen zu erfüllen.

Fräulein J. K., geboren am 1. Januar 1937, war 21 Jahre alt, als sie sich am 25. Juli 1958 für ihre erste hypnotische Sitzung zur Verfügung stellte. Beruflich war sie als Angestellte in einem Rechnungsbüro tätig, wo sie mit verschiedenen Buchführungs- und Rechenmaschinen arbeitete. In ihrer Persönlichkeit waren folgende Züge vorherrschend: Aufgeschlossenheit und Kontaktfreudigkeit; Dynamik und Neigung zu Aktivität; Offenheit für die Meinung ihrer Mitmenschen; Gefühlsstärke, wobei die Gefühle jedoch unter Verstandeskontrolle blieben. In ihrer Arbeit war sie sorgfältig und recht ehrgeizig. Sie war stets bereit, neue Pflichten auf sich zu nehmen, und außerordentlich verantwortungsbewußt. Ihre Interessen schwankten zwischen dem Wunsch, Medizin zu studieren (was sich aus verschiedenen Gründen als nicht durchführbar erwies) und ihrer Liebe zur Musik. Sie behauptete, in direkter Linie von Joseph Haydn abzustammen. Möglicherweise halfen ihr die ASW-Versuche, ihren Ehrgeiz zu befriedigen: In ihnen konnte sie einen gewissen Ausgleich dafür finden, daß sie weder Ärztin noch eine berühmte Musikerin werden sollte.

Als J. K. sich für die Versuche zur Verfügung stellte, dachte sie nicht an irgendwelche Bezahlung (die ihr zu jenem Zeitpunkt auch noch nicht geboten werden konnte). Sie war stolz darauf, daß sie sich nicht von finanziellen Gesichtspunkten leiten ließ. Selbst später, als ihr bescheidene Honorare bezahlt werden konnten, lehnte sie sie entschieden ab und stellte nach wie vor mit großer Bereitschaft ihre freiwillige Mitarbeit zur Verfügung, obwohl sie Honorare durchaus hätte brauchen können.

Für J. K. wurde die ASW etwas besonders Erregendes. In ihrem früheren Leben hatte sie nie irgendwelche spontanen ASW-Erlebnisse gehabt, und zu den ersten Versuchen fand sie sich nur aus einem gewissen allgemeinen, oberflächlichen Interesse bereit. Doch als sie dann feststellte, daß sie wirklich ASW-Fähigkeiten entwickelte, und als sie bei einigen geringfügigen Anlässen erlebte, daß diese Fähigkeiten einen beträchtlichen praktischen Nutzen besaßen, erfaßte sie eine große Begeisterung; dieser Zustand blieb für mehr als ein Jahr erhalten, bis tragische Ereignisse (die später berichtet werden sollen) ihre Haltung wandelten.

Die Entwicklung der ASW-Fähigkeit

Der erste Hypnoseversuch (25. Juli 1958) war ein nicht über den Durchschnitt hinausragender Erfolg. Nach siebenminutiger Suggestion von Ermüdung und Schläfrigkeit befand sich J. K. in einem leichten hypnotischen Zustand, in dem sie gut auf einfache Suggestionen und auf suggestive Bewegungshemmungen reagierte. Die Sitzung wurde nach etwa vierzig Minuten beendet.

Beim zweiten Versuch (27. Juli 1958) war das Hypnotisieren sehr schwierig. Bei diesem zweiten Versuch ließ Fräulein J. K. deutliche Zeichen von Widerstand gegen die Hypnose erkennen, ebenso in einigen folgenden Versuchen. Der Grund lag vermutlich in einem Unwohlsein, das sie nach dem ersten Versuch empfunden hatte, als sie erstmals ihre Hypnotisierbarkeit erkannte. Sie war in Abwesenheit irgendwelcher Zeugen hypnotisiert worden und brauchte offenbar einige Zeit, um Vertrauen und Selbstsicherheit wiederzufinden. Ihre Persönlichkeit wehrte sich gegen die suggestive Kontrolle.

Nach etwa 15 Minuten war J. K. hypnotisiert. Der größte Teil der weiteren Zeit diente ausschließlich der Vertiefung des hypnotischen Zustands durch Fortsetzung monotoner Müdigkeits- und Entspannungssuggestionen. Während dieser Phase reagierte sie zwar gut auf die Suggestionen, aber ihre Denktätigkeit war noch nicht in vollem Umfang ausgeschaltet. Das ließ sich deutlich an ihrem Gesicht ablesen, während sie die Neigung zeigte, aus der Suggestionskontrolle auszubrechen, die Augen zu öffnen und aufzuwachen. In diesem Stadium des Widerstands half die Verbindung von Überredung und Suggestion, von logischen wie emotionalen Argumenten, der Versuchsperson ihre innere Sicherheit wiederzugeben. Ihre Verstandestätigkeit kam zur Ruhe, und zugleich verließen sie auch ihre Befürchtungen. (Nachdem sie geweckt worden war, gab sie zu, sie sei sich bewußt gewesen, daß sie während dieser Zeit Widerstand geleistet habe.) Schließlich wurde ihr hypnotischer Zustand tiefer als beim ersten Versuch (mit partieller Amnesie nach dem Erwachen).

Gegen Ende des Versuchs stellte sich, ziemlich unerwartet, ASW ein. Nach einigen einfachen Suggestionsübungen begannen wir, visuelle Halluzinationen zu entwickeln. In dem Bestreben, eine Aufgabe auszuwählen, die die Motivierung der Versuchsperson anregen könnte, suggerierte ich ihr, sie möge sich ein visuelles Vorstellungsbild ihrer selbst in ihrer Wohnung zum Zeitpunkt ihrer Rückkehr von diesem Besuch machen und mir die auf ihre Ankunft folgende Szene beschreiben. Sie schilderte eine solche Szene einschließlich einiger kurzer Sätze ihrer Mutter (die sie deutlich sah und sprechen hörte). Dieses Erlebnis wurde als sensorielle Halluzination gedeutet. Bei der nächsten Sitzung aber berichtete die Versuchsperson, es habe sich zu ihrer großen Überraschung bei ihrer Heimkehr zu Hause alles wirklich genauso ereignet, wie sie es in der Hypnose erlebt hatte. Auch die Mutter habe zu ihr gesagt, was sie sie in der Hypnose hatte sagen hören.

Wir können somit schließen, daß bereits bei diesem zweiten Versuch ASW – in visueller wie in akustischer Form – auftrat. Allerdings beruht dieser Schluß ausschließlich auf J. Ks. Aussage, da einzig sie die Übereinstimmung der Voraussage mit der tatsächlichen Szene in ihrer Wohnung bestätigte. In diesem Stadium bestand natürlich noch nicht die Absicht, sorgfältige Kontrollen einzubauen. Sie hätten – da das Ziel zunächst darin bestand, die Versuchsperson für bessere Leistungen in der Zukunft vorzubereiten – keinerlei Zweck erfüllt.

Auch bei dem dritten Versuch (1. August 1958) war die Hypnose wieder schwierig. J. K. war binnen acht Minuten hypnotisiert, doch erwies sich die Hypnose als sehr oberflächlich. Erst nach geraumer Zeit war sie so weit, daß sie in befriedigender Weise auf Suggestionen reagierte. Der innere Konflikt, in dem sie sich offenbar immer noch befand, bewirkte eine seltsame Reaktion. Obgleich sie sich eindeutig unter suggestiver Kontrolle befand, verhielt sie sich in einer völlig ungewöhnlichen Weise: Sie legte eine außerordentliche motorische Unruhe an den Tag, die sich auch durch Suggestionen nicht beheben ließ. Zunächst versuchte sie spontan, ihre Augen zu öffnen; als das nicht gelang, stand sie von ihrem Stuhl auf und begann, im Raum auf und ab zu gehen. Auch im folgenden Teil des Versuches ging sie weiter auf und ab und überhörte die Anweisungen des Versuchsleiters, sich auf den Stuhl zu setzen.

Beim Gehen verhielt sie sich, als befände sie sich im Wachzustand (obwohl ihre Augen geschlossen waren), und war zugleich fähig, ihre ASW zu betätigen. Wenn man sie aufforderte, irgend etwas durch ASW zu ermitteln, blieb sie einen Augenblick stehen, berichtete ihre Eindrücke und ging dann weiter. Sie erfüllte gut ASW-Aufgaben, die visuelle, akustische und taktile Formen von ASW erforderten (Geruchseindrücke wurden nicht erprobt). Im Verlauf dieser Proben lernte die Versuchsperson bereits, Irrtümer auszuschalten, obwohl die motorische Unruhe die Zusammenarbeit mit ihr erschwerte. Nach Beendigung des Versuchs war völlige Amnesie festzustellen.

Beim nächsten Versuch (3. August 1958) war die Versuchsperson binnen sechs Minuten hypnotisiert. Die ASW stellte sich wieder ein. Ebenso hielt aber auch ihre ungewöhnliche, spontane motorische Aktivität an. Wieder ging sie mit lebhaften Schritten durch den Raum hin und her und verhielt sich, als befände sie sich im Wachzustand. Gelegentlich zeigte sie ganz unerwartete spontane Reaktionen. So erklärte sie zum Beispiel, sie habe Kopfweh, ging an den Schrank und nahm eine Kopfschmerztablette. Einen Augenblick später beklagte sie sich, es sei ihr kalt, und zog sich eine Jacke über. Nach dem Versuch bestand wiederum vollständige Amnesie.

J. K. bestätigte ihre ASW in einer amüsanten Weise: Während sie im Zimmer umherging, hatte sie ihre Augen geschlossen, bewegte sich trotzdem aber mit vollkommener Sicherheit. Ihr Schritt war nicht im geringsten tastend oder zögernd, sondern bestimmt und lebhaft. Sie hielt jedesmal erst wenige Handbreit vor der Wand an, d. h., wenn sie ihr so nah gekommen war, daß sie beim nächsten Schritt

gegen sie gelaufen wäre. Niemals stieß sie unbeabsichtigt mit einem
ihr im Weg stehenden Hindernis zusammen. Bei den beiden folgenden Treffen am 6. und 8. August 1958 fand die Versuchsperson sicht-
lich keinen Gefallen an den Versuchen. Sie war schlechter Stimmung
und nervös, was sie mit privaten Sorgen und Mißhelligkeiten begründete. Der hypnotische Zustand war sehr oberflächlich; es trat keine
ASW und ebensowenig eine Amnesie ein.

Doch beim nächsten Versuch (12. August 1958) verlief alles reibungslos. Die Versuchsperson ließ sich leicht hypnotisieren und erwies sich als außerordentlich suggestibel, obwohl ihr äußeres Verhalten dem Wachzustand sehr ähnlich war. Wie groß diese Ähnlichkeit war, zeigt folgende Episode: Am Tag, an dem der Versuch stattfand, hatte die Versuchsperson sehr viel zu tun. Wir verabredeten
daher, die Sitzung früh zu beenden, um ihr für eine wichtige Ver-
abredung Zeit zu lassen. Als der vorgesehene Augenblick kam, war
das Versuchsprogramm noch nicht abgeschlossen; ich bat daher die
Versuchsperson, noch ein paar Minuten zuzugeben. Sie erklärte sich
bereit, aber da sie wirklich in Eile war, begann sie, damit sie keine
Zeit verlor, mit allen möglichen kleinen Verrichtungen, die sie zu
erledigen hatte, bevor sie ging.

Von dieser Episode an hörte auch die frühere, ungewohnte motorische Unruhe auf, und das Verhalten der Versuchsperson war fortan
ruhig und ganz auf Zusammenarbeit abgestellt.

Bei diesem und den folgenden Versuchen lernte die Versuchsperson
ihre ASW-Fähigkeit bewußt kontrollieren und unter den verschiedensten Bedingungen einsetzen. Sie erzielte immer mehr Freiheit, ihre
Eindrücke kritisch zu bewerten und aktiv die besten Wege der ASW-
Anwendung herauszufinden. So lernte sie zunehmend unabhängiger
arbeiten. Wenn sie ihre Aufgabe erhielt, „konzentrierte" sie sich und
brachte damit ihre Denktätigkeit zum Stillstand. In diesem Zustand
erfüllte sie die ihr zugewiesene Aufgabe. Danach richtete sie ihre Aufmerksamkeit auf die Beantwortung der an sie gestellten Frage: Sie
bildete sich ein Urteil über ihre Eindrücke und gab diese wieder, soweit sie sie als richtig erkannte.

Sie bemühte sich sogar, die Anweisungen des Versuchsleiters ebenso
kritisch zu beurteilen wie ihre eigenen Eindrücke (und Irrtümer zu
vermeiden, die möglicherweise in unbeabsichtigter Suggestion ihren

Ursprung hatten). So drängte der Versuchsleiter sie zum Beispiel am
21. August 1958 intensiv, ein nahe bevorstehendes, unerfreuliches
Ereignis einer bestimmten Person herauszufinden. Daraufhin halluzi-
nierte sie nicht irgendein nichtvorhandenes unerfreuliches Ereignis,
wie es in einer solchen Lage leicht möglich gewesen wäre, sondern
wandte ein: „Sie wollen immer, daß ich irgend etwas Unerfreuliches
sehe. Aber was soll ich tun? Ich habe keinen Eindruck von irgend
etwas Unerfreulichem bekommen."

Nach und nach wurde die Versuchsperson auch mit der Hypnose
vertrauter, und schließlich ließ sie sich binnen weniger Sekunden hypnotisieren (auf einen kurzen Satz des Versuchsleiters hin, der ihr als
Signal für die Hypnose diente). Sie gewöhnte sich daran, sich in allen
denkbaren Situationen hypnotisieren zu lassen – nicht allein in der
gewohnten Laboratoriumssituation, in der sie auf einem bequemen
Stuhl und in einem ruhigen Raum saß, sondern auch, wenn sie über
die Straße ging, mit der Straßenbahn fuhr usw. So begann sie, Schritt
für Schritt ihre ASW-Fähigkeit wirklich als neuen Sinn zu verwenden
und erreichte schließlich, daß sie in den verschiedensten Situationen
ihres Alltagslebens praktischen Gebrauch von dieser Fähigkeit machen
konnte.

So hatte sie zum Beispiel am 25. August 1958 ihren Wohnungs-
schlüssel verloren. Ich hypnotisierte sie und forderte sie dann auf, mit
Hilfe ihrer ASW herauszufinden, wo der Schlüssel sei. Sie berichtete
mir daraufhin, ihre Großmutter habe ihn am Morgen aus ihrer Hand-
tasche genommen und ihn nachher an einen bestimmten Platz im
Schrank gelegt. Darauf gab ich ihr den Befehl, sich nach dem Erwachen aus der Hypnose an den Platz zu erinnern, an dem die
Schlüssel lagen. Als sie nach Hause kam, fand sie die Schlüssel genau
an der Stelle, die sie gesehen hatte. Ein anderes Beispiel: Am 2. September wollte J. K. ihre Mutter, die nicht zu Hause war, anrufen.
Dabei war es wichtig, genau den Augenblick herauszufinden, an dem
die Mutter zurückkehren würde. J. K. bestimmte diesen Augenblick
für den Telefonanruf so, daß er gerade mit dem Augenblick der Rückkehr der Mutter zusammenfiel. So gab es noch eine ganze Anzahl
ähnlicher Gelegenheiten – meistens in Zusammenhang mit ebenso all-
täglichen Dingen wie den oben geschilderten –, bei denen ihre ASW
es ihr ermöglichte, die verschiedensten Situationen des Alltagslebens
leichter zu bewältigen.

In diesem Stadium des Trainings halfen ihr posthypnotische Befehle, sich dessen zu entsinnen, was während der Hypnose geschehen war, also ihre frühere Amnesie zu überwinden, und J. K. begann sich in immer vollkommenerer Weise aller Erlebnisse in der Hypnose zu erinnern. Nach und nach gelang es ihr sogar, sich Einzelheiten aus früheren hypnotischen Erlebnissen ins Gedächtnis zurückzurufen, die sie vergessen hatte.

Etwa zwei bis drei Monate nach Aufnahme des Trainings war J. K. fähig geworden, ihre ASW-Eindrücke selbständig auszuwählen und zu bewerten, unabhängig vom Versuchsleiter, dessen einzige notwendige Rolle darin bestand, sie zu Beginn jeder Sitzung zu hypnotisieren und sie am Ende aus der Hypnose aufzuwecken. Wieviel Zeit den Versuchen gewidmet werden konnte, hing vollständig von der inneren Bereitschaft der Versuchsperson ab. War sie gut disponiert, so konnte sie selbst verlängerte und wiederholte Sitzungen durchhalten. Natürlich machten langdauernde oder mehrfach wiederholte Sitzungen die Versuchsperson – wie J. K. selbst sagte – „genauso müde wie jede andere intensive geistige Arbeit, die ständige Aufmerksamkeit verlangt".

Doch war ihre Fähigkeit nicht vollkommen stabil. Bei besonderen Anlässen (wenn sie ein starkes Selbstvertrauen verspürte, wenn sie mir Freude machen wollte oder wenn sie sich in Anwesenheit von Personen, deren Meinung ihr besonders viel bedeutete, zeigen wollte), war sie besonders sorgfältig bei der Vermeidung von Irrtümern und erreichte eine nahezu hundertprozentige Korrektheit. Dagegen ließ, wenn sie gedrückter Stimmung war, ihre Fähigkeit nach; doch selbst dann vermochte sie immer noch, soweit sie wirklich ihre Indisposition überwinden wollte, ihre ASW zumindest auf einer grundlegenden Ebene zu betätigen. Es kam aber auch vor, daß vorübergehende Stimmungsumschwünge sie der Versuche überdrüssig werden ließen. Sie erklärte sich dann nur aus Höflichkeit zu einer kurzen Sitzung bereit, ohne an guten Ergebnissen interessiert zu sein. Dann war ihre ASW-Fähigkeit – zumindest für die betreffende Zeit – hoffnungslos versandet.

Die Unabhängigkeit, zu der die Versuchsperson Schritt für Schritt hingeführt wurde, erstreckte sich auf ihr Gesamtverhalten: Nach und nach hörte die suggestive Kontrolle im Zustand der Hypnose über-

haupt auf. Schließlich gelangen nicht einmal mehr die einfachsten
Suggestionen, wie etwa Bewegungshemmungen. Damit wurde der
notwendige Bewußtseinszustand mehr oder weniger von der Versuchsperson selbst herbeigeführt und erhalten.

Sie wurde allerdings vor der Betätigung ihrer ASW immer noch
formell „hypnotisiert"; ja J. K. betrachtete es geradezu als notwendig für den Erfolg, „hypnotisiert" zu werden, und zog es sogar vor,
sich eher direkt, in persönlichem Kontakt, als etwa telefonisch „hypnotisieren" zu lassen. Doch konnte von Hypnose im eigentlichen
Sinne, verbunden mit einer Kontrolle durch Suggestion, nicht mehr
die Rede sein. Die Bedeutung dieser Hypnose war rein imaginär, und
die Rolle des Versuchsleiters bestand eigentlich nur noch darin, die
Versuchsperson zu lenken und ihr methodisch behilflich zu sein. Da
sie sich darauf verließ, daß der Versuchsleiter für sie manche kom-
plexere Aufgaben löste, indem er die Richtigkeit ihrer Eindrücke kritisch beurteilte, wurde sie fähig, ihr Denken leichter zu entspannen
und sich selbst in den geistigen Zustand zu versetzen, der für einen
Erfolg notwendig ist.

Etwa sechs Monate nach Aufnahme ihres Trainings, Anfang Januar
1959, konnten wir ernsthaft daran denken, ASW für den praktischen
Gebrauch im Alltagsleben einzusetzen. Unser Ziel war, so weit zu
kommen, daß J. K. künftighin ihre ASW in jeder beliebigen Situation
und definitiv ohne Hilfe von außen gleich ihren übrigen Sinnen und
im Zusammenspiel mit ihnen einsetzen konnte. Dazu schienen sich
zwei Wege als Alternative anzubieten: Der eine bestand darin, den
hypnotischen Zustand soweit möglich dem Wachzustand anzunähern
(während die Versuchsperson ihre ASW weiter betätigte) und sie sozusagen dahin zu bringen, daß sie ihr ganzes Leben in einem halb
hypnotischen, halb wachen Zustand verbrachte; der andere war, die
Versuchsperson zur Autohypnose anzuleiten. Dann würde sie, immer
wenn sie es für notwendig hielt, ihre ASW zu betätigen, sich selbst
aus eigenem Willen in den Zustand der ASW-Disposition bringen, die
erwünschte Information empfangen und sich, nachdem sie sich wieder
in den Wachzustand zurückversetzt hatte, dessen erinnern, was sie an
Information empfangen hatte.

Am 10. Januar 1959 suchten wir zwischen diesen beiden Möglichkeiten zu entscheiden. Am Abend dieses Tages wurde J. K. hypnoti-

siert und im Zustand der Hypnose nach Hause entlassen. Sie hatte Anweisung bekommen, sich so zu verhalten, daß niemand an ihr etwas Außernormales feststellen konnte. Sie sollte wie gewöhnlich zu Bett gehen, am Morgen – immer noch im Zustand der Hypnose – aufwachen und bis zum nächsten Besuch am Nachmittag des folgenden Tages darin verbleiben.

Am 11. Januar kam J. K. zum Treffen. Sie bestätigte, sie fühle selbst, daß sie sich im Zustand der Hypnose befinde, obwohl ihr Verhalten nahezu identisch mit dem Verhalten im Wachzustand war. Ihre Reaktionen erfolgten jedoch ein wenig langsamer, sie war weniger lebhaft, weniger impulsiv, ruhiger und ernster als sonst. Ihr Verhalten ließ sich mit dem eines Menschen vergleichen, der unter leichtem Alkoholeinfluß steht und sich sehr bemüht, es niemanden merken zu lassen.

Sie wurde geweckt und befragt, was geschehen sei, während sie unter Hypnose stand. Sie berichtete, sie erinnere sich im großen und ganzen aller Dinge und Erlebnisse, außer denen unmittelbar nach ihrem Eintritt in die Hypnose. Sie erklärte, sie habe ihren Heimweg gestern abend „irgendwie vergessen". Ihre Angehörigen hatten an ihr nichts Ungewöhnliches bemerkt. Nur ihre Mutter hatte sie einmal gefragt, ob ihr etwas Unerfreuliches zugestoßen sei, da sie so bedrückt wirke (was J. K. verneinte). Sie selbst hatte subjektiv das Gefühl, sie tue alles „wie im Traum". Wenn sie ihre Gedanken zu sammeln suchte, war sie fähig zu denken und zu entscheiden, was sie tun sollte; doch sobald sie sich zu einer Handlung entschieden hatte, kam ihr ihre gesamte nachfolgende Tätigkeit wie ein „automatischer Ablauf" vor. Auf meine direkte Frage hin erklärte J. K., es sei undenkbar für sie, ihr ganzes Leben unter ständiger Hypnose zu verbringen. Der normale Wachzustand war ihr entschieden angenehmer, obwohl die Hypnose sehr oberflächlich und dem Wachzustand sehr ähnlich gewesen war. J. K. war an lebhaftes Handeln und schnelles Denken gewöhnt und hatte den Eindruck, ihre geistigen Fähigkeiten seien in der Hypnose geschwächt. Sie erklärte: „Es ist lästig, sich ständig in einer Art Halbschlaf zu befinden."

Dieser Versuch entschied die Frage zugunsten der zweiten Lösung. Vom nächsten Versuch am 19. Januar 1959 an war das Ziel, J. K. in die Autohypnose einzuüben, so daß sie fähig wurde, sich unabhängig vom Versuchsleiter in den zur ASW disponierenden Zustand zu bringen. Als erstes bekam sie die Aufgabe, sich in Gegenwart des Versuchsleiters, aber ohne dessen tätige Mitwirkung, selbst zu hypnotisieren. Der nächste Schritt bestand darin, die gleiche Konzentrationsleistung in seiner Abwesenheit zu passender Zeit daheim zustande zu bringen.

Diese Aufgabe ist nicht unbedingt schwierig, doch fiel es J. K. sehr schwer, sich selbst in den entsprechenden geistigen Zustand zu versetzen. Sie beklagte sich, dieser selbst herbeigeführte Zustand sei immer zu oberflächlich. Das andere Problem war, daß sie bei ihren Bemühungen, ihre ASW zu betätigen, die Führung durch den Versuchsleiter vermißte und seine Hilfe bei der Beurteilung der Eigenarten ihrer Eindrücke. Der Widerstreit zwischen der Ausschaltung der Gedankentätigkeit und der Notwendigkeit, faktisch rational zu denken, war nicht leicht zu überwinden.

Doch nach vier weiteren Monaten (im Mai 1959) erlangte sie schließlich auch diese Fähigkeit. Damit hatte sie etwa neun Monate nach Beginn ihres ASW-Trainings ein Stadium erreicht, in dem sie unabhängig, ohne die geringste Hilfestellung von seiten des Versuchsleiters, ihre ASW nach eigenem Ermessen betätigen und von Fall zu Fall nach Bedarf einsetzen konnte.

Von einer großen Zahl sehr ähnlicher Fälle praktischer Anwendung (die im allgemeinen von J. K. selbst überprüft und berichtet wurden) ist einer besonders erwähnenswert: Im Juni 1959 waren J. K. bei ihrer Arbeit im Büro mehrere wichtige Unterlagen abhanden gekommen oder verloren gegangen. Hier konnte sie ihre ASW einsetzen. Sie fand die Unterlagen wieder, die fehlgeleitet und in ein anderes, einige Kilometer entferntes Bürogebäude (der gleichen Firma) gebracht worden waren. J. K. war vor mehreren Monaten das letzte Mal in diesem Gebäude gewesen. Seither waren an ihm umfangreiche Umbauten vorgenommen worden, die das äußere Bild der Örtlichkeit stark verändert hatten. J. K. kam in das Bürogebäude und fand ihre Unterlagen in einem Schreibtisch genau an dem Platz, den sie durch ASW gesehen hatte.

J. K.s Fall zeigt, daß man die Fähigkeit der ASW soweit entfalten kann, daß sie vom Willen kontrolliert und praktisch eingesetzt werden kann wie ein neuer Sinn. Doch hat ihr Fall auch gezeigt, daß eine Anzahl weiterer Probleme gelöst werden muß, ehe eine solche Verwendung in einem allgemein ins Gewicht fallenden Maße möglich ist. Selbst nachdem J. K. die Fähigkeit gewonnen hatte, ihre ASW nach Gutdünken einzusetzen, war ihre Kontrolle über diese Fähigkeit nicht so vollkommen, wie unsere Kontrolle über die übrigen Sinne. Die ASW zu betätigen, ist unverkennbar nicht so leicht wie zum Beispiel das Öffnen der Augen. Es ist vielmehr eine Art individueller schöpferischer Leistung. Und obwohl J. K. in einem erstaunlichen Umfang zur Ausübung solcher Kontrolle über ihre ASW fähig war, blieb diese Kontrolle in der Praxis niemals völlig stabil über einen längeren Zeitraum hin. Ihre Qualität und Zuverlässigkeit wandelten sich parallel mit den Wandlungen ihrer Stimmung. Von Zeit zu Zeit nahmen sie ab, und in Perioden nervöser Anspannung und Depression verschwanden sie vollkommen.

Namentlich wenn J. K. ihre ASW völlig auf sich gestellt, ohne Hilfe von außen her, betätigen sollte, war sie besonders darauf angewiesen, gut disponiert und in einer ausgewogenen seelischen Verfassung zu sein. Leider bescherten ihr ihre Lebensbedingungen diese Voraussetzungen nicht gerade reichlich. Das rasche Tempo ihrer Lebensführung, ihr ungemein geschäftiges Dasein ohne viel Muße, die vielen Verpflichtungen, denen sie gerecht werden wollte, familiäre Probleme sowie Sorgen wegen wirtschaftlicher und sozialer Unsicherheit – das alles versetzte sie nicht selten in einen anhaltenden Zustand seelischer Erregung und Unruhe. Verschiedene persönliche Probleme bedrückten sie, so daß sie nicht fähig war, sich zu konzentrieren, und dadurch ihre ASW-Fähigkeit verschiedentlich für einige Zeit völlig verlor. Solche Perioden traten in unregelmäßigen Zwischenräumen auf (das erste Mal in intensiverer Form den ganzen November 1958 hindurch). In diesen Perioden pflegte J. K. sich für gewöhnlich zu entschuldigen mit der Bemerkung, sie werde die Versuche später fortsetzen.

Außerdem war ihre ASW-Fähigkeit nicht ständig in ihrem Bewußtsein. Nehmen wir als Beispiel nur einen so einfachen Fall wie das Suchen nach einem verlorenen Gegenstand. Wiederholt passierte es ihr, daß sie in Situationen, in denen ihr ASW sehr von Nutzen gewesen wäre, keinen Gebrauch davon machte. Sie „dachte nicht daran", wie sie selbst erklärte, und begann, anstatt sich „zu konzentrieren" und damit ihre ASW in Gang zu setzen, „auf eine natürliche Art zu suchen" (das heißt, indem sie sich gedanklich zu vergegenwärtigen versuchte, wohin sie den betreffenden Gegenstand gelegt hatte). In ihrem Leben gab es eine Periode, in der sie Hilfe durch ASW dringend gebraucht hätte. Doch zögerte sie da, sie einzusetzen, weil sie (vielleicht in kluger Voraussicht) fürchtete, sie könne sich darauf nicht im gleichen Maße verlassen wie auf ihre anderen Sinne. Sie traute ihrer ASW also nicht recht und fürchtete, sie werde sich vor allem in Fragen, die für sie von größter persönlicher Bedeutung waren, von Vermutungen und Wünschen beeinflussen lassen und so ein Opfer verhängnisvoller Irrtümer werden.

Schließlich wurde J. K. klar, daß ASW kein soziales Prestige besitzt. Da die Meinung ihrer Mitmenschen in ihrem Bewußtsein eine große Rolle spielte, fürchtete sie, sie werde mit ihrer ASW als zu sehr von den anderen Menschen verschieden angesehen und möglicherweise sogar verlacht werden. Sie hat auch als erste Versuchsperson die Folgen erkannt, die eintreten, wenn man durch ASW unerfreuliche Dinge erfährt, die man besser nicht gewußt hätte – zum Beispiel feindselige Gefühle bei engsten Freunden oder unerfreuliche Ereignisse im eigenen künftigen Leben. Diese Befürchtungen der ASW gegenüber wuchsen parallel mit den Fortschritten in ihrem Training und können sehr wohl dazu beigetragen haben, daß J. K. viel von ihrer anfänglichen Begeisterung für sie verlor.

Trotz all dieser Probleme blieb J. K.s Fähigkeit der ASW – mit den unvermeidlichen Schwankungen, die von Stimmungsänderungen und anderen zeitweiligen seelischen Verfassungen abhängen – über mehr als ein Jahr erhalten.

Quantitative Versuche zum Nachweis der ASW

Während der ersten fünf Monate wurden mit J. K. Versuche qualitativer Art durchgeführt. Es ging dabei zumeist um die Bestimmung verschiedener hinter undurchsichtigen Schirmen liegender Gegenstände oder um die Ermittlung komplexerer Szenen unter den Bedingungen der „wandernden ASW". Bei all diesen Versuchen lagen die Zielobjekte außerhalb der Reichweite der Versuchsperson. Zur gleichen Zeit erhielten wir durch andere Versuchspersonen Ergebnisse, die darauf hinzudeuten schienen, daß unter solchen Bedingungen dreidimensionale Gegenstände leichter bestimmbar sind als flache und auf ASW-Karten aufgedruckte Symbole; und J. K. fühlte sich nicht genügend bewogen, sich dieser Art von Tests zu unterziehen, die bedeutend schwieriger erschienen.

Wie der Leser bereits weiß, war der Versuchsperson bisweilen die Rolle zugewiesen worden, die Richtigkeit ihrer Eindrücke selbst zu kontrollieren. Das war vollständig in Ordnung. Unsere Versuche unterschieden sich in ihrem Charakter von denen vieler anderer Parapsychologen, die professionelle Hellseher und Medien prüfen und vor Betrügereien immer auf der Hut sein mußten. Bei J. K. gab es niemals pekuniäre Beweggründe; ebensowenig war sie darauf aus, durch ihre ASW berühmt zu werden (sie gestattete niemals, daß ihr Name veröffentlicht wurde). So hatte sie im Gegensatz zu professionellen Hellsehern alle Gründe, nicht zu betrügen (bei Betrügereien hätte sie nichts zu gewinnen, sondern nur etwas zu verlieren gehabt).

Bei unseren Versuchen war das Verhältnis zwischen Versuchsleiter und Versuchsperson das zweier Menschen, die an einem gemeinsamen Ziel arbeiten: dem, die Wahrheit über das geheimnisvolle Phänomen der ASW herauszufinden. Es besteht keinerlei Grund für den Verdacht, J. K.s Aussage habe einen geringeren Wert als die irgendeines anderen kompetenten Beobachters. Das ist ein wichtiger Vorzug bei Versuchspersonen, die mit Hilfe von Hypnose trainiert werden: Sie unterwerfen sich weitestgehend den Erfordernissen des Versuches, können zur aktiven Mitarbeit an jedem Versuchsprojekt angeleitet werden, und wenn sie entsprechend vorbereitet werden, sind sie im allgemeinen bedeutend anpassungsfähiger und zuverlässiger als der durchschnittliche professionelle Hellseher.

Doch die einfache Vorlegung der Ergebnisse qualitativer Beobachtungen genügt nicht den Standardforderungen, die die heutige Parapsychologie an die Beweiskraft stellt. Qualitative Versuche werden – so eindrucksvoll sie manchesmal sein mögen – allgemein als nicht genügend beweiskräftig angesehen. Ihre Beweiskraft wird durch ihren anekdotischen Charakter geschwächt, der niemals gestattet, die mögliche Rolle des Zufalles und die Beteiligung anderer Faktoren als der ASW genau in ihrem Umfang zu bestimmen. Daher ergibt sich der wissenschaftlich überzeugende Beweis für J. K.s ASW erst aus den einfachen quantitativen Versuchen, die nunmehr beschrieben werden sollen. An Hand dieser Versuche läßt sich überzeugend nachweisen, daß alle Möglichkeiten der Sinneswahrnehmung wie auch der Faktor des Zufalls mit Sicherheit ausgeschlossen sind. Außerdem liefern sie uns einige zusätzliche Aufschlüsse über Regelhaftigkeiten bei der ASW.

Die erste Gelegenheit, mit J. K. quantitative Versuche zu unternehmen, ergab sich am 11. Dezember 1958, also etwa sechs Monate nach Beginn ihres Trainings, im Rahmen einer privaten Party, bei der es J. K. besonders darauf ankam, ihre ASW zu zeigen. Einer der Teilnehmer regte an, sie möge Symbole von ASW-Karten zu identifizieren versuchen. Er zog einen Packen solcher Karten aus der Tasche; diese Karten waren nicht im gewöhnlichen Druckverfahren hergestellt worden, sondern durch einen fotografischen Vorgang unter Verwendung eines hochempfindlichen Fotopapiers. Die Symbole (Stern, Rechteck, Kreuz, Kreis und Wellenlinien) waren auf fotografischem Wege aufgetragen worden. Dadurch wurde erreicht, daß die Oberfläche des Papiers keinen Anhaltspunkt für den Tastsinn bot.

Es begann sehr formlos. J. K. wurde hypnotisiert. Dann wurde ihr gestattet, die Karten in die Hand zu nehmen und ihre Oberflächen mit den Fingerspitzen zu berühren. Visuelle Wahrnehmungen waren dadurch ausgeschlossen, daß sie ihr Gesicht von den Karten abwandte, die sie überdies – dafür wurde gesorgt – ständig unter dem Tisch hielt. Obwohl offensichtlich alle Anhaltspunkte für Sinneswahrnehmungen fehlten, identifizierte J. K. 21 von 25 Karten (bei einer Zufallserwartung von 5). Dieser Erfolg weckte J. K.s Interesse an Kartenversuchen, die unmittelbar danach aufgenommen und unter verbesserten Versuchsbedingungen durchgeführt wurden.

Vergleiche von Leistungen in Hypnose und im Wachzustand

Unser erster gut kontrollierter Versuch wurde in zehn aufeinander folgenden Sitzungen im Dezember 1958 und Januar 1959 durchgeführt. Bei jeder Sitzung hatte J. K. die Aufgabe, zwei Sätze von 25 in undurchsichtigen Umschlägen verschlossenen ASW-Karten zu identifizieren. Dabei wurde jedesmal ein Satz im Wachzustand und ein anderer in Hypnose bestimmt. Um den Einfluß des Zeitfaktors auf ein Mindestmaß zu reduzieren, wurde bei jeder auf eine ungerade Zahl fallenden Sitzung der Versuch unter Hypnose als erster und der im Wachzustand danach durchgeführt, während bei den Sitzungen, die auf eine gerade Zahl fielen, die Abfolge umgekehrt wurde.

Vor dem Versuch richtete ein Assistent eine Serie von 25 ASW-Karten in 25 gleichen Umschlägen her, die aus steifer, undurchsichtiger Pappe von 3,3 mm Stärke bestanden. Er versiegelte und mischte die Umschläge, gab sie dem Versuchsleiter und verließ den Raum. (Die weitere Rolle des Versuchsleiters bestand nur darin, bei der Prüfung der Ergebnisse zu helfen.) Der Versuchsleiter wußte also nicht, was in dem einzelnen Umschlag war; er mischte die Umschläge erneut und numerierte sie für eine spätere Identifizierung.

Als J. K. zum Versuch erschien, wurde sie hypnotisiert und blieb mit geschlossenen Augen in ihrem bequemen Sessel sitzen. Daraufhin nahm der Versuchsleiter den ersten Umschlag, gab ihn J. K. in die Hand und forderte sie auf, die inliegende Karte zu identifizieren. J. K. nahm den Umschlag zur Hand, tastete mit ihren Fingern einen Augenblick lang seine Oberfläche ab, die ganze Zeit über unter der Aufsicht des Versuchsleiters. Nach einer Weile (für gewöhnlich zwischen 15 und 150 Sekunden) bestimmte sie die Karte. Der Versuchsleiter schrieb ihre Angabe nieder, zusammen mit der Nummer des Umschlages, und reichte ihr den nächsten Umschlag. Erst wenn mit allen 25 Umschlägen in dieser Weise verfahren war, wurde der Assistent wieder hereingerufen. Dann öffnete der Versuchsleiter die Umschläge, und er und der Assistent schrieben unabhängig voneinander die Zeichen der Karten aus allen Umschlägen auf. (Diese doppelte Niederschrift wurde eingeführt, um die Möglichkeit irrtümlicher Notierungen zu verhindern.) Anschließend verglichen der Versuchsleiter und der Assistent, wiederum unabhängig voneinander, diese Niederschriften mit den Ansagen der Versuchsperson und stellten die Anzahl der Treffer fest, indem sie sich auf diese Weise gegenseitig kontrollierten.

Der Test im Wachzustand wurde unter gleichen äußeren Bedingungen durchgeführt. Die Versuchsperson wurde ermuntert, den Versuch zu machen und ein möglichst günstiges Ergebnis zustande zu bringen. Doch bestand keinerlei Grund, bei J. K. auch im Wachzustand mit ASW zu rechnen. Das wußte sowohl der Versuchsleiter wie die Versuchsperson.

Das Ergebnis bestätigte unsere Erwartungen: Auf 250 Ansagen unter Hypnose hatte J. K. 121 Treffer zu verzeichnen (die mittlere Zufallserwartung betrug 50 Treffer), während sie bei 250 Ansagen im Wachzustand nur 46 Treffer erzielte.

Dieser Versuch ergab den Beweis, daß J. K. zur ASW unter Hypnose fähig war. Sinneswahrnehmung und Erkenntnisse durch Schlußfolgerungen waren ausgeschlossen. Das Ergebnis ist nicht durch Zufall zu erklären. Die statistische Berechnung ergibt für die aufgezeichneten 121 Treffer den Wahrscheinlichkeitswert von $p < 10^{-20}$; das heißt: Um ein derart gutes Ergebnis durch Zufall zu erzielen, hätte der Versuch mehr als eine Trillion Millionen Male stattfinden müssen (das wäre mehr als eine Billiarde Wiederholungen für jeden Erdenbewohner).

J. K. schilderte ihre subjektiven Eindrücke während der Bestimmung folgendermaßen: „Wenn ich den Umschlag berühre, empfange ich einen eigenartigen Berührungseindruck an der Stelle, wo die schwarzen Linien des Zeichens liegen. Ich kann dieses Gefühl nicht näher erklären; es ist, als wäre an den betreffenden Stellen die Oberfläche rauher, oder – vielleicht besser gesagt – als strahlte von den Zeichen eine gewisse Wärme aus, die ich fühlen kann." Diese Sinnesempfindung war bisweilen so stark, daß J. K. die Finger des Versuchsleiters nahm, sie auf den Umschlag drückte, mit ihren eigenen Fingerspitzen den Umrissen der Zeichen auf den inliegenden Karten nachfuhr und ihn aufforderte, er möge selbst „die Wärme fühlen".

Diese Beobachtung ist wichtig für die Erklärung des hautoptischen Sinnes (Fingerlesen – eine seltene Fähigkeit mancher Menschen, Farben oder Farbfelder so zu erkennen, als „sähen" sie sie mit ihren Fingerspitzen). Sie zeigt, daß ASW-Information auch auf dem Weg über den Tastsinn empfangen werden kann. (Bei früheren qualitativen Versuchen mit „wandernder ASW" hatte J. K. die ASW-Information für gewöhnlich in visueller Form empfangen – als Vorstellungsbilder von Gegenständen oder Szenen –, in einigen wenigen Fällen auch in akustischer Form.)

Eine weitere Beobachtung ist hier interessant: Die Einzelsummen der Treffer in den zehn unter Hypnose durchgeführten Versuchen betrugen der Reihe nach 13, 8, 18, 10, 3, 13, 13, 8, 23, 12. Wir sehen, daß bei der fünften Sitzung nur drei Treffer registriert waren. Bei dieser Sitzung zeigte die Versuchsperson eine starke Abneigung gegen den Versuch.

Im Gegensatz dazu war die Versuchsperson bei der neunten Sitzung, bei der 23 Treffer registriert wurden, besonders gut disponiert. Nach den beiden ersten Ansagen (die sich zufällig nachträglich als falsch erwiesen) begann J. K., den Versuch als hübsches Spiel zu empfinden. Als sie den dritten Umschlag in der Hand hielt, erklärte sie dem Versuchsleiter: „Sie testen immer meine ASW. Lassen Sie mich jetzt einmal Ihre ASW testen! Versuchen Sie doch, die richtige Karte zu erraten, ich werde Sie dann korrigieren." Beim nächsten Durchgang der Sitzung riet der Versuchsleiter jeweils, was für ein Zeichen in dem Umschlag verborgen war, und sagte das an; danach betastete J. K. den Umschlag und ermittelte das inliegende Zeichen mit Hilfe ihrer ASW, um dann lachend und mit absoluter Sicherheit die Ansage des Versuchsleiters als richtig oder falsch zu bezeichnen. Sie fand ihren Spaß an diesem selbsterfundenen Spiel – und alle 23 weiteren Ansagen dieses Durchganges waren richtig. (Ein solches Verhalten im Zustand der Hypnose ist natürlich ungewöhnlich; es zeigt, wie groß die Freiheit war, die die Versuchsperson bereits in diesem Stadium besaß.)

ASW durch einen dunklen Schirm hindurch

Das ermutigende Ergebnis des ersten Versuches legte die Frage nahe: Wie wird das Ergebnis sein, wenn J. K. die Möglichkeit des Berührungskontaktes mit den Umschlägen genommen wird? So wurde entschieden, das nächste Mal die Umschläge hinter einen undurchsichtigen Schirm zu legen, so daß J. K. keine Möglichkeit bekam, sie zu berühren.

Der erste informative Test sollte nur kurz sein. J. K. wurde gesagt, der letzte Versuch solle unter neuen Bedingungen wiederholt werden, nämlich unter Verwendung eines Schirmes. Ihr wurde mitgeteilt, diesmal solle jede Kartenserie aus 30 statt aus 25 Umschlägen bestehen und der gesamte vorbereitete Test solle nur zwei Durchgänge, das heißt 60 Einzelbestimmungen umfassen.

Der Versuchsleiter bestimmte, daß die zusätzlichen fünf Umschläge je Serie leer bleiben sollten. Er vermutete, die Versuchsperson könne unter den erschwerten Bedingungen beim Erkennen „flacher" ASW-Zeichen, die nicht spürbar aus der zweiten Dimension herausragten, versagen. Er wollte ihr daher eine dreidimensionale Reizquelle für die ASW geben, die darin bestehen sollte, daß sie feststellte, ob überhaupt eine Karte in den Umschlägen war oder nicht. Aber davon wurde

J. K. nichts gesagt. Sie nahm an, alle 30 Umschläge enthielten ASW-Karten. Das Aussehen aller Umschläge war gleichartig, und in den übrigen Versuchsbedingungen gab es nichts, was auf diese Abwandlung des gewohnten Verfahrens hingedeutet hätte.

Der Schirm war auf dem Tisch vor der sitzenden Versuchsperson aufgestellt; der Versuch begann. Der Versuchsleiter nahm den ersten Umschlag von dem zuvor gemischten Stapel, legte ihn hinter den Schirm und bat J. K., sich ein Bild von dem Zeichen auf der inliegenden Karte zu machen und es zu nennen. Sofort beklagte sich J. K., daß ihr Bild von dem Zeichen nicht deutlich sei, ja, daß sie überhaupt keinen sicheren Eindruck habe. Sie wurde ermutigt, es so gut zu machen, wie sie konnte. Daraufhin begann sie, die Zeichen anzusagen in der Reihenfolge, wie die Umschläge hinter den Schirm gelegt wurden; doch beklagte sie sich wiederholt über die mangelnde Deutlichkeit ihrer Vorstellungsbilder.

Der leeren Umschläge wegen kam es zu einem interessanten Zwischenfall. Als der erste von ihnen hinter den Schirm gelegt wurde, beklagte J. K. sich in der gewöhnlichen Weise über die Unklarheit ihres Vorstellungsbildes, bezeichnete dann aber das Symbol, das ihr am wahrscheinlichsten vorkam. Der Umschlag wurde beiseite gelegt auf den Stapel der übrigen, und der Versuch nahm seinen Verlauf. Es folgten drei Umschläge mit Karten, die sie routinemäßig bestimmte; dann kam wieder ein leerer Umschlag hinter den Schirm.

In diesem Augenblick begann J. K., sich seltsam zu benehmen. Sie fühlte sich offenbar unbehaglich und verwirrt. Plötzlich konzentrierte sie sich nicht mehr auf das, was hinter dem Schirm lag, sondern richtete ihre Aufmerksamkeit auf den seitwärts abgelegten Stapel der Umschläge von den vorausgegangenen Ansagen. Sie griff nach ihnen und versuchte, den ersten leeren Umschlag herauszunehmen. Sie konnte ihn kaum berühren, da der Versuchsleiter ihre Hand festhielt und sie daran erinnerte, daß sie bei diesem Versuch die Umschläge nicht berühren dürfe. Daraufhin hielt J. K. einen Augenblick inne und erklärte dann: „Das ist seltsam. Was in den Umschlägen ist, sind keine Karten. Geben Sie sie mir einen Augenblick in die Hand, ich möchte nachfühlen!" Das wurde ihr verwehrt; daraufhin erklärte sie: „In diesen Umschlägen ist keine Karte, möglicherweise nur ein Stück weißes Papier."

Erst nach dieser Feststellung wurde J. K. mitgeteilt, daß einige von den Umschlägen leer seien. Bei den übrigen Aufgaben unterlief ihr kein Fehler mehr bei der Feststellung, ob eine Karte in dem betreffenden Umschlag war oder nicht; doch versagte sie beim Erkennen der Symbole.

Auf diesen Testversuch folgte ein Bestätigungsversuch unter strengeren Bedingungen, der sich über zehn Sitzungen im Januar und Februar 1959 erstreckte. Dabei sollte festgestellt werden, ob die Verwendung eines Schirmes die ASW behindere oder nicht. (J. K. äußerte sich zuversichtlich, daß es ihr gelingen werde, festzustellen, ob eine Karte in den Umschlägen sei oder nicht; doch zweifelte sie daran, ob sie auch die einzelnen Zeichen erkennen werde.)

Für jede Sitzung wurden im voraus 25 ASW-Karten in undurchsichtige Umschläge gelegt (ebenso wie beim ersten Versuch, siehe Seite 56) und 25 leere Umschläge gleichen Aussehens hinzugefügt. Alle 50 Umschläge wurden gründlich gemischt, und einer nach dem anderen wurde der Versuchsperson zur Bestimmung vorgelegt. Diese wußte, daß die Hälfte der Umschläge leer war. Sie hatte zwei Aufgaben: Jedesmal, wenn ein Umschlag hinter den Schirm gelegt wurde, sollte sie zuerst feststellen, ob überhaupt eine Karte in ihm sei; dann sollte sie, wenn sie den Eindruck hatte, es sei eine Karte darin, auch das Zeichen auf ihr bestimmen.

Jede Sitzung bestand aus 50 Einzelaufgaben, und es waren, wie gesagt, zehn Sitzungen. Bei diesen insgesamt 500 Einzelbestimmungen gelang es J. K. 314mal richtig zu bestimmen, ob eine Karte in dem Umschlag war oder nicht (bei einer mittleren Zufallserwartung von 250mal). Doch bei der Identifizierung der Symbole kam sie nicht über Zufallsergebnisse hinaus.

Die registrierten 314 Treffer bilden ein statistisch höchst signifikantes ($p = 10^{-8}$) Anzeichen dafür, daß unter den geschilderten Versuchsbedingungen die Wirkung der ASW durch den Schirm nicht behindert wurde. J. K.s Versagen bei der Bestimmung der flachen Zeichen unter den obigen Bedingungen dagegen braucht keineswegs notwendig als typisch für ASW allgemein angesehen zu werden. Der Autor hatte mit einem solchen Ergebnis gerechnet, und es ist sehr wohl möglich, daß er dadurch ungewollt J. K. suggestiv für eben diese Art Leistung konditionierte.

ASW-Versuche in eigener Regie

Das nächste Versuchsprojekt sollte erweisen, daß J. K. die Fertigkeit erwerben konnte, ihre ASW unabhängig, das heißt ohne Hilfe des Versuchsleiters zu betätigen. Denn gerade diese Fertigkeit ist eine wesentliche Vorbedingung für jede praktische Verwendung von ASW in größerem Maße.

Anfang 1959 arbeitete J. K. in unseren hypnotischen Sitzungen bereits recht unabhängig. Daher wurde für Februar/März 1959 mit ihr ein Versuch angesetzt, der sich wieder über zehn Treffen erstrecken sollte. Vor dem ersten Treffen legte der Versuchsleiter einen Satz von 25 ASW-Karten in 25 undurchsichtigen Umschlägen bereit, die anschließend versiegelt und gemischt wurden. Als J. K. erschien, wurden ihr die Umschläge ausgehändigt mit der Anweisung, sie solle heimgehen, dort versuchen, sich selbst in den für ASW disponierenden Zustand zu versetzen und die Zeichen auf allen in den Umschlägen liegenden Karten zu bestimmen. Sie sollte einfach oben auf jeden Umschlag das Symbol zeichnen, das nach ihrer Meinung auf der inliegenden Karte stand. Beim nächsten Mal brachte J. K. die so gezeichneten Umschläge zurück und erhielt eine neue Serie von 25 Umschlägen, mit denen sie dasselbe versuchen sollte. J. K. beklagte sich, es sei ihr daheim schwergefallen, sich „richtig zu konzentrieren", dennoch wurden die geplanten zehn Serien mit insgesamt 250 Einzelaufgaben absolviert. Danach wurden die Umschläge geöffnet und die Ergebnisse geprüft: Es waren nur 51 Treffer (mittlere Zufallserwartung = 50).

Dieser Versuch erwies, daß keine ASW aufgetreten war. Von nun an wurde die Versuchsperson etwa zwei Monate lang in Autohypnose trainiert. Im Mai 1959, als sie die Fertigkeit, sich selbst in den richtigen Bewußtseinszustand zu versetzen, erworben zu haben schien, wurde der oben geschilderte Versuch wiederholt.

Aus praktischen Gründen wurde das Verfahren in zwei Punkten abgewandelt:

(a) J. K. arbeitete lieber mit kleineren Zielobjekten, daher wurde die Größe der ASW-Karten linear auf die Hälfte der normalen Karten verringert, das heißt auf 28 × 44 mm. Die Karten waren in einem fotografischen Verfahren mit empfindlichem Fotopapier hergestellt.

Dadurch wurden die Zeichen für den Tastsinn absolut unwahrnehm-
bar (was bei gedruckten Karten nicht unbedingt der Fall zu sein
braucht).

(b) Um die Mühe mit der Vorbereitung immer neuer verschlossener
Umschläge zu verringern, wurde beschlossen, daß J. K. jede Serie von
25 Karten fünfmal durchgehen sollte, so daß jede Karte fünfmal bestimmt werden mußte.

Der Versuch erstreckte sich über drei Treffen mit J. K. Der Autor
richtete die Zielobjekte auf folgende Weise selbst her: Er brachte die
fotografisch hergestellten ASW-Karten vom Fotografen, nahm 25 von
ihnen (5 von jedem Zeichen) und steckte jede Karte in ein kleines
Päckchen. In jedem Päckchen war die Karte mit vier Lagen steifer undurchsichtiger Pappe bedeckt (eine Lage genügte, um alle visuellen
Anhaltspunkte auszuschließen). Jedes Päckchen trug zwei Siegel: ein
inneres, das von außen her unsichtbar war und den Namenszug des
Autors trug; und das große äußere Siegel aus Siegellack mit dem
Siegelstempel des Autors.

Alle Päckchen sahen gleich aus. Als sie fertiggestellt waren, mischte
der Assistent sie mehrmals in Abwesenheit des Autors, um sicher zu
gehen, daß er jede Spur verlor, die Rückschlüsse auf die darin liegenden Karten gestattet hätten. Danach brachte der Autor an jedem
Päckchen zur späteren Identifizierung in einer Ecke eine kleine
Zahl an.

Als J. K. eintraf, gab der Autor ihr alle 25 Päckchen mit genauen
Anweisungen, wie sie bei dem Versuch verfahren sollte: sie sollte
zunächst die Päckchen mischen, um sicherzustellen, daß die Identifizierungszahlen sich in einer Zufalls- und nicht in einer bestimmten
Reihenfolge befanden. Den früheren Anweisungen entsprechend nahm
J. K. nun die Päckchen mit nach Hause. Wenn sie dort eine geeignete
Zeit zur Konzentration fand, setzte sie sich an den Tisch, legte die
Päckchen vor sich hin und nahm Papier und Bleistift zur Hand. Dann
„konzentrierte" sie sich, um sich in den erforderlichen Bewußtseinszustand zu versetzen. Danach nahm sie das erste Päckchen, notierte
seine Kennziffer und versuchte, einen Eindruck von dem Zeichen auf
der in ihm liegenden Karte zu bekommen. (Sie erklärte später, sie
habe die Oberseite jedes Päckchens mit den Fingerspitzen berührt und
die Karten danach durch einen bestimmten Berührungseindruck er-

kannt.) Dann schrieb sie das Zeichen neben die vorher notierte Kennziffer und legte das erste Päckchen beiseite. Danach nahm sie das nächste Päckchen, notierte wieder seine Nummer, konzentrierte sich, schrieb das Zeichen auf; auf diese Weise fuhr sie fort, bis sie alle 25 Päckchen bestimmt hatte.

Danach mischte sie die Päckchen gründlich, um sie in eine ganz neue Reihenfolge zu bringen (womit gesichert werden sollte, daß die Erinnerung an die vorherigen Aussagen ihre nachfolgenden Bestimmungen nicht beeinflußte). Zugleich nahm sie für die Niederschrift ihrer Ergebnisse einen neuen Zettel. Und dann begann das ganze von vorn wie vorher: Sie nahm die Päckchen, notierte die Kennummer, konzentrierte sich, notierte ihren Eindruck, nahm das nächste Päckchen, notierte . . . usw., bis sie alle 25 Päckchen zum zweiten Mal bestimmt hatte. Dann mischte sie die Päckchen wieder, nahm wieder einen neuen Zettel für die Notizen und bestimmte die 25 Päckchen ein drittes Mal. Das wiederholte sie, bis sie alle 25 Päckchen fünfmal bestimmt hatte, so daß sich eine Gesamtzahl von 125 Bestimmungen in fünf Durchgängen ergab.

Als J. K. das nächste Mal zu dem Autor kam, brachte sie ihm die 25 Päckchen, deren Siegel unberührt waren, und fünf Zettel mit ihren Niederschriften. Sie erhielt von ihm die nächste Serie von 25 Päckchen, mit der sie in der gleichen Weise verfuhr, und schließlich beim nächsten Treffen auch die dritte Serie von Päckchen.

Als der Autor alle Päckchen und Niederschriften von J. K. zurückerhalten hatte, prüfte er die Siegel. Mit Hilfe des Assistenten öffnete er die Päckchen, und beide registrierten sie unabhängig voneinander die Karten in den einzelnen Päckchen. Unabhängig voneinander ermittelten sie dann die Zahl der Treffer bei J. K.s Ansagen.

J. K. führte damit insgesamt 375 Einzelaufgaben durch. Anstatt der 75 zu erwartenden Zufallstreffer erzielte sie 207 richtige Angaben. Die statistische Signifikanz dieses Ergebnisses läßt sich nur in astronomischen Zahlen ausdrücken. Dieser Versuch bestätigte daher, daß J. K. gelernt hatte, ihre ASW in eigener Regie, unabhängig von äußerer Hilfe, zu betätigen.

Wir wollen dieses hervorragende Ergebnis zu einer Tabelle zusammenfassen, die einige weitere interessante Züge der Leistung von J. K. erkennen läßt.

Karten-satz	Trefferzahl je Kartensatz zu 25 Karten				
	1. Bestimmg.	2. Bestimmg.	3. Bestimmg.	4. Bestimmg.	5. Bestimmg.
I	9	9	13	16	19
II	9	7	12	17	21*
III	9	9	12	20	25
Summen	27	25	37	53	65

Gesamtzahl der Bestimmungen: 375
Gesamtzahl der Treffer: 207
Mittlere Zufallserwartung: 75
Positive Abweichung von der Zufallszahl: +132

Dieses zweifellos hervorragende Ergebnis gibt Veranlassung, uns einige Gedanken zu machen über den Gegensatz zwischen den kühnen Ansprüchen der Parapsychologen (die insofern begründet sind, als ASW in bedeutend weiterem Umfang anwendbar ist als einer der klassischen Sinne) und dem gegenwärtig herrschenden bedauerlichen Mangel an Kontrolle über die ASW (unserer bisherigen fragmentarischen Kenntnis der Parapsychologie wegen). So hervorragend das oben geschilderte Ergebnis auch vom Standpunkt der – noch so wenig entwickelten – heutigen Parapsychologie aus gesehen sein mag: wir müssen trotzdem feststellen, daß J. K.s Kontrolle über ihre ASW noch weit von jeder Vollendung entfernt war. Selbst in ihren Spitzenleistungen beherrschte sie die ASW noch nicht mit einer der der übrigen Sinne gleichen Zuverlässigkeit: Trotz ihrer unbestreitbaren Fähigkeit, einige Information durch ASW zu empfangen, waren ihre Erklärungen nicht selten falsch. (Wenn wir ihre ASW zum Beispiel mit der Leistung des Gesichtssinnes vergleichen, dann stellt dieser Mangel an Zuverlässigkeit sie in die Nähe eines Sehens bei sehr schlechtem Licht.)

Offenbar ist es immer schwierig, richtige und falsche ASW-Eindrücke zu unterscheiden, viel schwieriger als die richtige Bewertung von Sinneseindrücken. Überdies erschwert es vermutlich der Bewußtseinszustand, in dem die Versuchsperson sich befindet, die für die wichtige Aufgabe der Unterscheidung erforderliche Aufmerksamkeit kontinuierlich zu wahren. Daher ergeben sich Irrtümer gerade, wenn derart monotone Aufgaben wie Kartenbestimmen gestellt werden und die Versuchsperson sich nicht besonders zu überdurchschnittlichen Anstrengungen angeregt fühlt.

Dennoch können wir bei J. K. die Tendenz beobachten, ihre Leistungen vom ersten bis zum fünften Durchgang zu verbessern. Auch dürfen wir auf den bisher sehr ungewöhnlichen Erfolg bei der fünften Wiederholung in der dritten Kartenserie hinweisen, wo alle 25 Zeichen richtig bestimmt waren.

Als Einzelbeobachtung ist ferner bemerkenswert, daß J. K. die dritte Kartenserie zu einer Zeit bestimmte, als sie sich sehr schwach fühlte (während der Genesung von einer schweren Grippeerkrankung), aber zugleich einen besonders starken Willen zum Erfolg zeigte. Offensichtlich kann eine günstige Motivierung auch starke Indispositionen erfolgreich überwinden helfen.

Zur fünften Wiederholung bei der zweiten Kartenserie (auf unserem Überblick mit einem * bezeichnet) ist eine an sich geringfügige, aber für die Gewissenhaftigkeit, mit der J. K. an diese Versuche herantrat, bezeichnende Anekdote zu berichten. Während sie die Päckchen der zweiten Serie zum letzten Mal in der Hand hielt, zerbrach sie versehentlich bei zwei von ihnen die äußeren Siegel (die inneren Siegel blieben aber unberührt, so daß nicht der geringste Verdacht aufkommen konnte, sie habe mit den Päckchen einen Betrugversuch gemacht). Aber J. K. wußte nichts von den inneren Siegeln. In der Annahme, durch das Zerbrechen der Siegel habe sie bereits diesen Teil des Versuches vereitelt, notierte sie ihre Eindrücke von diesen beiden Päckchen beim fünften Durchgang nicht. Sie erzielte also die 21 Treffer bei 23 Bestimmungen.

Der Ansatz zu neuen Entdeckungen

Bei dem oben geschilderten Versuch wurde ein Faktor neu eingeführt: eine wiederholte Bestimmung desselben Zielobjekts. Ursprünglich war diese Abwandlung nur aus Einfachheitsgründen eingeführt worden, doch sollte sie uns unerwartet helfen, einen neuen ungeahnten Aspekt der ASW zu entdecken.

Bei unserem Versuch wurden insgesamt 75 ASW-Karten verwendet. Jede von ihnen wurde fünfmal in aufeinanderfolgenden „Durchgängen" bestimmt. Das Mischen der Karten zwischen den einzelnen Durchgängen war eingeführt worden, um die Reihenfolge der Karten zu ändern und damit den Einfluß des Gedächtnisses oder bestimmter

Gewohnheiten der Versuchsperson bei der Ansage auszuschalten. Das heißt: Die Einzelansagen sollten soviel wie möglich von allen anderen unabhängig gemacht werden.

Doch obwohl die ASW-Karten bei jedem „Durchgang" in einer anderen Reihenfolge bestimmt wurden, war es möglich, die Abfolge der Ansagen der Versuchsperson für jede einzelne Bestimmungskarte von J. K.s Aufzeichnungen abzulesen. (Um Mißverständnisse zu vermeiden, sei gesagt, daß es uns hier nicht auf die Ansagenfolge in den einzelnen Durchgängen ankommt, wie sie in J. K.s Aufzeichnungen niedergelegt sind, sondern auf die Abfolge der fünf Ansagen für jede Einzelkarte in den fünf aufeinanderfolgenden Durchgängen, wie sie sich aus J. K.s Niederschriften feststellen lassen.)

Bei dem ganzen Versuch war eine Tendenz zur Verbesserung erkennbar, und die Trefferzahl wuchs, je öfter J. K. ihre Bestimmungen wiederholte. So waren folgende Typen von Ansagemustern für die Einzelkarten weithin vorherrschend:

Treffer	Treffer	Treffer	Treffer	Treffer
Fehler	Treffer	Treffer	Treffer	Treffer
Fehler	Fehler	Treffer	Treffer	Treffer
Fehler	Fehler	Fehler	Treffer	Treffer
Fehler	Fehler	Fehler	Fehler	Treffer

Und umgekehrt gab es keine Ansagemuster wie etwa:

Treffer	Fehler	Fehler	Treffer	Fehler
oder Fehler	Treffer	Fehler	Treffer	Treffer
oder Fehler	Treffer	Treffer	Fehler	Treffer usw.,

wie wir sie in einer solchen Situation begründetermaßen hätten erwarten können. Im Gegensatz zu allen statistischen Erwartungen waren längere Reihen gleicher Aussagen vorherrschend. Dieser Zug wird noch deutlicher in Fehlerreihen. (Mit Trefferreihen war gerechnet worden, weil ASW im Spiele war.)

Nehmen wir als Beispiel die Karte mit dem Kreissymbol, die nach folgendem Abfolgemuster bestimmt wurde:

Fehler, Fehler, Fehler, Treffer, Treffer.

Die bei diesem Versuch verwendeten ASW-Karten hatten fünf verschiedene Symbole (Stern, Kreuz, Kreis, Viereck, Wellenlinie). Daher sollten wir normalerweise erwarten, daß unter den Fehlbestimmungen die falschen Symbole annähernd gleich häufig vertreten gewesen wären. So hätten wir etwa erwarten sollen, daß bei unserer Versuchsperson die Karte mit dem Kreissymbol beispielsweise in folgender Stellung unter den verschiedenen Ansagen aufgetreten wäre:

Stern, Viereck, Kreuz, Kreis, Kreis usw.

oder:

Viereck, Wellenlinien, Stern, Kreis, Kreis usw.

Wir werden später sehen, daß dieses nach logischer Berechnung erwartete Muster überraschenderweise überhaupt nicht auftrat.

Schon bei früheren Versuchen mit ASW-Karten hatte J. K. sich beklagt, daß es ihr schwerfalle, die Symbole „Kreis" und „Viereck" (Symbole, deren gemeinsame Eigentümlichkeit darin besteht, daß sie ein schwarz gerahmtes weißes Feld darstellen) und „Kreuz" und „Stern" (Symbole mit dem gemeinsamen Merkmal von einem Mittelpunkt ausgehender Strahlen) zu unterscheiden.

Bei der Analyse der Ergebnisse des oben geschilderten Versuches stellten wir überraschend oft fest, daß Irrtümer auf eine unzulängliche Unterscheidung ähnlicher Kartenzeichen zurückgingen.

Unter den insgesamt 75 bei diesem Versuch verwendeten Karten waren 15 mit einem Kreis, 15 mit einem Viereck, 15 mit einem Stern, 15 mit einem Kreuz und 15 mit Wellenlinien. Bei der Analyse der Ergebnisse aller Karten mit Kreisen und Vierecken zusammengenommen (das heißt insgesamt 30 Karten) fanden wir bei fünf Karten eine Bestimmungsabfolge nach dem Muster:

Treffer, Treffer, Treffer, Treffer, Treffer (ohne einen Fehler).

Unter den übrigen 25 Fällen, bei denen mindestens ein Fehler vorkam, waren 24 Fälle, in denen das Symbol des Kreises als Viereck mißdeutet war und umgekehrt. Nur bei einer (!) Karte gab es einen Fall von Irrtum, bei dem die Versuchsperson ein drittes Symbol ansagte.

In ähnlicher Weise ergaben sich bei der Analyse der Ergebnisse aller Karten mit Sternen und Kreuzen (das heißt wiederum 30 Bestimmungskarten) zehn Karten, bei denen alle fünf Durchgänge Treffer waren. Bei den übrigen 20 Karten, bei denen mindestens ein Fehler auftrat, waren 15 Fälle, in denen das Kreuz irrtümlicherweise als Stern gedeutet war und umgekehrt; nur in fünf Fällen waren dritte Symbole genannt worden.

Das war eine interessante Feststellung: Wenn es Irrtümer gab, dann bestanden sie in einer großen Mehrzahl von Fällen darin, daß je zwei ähnliche Symbole miteinander verwechselt waren.

Eine andere Entdeckung – deren Bedeutung wir später noch klarer erkennen werden – betrifft Fälle, bei denen es bei einer Karte zu verschiedenartigen Irrtümern kam. In solchen Fällen wurde das gleiche Symbol wiederholt angesagt!

So haben wir bei der eben schon als Beispiel herangezogenen Karte mit dem Kreissymbol (siehe Seite 67 f.) in den Ansagen folgendes Abfolgemuster:

Viereck, Viereck, Viereck, Kreis, Kreis.

Und bei einer anderen Karte mit Kreissymbol lautet bei einem Abfolgemuster der Ergebnisse:

Fehler, Fehler, Fehler, Fehler, Treffer

die Abfolge der angesagten Symbole:

Viereck, Viereck, Viereck, Viereck, Kreis –

und nicht etwa:

Viereck, Kreuz, Viereck, Wellenlinien, Kreis.

Als Kontrast wurde eine ähnliche Analyse für das Symbolpaar „Kreuz" und „Kreis" durchgeführt, von denen J. K. behauptete, daß sie sie am leichtesten unterscheiden könne. Von 30 Karten (15 mit Kreuz und 15 mit Kreis) wurden sechs nach dem Muster:

Treffer, Treffer, Treffer, Treffer, Treffer

bestimmt. Bei den übrigen 24 Karten gab es zumindest immer einen Fehler. Dieser Fehler bestand aber nicht einmal (!) in der Verwechslung des jeweils anderen Symbols des betreffenden Paares ähnlicher Symbole, sondern immer in einer Verwechslung mit einem der drei übrigen Symbole (Viereck, Stern, Wellenlinien).

So brachte, außer dem Nachweis, daß J. K. ihre ASW unabhängig betätigen konnte, dieser Versuch zwei weitere interessante Entdeckungen:

(1) Es wurde gezeigt, daß Irrtümer in der ASW (zumindest bei den unseren sehr ähnlichen Aufgabenstellungen) nach einem Muster auftraten, das dem der Irrtümer bei der normalen Sinneswahrnehmung nahekommt: nämlich durch Verwechslung in ihrem Aussehen ähnlicher Gegenstände.

(2) Die zweite Entdeckung kam völlig unerwartet und wurde anfangs gar nicht beachtet: Wenn die Versuchsperson ein Zielobjekt mehrmals nacheinander bestimmte, zeigte sie die Tendenz, ihre Ansagen (auch wenn sie falsch waren) zu wiederholen, trotz aller unserer Bemühungen, die Einschaltung von Gedächtnismustern möglichst weitgehend herabzusetzen.

Leider sind wir aufgrund dieser Beobachtung nicht schon in der Lage, diese beiden Phänomene als endgültig feststehenden charakteristischen Zug der ASW zu bezeichnen. Auf diese Art von Beobachtung waren wir nicht vorbereitet, und unsere Versuchsbedingungen gestatteten nicht, sie in einer unzweideutigen Weise zu interpretieren. J. K. nahm alle Päckchen selbst auf, hielt sie in ihren Händen und konnte sie jederzeit anschauen, wenn sie dies zu tun wünschte. Es bestand also ein voller sensorieller Kontakt mit der Außenseite der Päckchen. Daher können wir – zum Beispiel – nicht absolut ausschließen, daß sie unwillkürlich dieses oder jenes Merkmal an der Packung mit spezifischen Antworten assoziierte. Die Möglichkeit alternativer Erklärungen ohne ASW war nicht in nachweisbarer Weise ausgeschlossen. Daher also konnten wir aus dieser Beobachtung keine allgemein verbindlichen Schlüsse ziehen. Eine Bedeutung begann sie erst mehrere Jahre später zu bekommen, als sie sich bei Versuchen mit P. S. wiederholten – zunächst auch völlig unerwartet, aber unter klareren Versuchsbedingungen.

Werden wir im Lotto gewinnen?

Nach einigen Monaten Arbeit mit qualitativen Versuchen erzielte J. K. recht ansehnliche Erfolge in der Präkognition, vor allem bei Versuchen des Typs „wandernde ASW", bei denen sie Voraussagen über verschiedene zukünftige Ereignisse zu machen hatte. Sie war fähig, viele detaillierte und genaue Voraussagen zu geben und hatte offenbar Freude an Versuchen mit Präkognition.

Zu dieser Zeit spielten wir mit dem Gedanken, Präkognition praktisch anzuwenden zur Vorhersage der Lottozahlen, die zur Ziehung gelangen würden. J. K. war nicht die erste ASW-Versuchsperson, mit der Lottovoraussagen in Betracht gezogen wurden. Bei Versuchen vor denen mit J. K. hatte ich schon mit anderen Versuchspersonen eine Voraussage von Gewinnzahlen zu erzielen versucht – zum Beispiel durch präkognitives „Lesen" der künftigen Mitteilungen, in denen diese Zahlen aufgeführt waren.

All diese Bemühungen waren fehlgeschlagen. Nur in wenigen Fällen war die Voraussage genau genug, um einen kleinen Gewinn mit ihr zu erzielen; und selbst in diesen wenigen Fällen hatte ich – aus diesem oder jenem Grunde – versäumt, einen Lottoschein auszufüllen und abzugeben. Im allgemeinen waren die Versuchspersonen nicht fähig, wiederholt richtige Voraussagen zu machen; für gewöhnlich beendeten sie ihre Mitarbeit, ehe dieser Gedanke weiter verfolgt werden konnte.

Ähnliche Versuche mit J. K. schlugen gleichfalls fehl. Jedenfalls war ihre präkognitive Fähigkeit nicht so vollkommen, daß sie bei einer einzigen Ermittlung zuverlässige Voraussagen der Gewinnzahlen machen konnte. Doch erklärte sich J. K. bereit, mehr Zeit auf solche Versuche zu verwenden. Es bestand daher Hoffnung, daß sich früher oder später doch ein Erfolg einstellen werde. Ein erfolgversprechendes Verfahren war leicht zu entwickeln: Genügte eine Einzelbestimmung nicht, so mußte derselbe Gegenstand mehrmals nacheinander bestimmt werden, um festzustellen, wie die Einzelbestimmungen einander stützen. Eine solche Wiederholung ist der einfachste Weg der Informationskonzentrierung, wenn eine Einzelinformation oder -bestimmung unklar oder nicht zuverlässig genug ist. (Wenn wir zum Beispiel beim Telefonieren eine Mitteilung nicht verstehen, bitten wir den Teilnehmer auch, das Gesagte zu wiederholen; bei der Kommunikationstechnik sind stark verfeinerte Verfahren, basierend auf dem Prinzip der Wiederholung der Mitteilungen, zur Verständlichmachung unverständlicher Information entwickelt worden.) So durften wir auf Erfolg hoffen, wenn wir J. K. dahin bringen konnten, die Lottozahlen mehrere Male nacheinander vorauszusagen, um dann auf die Nummern zu setzen, die sie am häufigsten nennen würde.

Doch war dieses Verfahren in seiner einfachen Form nicht anwendbar. Wir konnten J. K. die Gewinnzahlen des Lotto nicht immer und immer wieder bestimmen lassen, da sich dabei die Erinnerung durchsetzen und nachfolgende Ermittlungen beeinflussen würde. Daher war die Einführung eines komplizierteren Verfahrens notwendig, das eine echte Unabhängigkeit nachfolgender Ermittlungen garantierte. Das ließ sich dadurch erreichen, daß man die erwünschte Information in eine Abfolge eigener Signale oder Symbole verschlüsselte und die Versuchsperson diese Signale ermitteln ließ. Die Versuchsperson würde dann wiederholt die verschlüsselte Information voraussagen, und der Versuchsleiter, der den Code kannte, die Aussagen der Versuchsperson in die endgültige Voraussage übertragen. Notwendig war dabei nur, daß der Code der Versuchsperson unbekannt blieb und es ermöglichte, die Information bei wiederholten Vorlagen zu modifizieren; auf diese Weise konnte bei der Versuchsperson der Einfluß ihrer Erinnerung ausgeschaltet, die Einzelbestimmungen konnten voneinander unabhängig durchgeführt werden.

Wir verwendeten für diesen Zweck den für Präkognitionsversuche entwickelten „Record-Sheet-Test", das heißt den Test mit eigenen Aufzeichnungsblättern, der sich für unsere Absichten als sehr nützlich erwies.

Der „Record-Sheet-Test" für Präkognitionsversuche

Die Grundidee dieses Tests ist sehr einfach. Stellen wir uns eine Skizze oder eine Reihe von Zeichen vor, die auf ein Stück Papier gezeichnet sind. Wir können sie unschwer kopieren, wenn wir auf das Original ein Blatt durchsichtiges Papier legen und die Umrisse der Zeichnung mit dem Bleistift genauso nachzeichnen, wie wir sie durch das durchsichtige Papier hindurch sehen.

Aber wie ist es mit einem Kopieren „von der Zukunft"? Stellen wir uns weiter vor, wir haben ein Blatt Papier, auf das ein Netz rechtwinklig zueinander verlaufender Linie aufgedruckt ist, so daß eine große Anzahl kleiner Vierecke in Schachbrettmuster entsteht. Alle Felder sind weiß. Nehmen wir an, das sei so gemacht, damit irgendwann in der Zukunft jemand auf diese Felder ein paar Buchstaben, Ziffern oder ein bestimmtes Muster von Symbolen nach Gutdünken einsetzt – und zwar ein Symbol auf jedes Feld.

Nehmen wir schließlich an, die Versuchsperson hat die Aufgabe, dieses künftige Muster vorherzubestimmen. Sie legt das Blatt Papier mit den weißen Feldern vor sich hin und legt ein Stück durchsichtiges Papier darauf. Normalerweise kann sie das Gitternetz durch das durchsichtige Papier hindurch sehen und, wenn sie will, dieses kopieren. Doch versucht sie sich vorzustellen, daß sie das Blatt nicht im gegenwärtigen Augenblick, sondern in der Zukunft sieht, mit allen

Symbolen, die bereits in die Felder eingezeichnet sind. Sie wird also die zukünftigen Symbole in den Feldern des Gitternetzes sehen und sie auf dem darüberliegenden Stück durchsichtigen Papier kopieren. Ist die Vorhersage auf diese Weise registriert, wird das durchsichtige Papier weggenommen. Zu einem späteren Zeitpunkt werden die Symbole dann wirklich in die Felder des Gitternetzes eingetragen in einer durch ein Zufallsverfahren bestimmten Ordnung. War bei der Vorherbestimmung der Versuchsperson ASW (in Gestalt von Präkognition) wirksam, so müßte dieses nachträglich auf dem Originalbogen eingetragene Verteilungsmuster mit dem vorhergesagten übereinstimmen, das auf dem Transparentbogen registriert ist.

Wichtig für unseren Zweck ist folgendes: Wird bei diesem Test ASW wirksam, dann enthält das Verteilungsmuster der auf dem durchsichtigen Papier „kopierten" Symbole Information über das künftige Verteilungsmuster der Symbole auf den Feldern des Gitternetzes des Originalbogens. Wenn nun die Person, die später die Symbole in die Felder des Gitternetzes einträgt, das in einer Ordnung tut, mit der sie künftige Lottozahlen bezeichnet, so können wir – wenn wir den Code der Symbole kennen – die Information über die Lottozahlen im voraus von dem auf dem durchsichtigen Papier aufgezeichneten Verteilungsmuster der Vorhersage ablesen.

Signale über die Zeitschranke hinweg

Für unseren Versuch verwendeten wir ein Gitternetz mit 500 rechtwinkligen Feldern, wie sie die Standard-Aufzeichnungsblätter (Record-Sheets) für ASW-Tests haben, die von dem früheren Parapsychologischen Laboratorium der Duke University entwickelt worden sind. Dieses Aufzeichnungsblatt enthält 20 Spalten mit je 25 Feldern.

Folgende Symbole wurden als Chiffren für die Lottozahlen in diese Felder eingesetzt: $\triangle \, \llcorner \, \bigcirc + =$, also insgesamt fünf verschiedene. Es sind vereinfachte Formen der ASW-Symbole Stern, Viereck, Kreis, Kreuz, Wellenlinien, die zur Erleichterung der Aufzeichnungen entwickelt worden waren.

Die Vorhersage, um die es ging, war das Ergebnis einer Lotto-Ausspielung. Bei diesem zur Zeit des Versuches in der Tschechoslowakei sehr verbreiteten Spiel mußten sechs aus 49 Zahlen vorherbestimmt werden. Mit der Anzahl der richtigen Voraussagen wuchsen die Gewinnbeträge beträchtlich. Gewinne gab es von drei richtig bestimmten Zahlen an, und keinen Gewinn bei zwei oder weniger richtig bestimmten. Die Ziehung fand jeweils am Wochenende statt.

Ziel unseres Versuches war es nun, die gezogenen Zahlen durch verschiedene Kombinationen der obigen fünf Symbole zu bezeichnen. Die 500 Felder auf dem Aufzeichnungsbogen ermöglichten es, die Mitteilungen mehrmals zu wiederholen.

Stellen wir uns nun zwei Personen – A und B – vor, die in verschiedenen Städten wohnen. Nehmen wir an, B wolle A eine Zahlenbotschaft übermitteln und habe seine Gründe, diese Botschaft mit Hilfe eines Symbolsystems auf dem Aufzeichnungsbogen zu verschlüsseln. Er kann diese verschlüsselte Botschaft (unter Verwendung eines beiden bekannten Schlüssels) niederschreiben, den Bogen mit den Symbolen an A schicken, der dann die Botschaft entschlüsselt.

Verfügt A über ASW-Fähigkeiten, so kann er die Symbole auf diesem Wege über den räumlichen Abstand hin lesen und die Mitteilung entschlüsseln, so daß die Zustellung des Bogens mit den Symbolen nicht notwendig wird. (Allerdings könnte A seine ASW-Fähigkeit auch dazu verwenden, die Mitteilung direkt zu empfangen, aber die Verschlüsselung könnte in besonderen Situationen ihre Vorteile haben.)

Auf eine ähnliche Weise können wir die Präkognition verwenden, um eine Botschaft „von der Zukunft in die Vergangenheit" zu senden. Nehmen wir an, B schreibt (zu irgendeinem Zeitpunkt in der Zukunft) die Symbole mit der Botschaft nieder, die er der Vergangenheit zu übermitteln wünscht. Und lassen wir A (angenommen, er besitzt die Fähigkeit der Präkognition) diese Symbole vorhersagen. B.s Botschaft steht „in der Zukunft" in Beziehung zu A; doch A kann die Symbole empfangen und die Botschaft entschlüsseln, die B zu irgendeinem Zeitpunkt in der Zukunft „senden" wird.

Dieses Verfahren wurde in unserem Versuch angewandt, bei dem das Ergebnis des Zahlenlottos „aus der Zukunft" übertragen wurde. Praktisch bestand des Verfahren aus folgenden Schritten:

(1) Es wurde ein Signalisationsschlüssel gewählt für die Übertragung der gezogenen Zahlen in eine Abfolge von Symbolen. Dieser Schlüssel war dem Versuchsleiter und dem Assistenten bekannt, nicht dagegen J. K.

(2) J. K. wurde ein unbeschriebener Aufzeichnungsbogen mit 500 Feldern gegeben, bedeckt mit einem Bogen durchsichtigem Papier. Sie

schrieb ihre Vorhersage der Symbole auf das durchsichtige Papier und gab beide Bogen dem Versuchsleiter zurück. (Für gewöhnlich machte J. K. ihre Voraussagen zu Hause; der Versuch wurde in einem fortgeschrittenen Stadium ihres Trainings durchgeführt, als sie bereits die Fähigkeit besaß, zu Hause unabhängig vom Versuchsleiter zu arbeiten.)

(3) Wenn der Versuchsleiter beide Bogen von J. K. erhalten hatte, nahm er den durchsichtigen Bogen mit den Voraussagen weg und schickte den unbeschriebenen Aufzeichnungsbogen seinem Assistenten.

(4) Danach analysierte der Versuchsleiter J. K.s Vorhersagen und übertrug (da er den Code kannte) die Vorhersage auf die angegebenen Zahlen.

(5) Gleich nach der Ziehung am folgenden Sonntag ermittelte der Assistent das Ergebnis, übertrug es in die entsprechende Symbolfolge und trug die Symbole in die leeren Felder des Aufzeichnungsbogens ein.

(Die konkrete Durchführung dieses Versuches war ein wenig komplizierter; doch was dazu kam, waren relativ belanglose Einzelheiten, deren Schilderung das Gesamtbild unnötig komplizieren würde. Diese Komplikationen betrafen die Verwendung einer größeren Anzahl von Aufzeichnungsbogen, den gelegentlichen Einsatz zweier Assistenten usw. Auch die Einzelheiten der Verschlüsselung sind zu kompliziert, um sie hier kurz beschreiben zu können.)

Erfolg in Reichweite

Wir nahmen unsere Versuche mit dem Aufzeichnungsbogen im Juni 1959 auf. Zu dieser Zeit war J. K. bereits fähig, ihre ASW selbst zu kontrollieren, und es war leicht, mit ihr zu arbeiten. Sie bekam die Aufzeichnungsbogen mit den daraufliegenden Bogen Transparentpapier. Wir gaben ihr den Auftrag, sie mit nach Hause zu nehmen, ihre Vorhersagen zu einer ihr passenden Zeit zu machen und die Bogen zurückzubringen. Dann richtete der Versuchsleiter alles her, um die Symbole auf den Feldern des Aufzeichnungsbogens einzutragen und danach die Angaben zu analysieren.

(Wie schon erwähnt, bestand das Hauptziel darin, die Zahlen einer bestimmten Lottoausspielung vorherzusagen, und der Erfolg oder Mißerfolg dabei bedeutete den Erfolg oder Mißerfolg des Versuches.

Doch um den Leser nicht zu strapazieren und das Wirken der Präkognition bei den Tests deutlicher zu machen, wollen wir das Gesamtergebnis in Gestalt der aufgezeichneten, über die Zufallserwartung hinausgehenden Trefferzahlen vorlegen. Bei fünf zur Wahl
stehenden Symbolen beträgt die Zufallserwartung 20 Prozent. Besonders signifikante Abweichungen, die über diesen Prozentsatz hinaus-
gehen, müssen der Präkognition zugeschrieben werden.)

Der erste Versuch sollte zeigen, ob J. K. fähig war, in dieser Versuchssituation überhaupt präkognitive Fähigkeiten zu zeigen. Die Versuchsperson machte ihre Voraussagen über eine Gesamtanzahl von
1000 Symbolen (zwei Aufzeichnungsbogen) und erreichte 197 Treffer.
Dieses Gesamtergebnis entsprach der Zufallserwartung und schien
das Fehlen von Präkognition anzuzeigen. Späterhin haben wir die Ergebnisse auch unter Berücksichtigung des „Absinkungseffektes" analysiert (das heißt, auf Grund einer Feststellung, daß ASW-Treffer
häufig mit der Zeit nachlassen, vermutlich infolge einer Ermüdungs-
erscheinung auf seiten der Versuchsperson oder eines im Laufe des
Versuches erfolgenden Motivwechsels). So stellten wir in der ersten
Versuchshälfte 121 und in der zweiten Hälfte nur 76 Treffer fest –
eine statistisch signifikante Evidenz für den Absinkungseffekt (und
damit auch für die Präkognition).

J. K. wurde über den beim ersten Versuch beobachteten Absinkungseffekt informiert. Ihr wurde erklärt, daß sie vermutlich ihre Ansage nicht in einer stabilen Weise gegeben hatte: Da die Aufzeichnung
von 500 Symbolen eine lange Zeit in Anspruch nimmt, wurde angenommen, sie könne während des Versuches möglicherweise des Ganzen überdrüssig geworden sein oder Ermüdungserscheinungen gezeigt
haben. Sie bekam die Anweisung, die Aufzeichnung zu unterbrechen,
sobald sie spüre, daß ihre Anteilnahme abnehme oder daß ihre geistige Disposition weniger günstig sei; und daß sie den Versuch erst
dann wieder aufnehmen solle, wenn sie sich wieder gut disponiert
fühle.

Bei dem nächsten Versuch nach dieser Anweisung sagte J. K. 1000
Symbole voraus und erzielte 242 Treffer. Das heißt, es war kein Absinkungseffekt mehr festzustellen: 117 Treffer in der ersten Hälfte
entsprachen 125 in der zweiten des Versuches.

Das Ergebnis dieses zweiten Versuchs gab den Anstoß für unseren
Versuch einer Vorhersage der Lottozahlen. Die Signifikanz des über

der Zufallserwartung liegenden Ergebnisses deutete stark auf das Wirksamwerden einer präkognitiven Fähigkeit in unserer Versuchsanordnung hin. Die erfolgreiche Ausschließung des Absinkungseffektes (von dem allgemein angenommen wird, er entziehe sich jeder Willenskontrolle) bestätigte erneut, daß J. K. diese Fähigkeit gut unter Kontrolle hatte.

Beim dritten Versuch ging es zum erstenmal direkt um die Vorhersage der Lottozahlen. (Die beiden Vorversuche hatten nur der Prüfung der Anwendbarkeit des Verfahrens gegolten.) J. K. machte wieder eine Voraussage für 1000 Symbole. Sie erzielte dabei 239 Treffer (unter definitiver Ausschaltung des Absinkungseffektes); doch dieses Ergebnis gestattete noch nicht, die Lottozahlen richtig vorauszusagen. Ermutigend war, daß die Qualität von J. K.s Leistung auf der früher erreichten Ebene blieb. Doch es war klar, daß zu einer erfolgreichen Vorhersage der Zahlen wesentlich mehr Daten nötig waren.

Beim vierten Versuch machte J. K. 2000 Einzelvorhersagen. (Vier Aufzeichnungsbogen mit Voraussagen wurden ausgefüllt; und noch mehr Angaben wurden verlangt, aber J. K. war unfähig, den Anforderungen zu entsprechen.) Diesmal wurden nur 395 Treffer erzielt – ein Ergebnis, das in der Nähe der Zufallserwartung lag und keinen Hinweis auf Präkognition gab. Dieses Ergebnis war nicht so entmutigend, wie es scheinen mochte, da J. K. offenbar schlecht disponiert war, als sie ihre Voraussagen machte (sie erwähnte persönliche Sorgen).

Im Juli 1959 fuhr J. K. in Urlaub, und es bestand Hoffnung, daß der Wechsel der Umgebung ihr mehr inneren Frieden bringen würde. Ich bat sie, so viele Vorhersagen zu machen, wie sie ohne Schwierigkeiten bewältigen könne, ohne ihre seelische Verfassung zu beeinträchtigen. Einige Tage danach schickte sie mir auf dem Postweg zehn Vorhersagebogen (5000 Symbole).

Bei diesem Versuch erreichte sie 1244 Treffer – ein hoch signifikantes Ergebnis (244 Treffer über der Zufallserwartung). Doch noch bemerkenswerter war der Erfolg im Zahlenlotto: Als ich die Angaben von J. K. über die Vorhersage der Zahlen analysierte, gestattete diese Analyse mir, am Spiel teilzunehmen. Nach der Ziehung stellte ich fest, daß ich drei von sechs Zahlen richtig hatte; das Ergebnis genügte für einen Gewinn. Dieser Gewinn war gering – obwohl ich zuversichtlich einen größeren Einsatz als gewöhnlich gewagt hatte. Die wirk-

liche Bedeutung dieses Ergebnisses aber lag nicht in dem Gewinn-
betrag, sondern darin, *daß unser Verfahren wirklich zu einer praktischen Anwendung von Präkognition führte.* Wir hatten uns dieses
Versuchsziel gesetzt und uns Woche um Woche bemüht, das Ergebnis zu verbessern, bis das Ziel erreicht wäre.

Es war daher nicht weiter verwunderlich, daß ich zuversichtlich
auf den sechsten Versuch baute, der nach J. K.s Rückkehr aus dem
Urlaub durchgeführt werden sollte.

Es bleibt zu sagen, daß parallel zu den oben genannten Versuchen
ein modifizierter Präkognitionsversuch mit größeren Aufzeichnungsbogen durchgeführt wurde, auf denen die Einzelfelder die Größe von
28 × 44 mm hatten (die Größe der in dem Versuch mit den versiegelten Päckchen verwendeten Karten – siehe Seite 62). J. K. versuchte, Symbole vorauszusagen, die später mit einem Gummistempel
auf die Felder gestempelt wurden. Auch bei dieser Aufgabe arbeitete
sie erfolgreich. Von insgesamt 792 Voraussagen erzielte sie bei diesen
größeren Symbolen 196 Treffer (die Zufallserwartung betrug 20 Prozent, also 158,4 Treffer), das heißt, 37,6 Treffer über der Zufallserwartung, ein in sich statistisch signifikantes Ergebnis.

Fassen wir die von J. K. in diesen fünf Versuchen erzielten Ergebnisse mit der Präkognition zusammen:

	Anzahl der vorausgesagten Symbole	Mittlere Zufallserwartung	Trefferzahl	Trefferzahl über mittlerer Zufallserwartung
Aufzeichnungsbogen mit 500 eingetragenen Symbolen	10.000	2.000	2.317	+317
Bogen mit größerformatigen gestempelten Symbolen	792	158,4	196	+ 37,6

Trauriger Epilog

Nach J. K.s Rückkehr ergab sich, daß sie Prag noch einmal für eine
weitere Woche Urlaub verlassen wollte. Ermutigt durch die oben erwähnten Ergebnisse, gab ich ihr die Aufgabe, insgesamt 50 Aufzeichnungsbogen (25.000 Einzelsymbole) im Laufe dieser einen Woche

vorauszusagen. Zugegeben: Das bedeutete eine beträchtliche Belastung für sie, doch konnte sie sie innerhalb einer Woche bewältigen; bei der Schnelligkeit, mit der sie bei ihren Voraussagen im fünften Versuch gearbeitet hatte (je Bogen etwa 20 Minuten), hätte sie diese Aufgabe binnen weniger als 20 Stunden bewältigen können.

J. K. machte die verlangten 25.000 Vorhersagen, aber das Ergebnis war absolut enttäuschend: Sie erzielte nur 4954 Treffer (46 über der mittleren Zufallserwartung). Dieses Ergebnis lag noch innerhalb der Grenzen der Zufallsschwankungen und ließ das Fehlen von Präkognition erkennen. Natürlich gab es auch keinen Erfolg beim Zahlenlotto.

Dieses Versagen wurde auf Überarbeitung der Versuchsperson zurückgeführt. Rückblickend ist zu sagen, daß die Annahme, die Anforderungen an die Versuchsperson seien zu groß gewesen, vernünftig war. Doch die bald darauf eintretende weitere Entwicklung zeigte, daß die im Spiel befindlichen Faktoren bedeutend komplexer waren. Unmittelbar nach J. K.s Rückkehr aus dem Urlaub trat eine Reihe tragischer Ereignisse ein, die ihr Leben in drastischer Weise veränderten und ebenso ihre Einstellung zu den Versuchen wie zu dem Versuchsleiter.

Es begann scheinbar mit einer schmerzhaften Krankheit, die J. K. zwang, sich kurz nach ihrer Rückkehr nach Prag einer leichten Operation zu unterziehen. Wenige Tage später starb ihre Großmutter. (J. K. war emotional stark an ihre Großmutter gebunden. In ihrer Kindheit, während des Krieges, lebten ihre Eltern in Scheidung und hatten einige Jahre danach wieder geheiratet. In der Zwischenzeit hatte J. K. bei ihrer Großmutter gelebt, die sie aufgezogen und bei ihr die Mutterrolle versehen hatte.) Der Tod der Großmutter bedeutete einen schweren seelischen Schock für J. K., die sich nun allein und verlassen fühlte.

Während J. K. in Urlaub war, hatte sich das Leiden der Großmutter ernsthaft verschlimmert. Das alles könnte mit ein Grund für den offenbaren Verlust ihrer ASW-Fähigkeit sein. Doch wenn wir die Situation rückblickend betrachten, dürfen wir annehmen, daß J. K. während ihres Urlaubes eine tiefgreifende emotionale Krise erlebte, deren Einzelheiten sie dem Versuchsleiter nicht eröffnete. Kurz nach dem Tod der Großmutter heiratete sie jedenfalls ganz plötzlich. (Sie hatte ihren Mann während des Urlaubs kennengelernt.) Doch das

Unglück begleitete sie auch in ihrem weiteren Leben; im Laufe des folgenden Jahres trafen sie zwei weitere tragische Ereignisse: der Tod ihrer zu früh geborenen Tochter und der Selbstmord ihres Mannes.

Nach dem Scheitern des sechsten Versuches bemühte ich mich, J. K. bei der Wiedergewinnung ihres inneren Friedens zu helfen und ihr Interesse an weiteren Versuchen wachzuhalten. Doch es war offensichtlich: sie hatte ihren früheren Eifer verloren. Gelegentlich gelang es mir, sie zu einigen weiteren Vorhersagen zu bewegen, und J. K. fand sich aus Höflichkeit dazu bereit, verhehlte aber ihre mangelnde Begeisterung nicht. Diese Tests wurden für gewöhnlich in meiner Gegenwart durchgeführt (sie fand keine Zeit mehr, sie allein zu Hause durchzuführen, wie sie es früher getan hatte), und es wurde immer deutlicher, daß sie wenig sorgfältig und ohne Rücksicht auf ihre Ergebnisse arbeitete.

Unter derart erschwerten Bedingungen füllte J. K. noch insgesamt 28 weitere Vorhersagebogen aus (mit 7000 Einzelsymbolen). Wegen der allgemein wenig günstigen Atmosphäre wurde kein Erfolg im Zahlenlotto mehr erwartet und auch nicht ernsthaft angestrebt. Daher war der Einsatz der Symbole nicht mehr mit den Lottozahlen gekoppelt. Statt dessen wurden die Symbole in einer Zufallsordnung in die Felder der Aufzeichnungsbogen eingesetzt, die durch einfaches, wiederholtes Mischen eines Satzes von ASW-Karten bestimmt worden war. Von diesen 7000 Symbolen wurden nur 2724 Treffer verzeichnet (76 über der mittleren Zufallserwartung). Das Ergebnis bewegte sich also innerhalb der Zufallsgrenzen und zeigte das Fehlen jeglicher ASW an.

Diese Fälle von Versagen beließen wenig Hoffnung auf eine Verbesserung; daher verringerte ich nach und nach meine Bemühungen, J. K. zu weiterer Mitarbeit bei den Versuchen zu bewegen. Doch nach einer Unterbrechung von mehreren Wochen brachte J. K. ganz unerwartet sechs weitere Bogen mit Voraussagen (3000 Symbole), die sie ganz spontan gemacht hatte, ohne einen Auftrag von meiner Seite.

Sie gab keine Erklärung dafür ab, weshalb sie dies getan hatte, war aber offensichtlich sehr begierig zu erfahren, ob sie ihre ASW verloren hatte oder nicht. Die Symbole waren in die Felder der Aufzeichnungsbogen in einer Zufallsordnung eingesetzt, die wieder durch Mischen eines Satzes von ASW-Karten bestimmt war. Diesmal ergaben sich *656 Treffer (56 über der mittleren Zufallserwartung)* –

ein Ergebnis, das den Schluß zuließ, die präkognitive Fähigkeit sei wieder aufgelebt.

Doch diese Initiative von J. K.s Seite hatte wenig Sinn, da sie es dann, ungeachtet dieses Erfolges, höflich aber bestimmt ablehnte, die Versuche fortzuführen. Damit war das Ende von J. K.s Teilnahme an den ASW-Versuchen gekommen. Ursache dafür war offenbar der Verlust ihres ursprünglichen Interesses (gleich aus welchem Grund). In den tragischen Ereignissen, die sie getroffen hatten, lassen sich genügend Gründe finden, aber keiner davon ließ sich mit Sicherheit als Hauptgrund erkennen. Wir blieben weiterhin in freundschaftlicher Verbindung, sahen uns gelegentlich einmal, aber J. K.s Leben verlief in einer völlig anderen Richtung: Sie ging voll und ganz in den Problemen auf, die mit ihrem Beruf, ihrer wirtschaftlichen Situation, ihrer sozialen Stellung und ihrem künftigen Leben zusammenhingen. Diese existentiellen Probleme traten so sehr in den Vordergrund, daß jede Hoffnung, sie für ein bleibendes Interesse an ASW-Versuchen zu gewinnen, aufgegeben werden mußte. In den nächsten Jahren regte J. K. zwar ein- oder zweimal an, wir könnten doch „irgendwann einmal" wieder einige Versuche unternehmen, doch ergab sich nie eine wirkliche Gelegenheit dazu.

J. K. behielt Reste ihrer ASW-Fähigkeit – leider mehr als Quelle für Ungelegenheiten. Noch Jahre später beklagte sie sich wiederholt, sie habe Vorahnungen von unerfreulichen Ereignissen – etwas, was sie früher nie gekannt hatte. Ihre Eindrücke waren nicht so klar, daß sie ihr deutliche Information darüber vermittelten, was geschehen sollte, oder daß sie sie vor etwas warnten; sie erschöpften sich in jenem beunruhigenden Vorgefühl eines unspezifischen, unerfreulichen Ereignisses, das bevorstand, und waren zuverlässig genug, um sie zu beunruhigen. So verbrachte sie oft tagelang in bangem Warten, unfähig, irgend etwas zu tun – bis das Mißgeschick wirklich eintrat.

Versuche mit Herrn P. S.

Während der Fall von J. K. zeigen konnte, daß ASW gelernt und über einen beträchtlichen Zeitraum hin bewahrt werden kann, bestätigt der Fall von P. S., daß sich diese Fähigkeit bei völlig verschiedenen Menschen entwickeln läßt. Denn P. S. war psychisch so verschieden von J. K. wie nur möglich.

Seine ASW-Fähigkeit war vielleicht weniger vollkommen als die von J. K. und entschieden weniger vielseitig. Seine Fertigkeit beschränkte sich auf die eine einfache Leistung: das Erkennen der Farben von in undurchsichtigen Umschlägen liegenden Karten. Doch war sein Beitrag noch wertvoller, weil er bereit war, für längere Zeit (mehr als dreimal solange wie J. K.) bei den Versuchen des Autors mitzuarbeiten, und weil seine Leistungen von einer Anzahl ausländischer Wissenschaftler bestätigt werden konnten.

Als er sich im Juni 1961 als Versuchsperson für die Experimente des Autors anbot, war er dreißig Jahre alt. Der am 12. Mai 1931 als einziges Kind eines ungelernten Arbeiters Geborene besaß eine abgeschlossene Oberschulbildung (insgesamt 13 Jahre Schulbesuch). Wegen seiner starken religiösen Neigung, so berichtete er, habe er zunächst Theologie studieren wollen. Dann aber war er in eine Exportfirma als Auslandskorrespondent eingetreten. (Er sprach gut Englisch, was später die Kontakte mit unseren ausländischen Besuchern erleichterte.) Doch da er wegen einer beidseitigen Fingerverwachsung operiert worden war, bereitete ihm das Maschinenschreiben Schwierigkeiten. Daher mußte er diese Stelle aufgeben und arbeitete eine Zeitlang als Hausverwalter in einem Hotel. Schließlich hatte er die Stellung eines Auskunftsbeamten in der öffentlichen Zentralbibliothek in Prag bekommen, mit der er sehr zufrieden zu sein schien. Er hatte nur ein recht spärliches Einkommen, doch schien er keine Ambitionen nach einem größeren Verdienst zu haben. Da er unverheiratet war und in sehr bescheidenen Verhältnissen mit seinen alten Eltern zusammenlebte, war er mit dieser Stellung zufrieden, denn sie bot ihm, was er am meisten schätzte: eine leichte Beschäftigung ohne besondere Verantwortung und viel freie Zeit auch während der Arbeitsstunden, die er mit Lesen und Wachträumen verbrachte.

In den Jahren der Zusammenarbeit wurden einige beherrschende Züge von P. S.' Charakter sichtbar: Er war introvertiert, schüchtern, passiv, langsam und zögernd in seinem Verhalten, wenig ordentlich und ungeschickt in manueller Arbeit. Jede mögliche Ambition war bei ihm unterdrückt durch die bewußte Erkenntnis, daß er an produktiver Tätigkeit wenig interessiert sei, und die Enttäuschung darüber, nicht fähig oder willens genug zu sein, dieses Desinteresse zu überwinden. Geistig dagegen war er sehr rege und aufgeschlossen. Er lebte in einem Konflikt zwischen seinem Antriebsmangel und einem Verlangen nach Selbstbestätigung, der sich einen Ausweg schuf im Bauen von Luftschlössern und Wachträumen. Er war emotional stark an seine Eltern gebunden. Sein Intelligenzquotient ist bei zwei Gelegenheiten durch zwei verschiedene Tests bestimmt worden: IQ (Raven) = 94; IQ (Wechsler) = 108.

Vielleicht der auffallendste Zug seiner Persönlichkeit war seine übertriebene Sorge um seine persönliche Sicherheit. Ein Ereignis war ganz typisch für ihn: In der Zeit unserer Zusammenarbeit entbrannte in der tschechoslowakischen Presse eine lebhafte Diskussion über die Parapsychologie. Eine Menge kritischer Stimmen (zu der Zeit die Überzahl) wurde laut, und es gab nur wenige Verteidiger, die von dem Autor angeführt wurden. Eines Tages im Jahre 1962 (zu der Zeit, als P. S.' Leistungen bereits zu einem Erfolg geworden waren) brachte eine einflußreiche Zeitung einen kritischen Artikel gegen die Parapsychologie. Am folgenden Tag erschien P. S. zu der regelmäßigen Absprache, reichte mir, ohne einzutreten, einen Brief durch die Türe und verschwand in aller Eile. (Er hatte nicht den Mut, offen zu sagen, was er dachte.) In seinem Brief erklärte er, er halte es für unmöglich, weiter mitzuarbeiten. Nachdem ich öffentlich kritisiert worden war, hatte er zuviel Angst, um den persönlichen Kontakt mit mir aufrechtzuerhalten. Erst nachdem ich die Argumente der Kritiker ebenfalls öffentlich zurückgewiesen und genügend Beifall erhalten hatte, gelang es mir, P. S. dazu zu bringen, daß er seine Angst überwand und weiter bei unseren Versuchen mitarbeitete.

Von P. S.' Persönlichkeit wurden unabhängig voneinander von zwei klinischen Psychologen zwei psychodiagnostische Studien erstellt. Eine von ihnen charakterisierte P. S. als „eine passive Persönlichkeit, introvertiert und moralistisch (religiös). Seine Ich-Stärke (ego strength) ist sehr gering. Trotz seiner offenbaren Passivität verspürt er Feindseligkeits- und Aggressivitätsimpulse, hat aber keine adäquaten Wege für ihren Ausdruck oder Mittel der Kontrolle über derartige ‚schlechte' Impulse entwickelt. Einen Teil des Konfliktes zwischen Passivität und Aggressivität spiegelt sein ungelöster Konflikt zwischen Abhängigkeit und Unabhängigkeit wider. Zu seiner Verteidigung setzt er obsessiv-kompulsive und repressive Mechanismen ein, aber zur Zeit des Tests waren diese Verteidigungsmechanismen nicht sehr wirksam. Er war stark depressiv und übermäßig grüblerisch."

Der andere Psychologe faßte seine Studie folgendermaßen zusammen: „P. S. hat ein gutes mechanisches Gedächtnis, eine gute Selbstkontrolle und eine hohe Frustrationstoleranz. Er ist depressiv, sozial gehemmt oder passiv; es fehlt ihm an dynamischer Aktivität; er ist unterwürfig, in vitaler und sozialer Hinsicht unbefriedigt und deutlich introvertiert. Er ist konservativ mit infantilen Zügen und zeigt ganz bestimmte autistische Tendenzen. Seine innere (aber nach außen hin kontrollierte) Spannung ist eine Quelle der Unruhe, eines stereotypen Verhaltens, mangelnder Unternehmungsbereitschaft und Produktivität. Sein geringes Selbstvertrauen steht in einer Wechselbeziehung zu einer starken Suggestibilität, einem Mangel an sozialen Kontakten und Tätigkeiten und einer emotionalen Fixiertheit auf die Eltern. Besonders auffallend waren folgende Züge seiner Persönlichkeit: eine hohe innere Spannung, Introversion, geringes Selbstvertrauen und eine hohe Suggestibilität."

P. S. wußte nichts von irgendwelchen spontanen ASW-Erlebnissen aus seinem früheren Leben zu berichten. Von Parapsychologie wußte er nichts; falls er bei seiner Lektüre auf parapsychologische Phänomene traf, neigte er dazu, sie in einem religiösen Sinne als „Wunder" zu deuten, hielt sie aber generell für keiner besonderen Aufmerksamkeit wert.

Er bewarb sich um die Mitarbeit bei meinen Versuchen in der Hoffnung, hier durch eine leichte Beschäftigung ein zusätzliches Einkommen zu erhalten. Zu jener Zeit konnte ich dank einem Forschungsstipendium, das ich von dem früheren Parapsychologischen Laboratorium der Duke University bekam, meinen Versuchspersonen eine kleine Vergütung für die auf unsere Versuche verwendete Zeit anbieten. Bei den Studenten waren hypnotische Sitzungen, für die sie obendrein bezahlt wurden, sehr beliebt, und es hieß unter ihnen: „Du kommst hierher, schläfst eine Stunde oder zwei und bekommst dein Geld." Einer von P. S.' Freunden diente mir auch als Versuchsperson (allerdings ohne besonderen Erfolg) und hatte ihm diese Tätigkeit empfohlen.

So war also die Möglichkeit, ohne große Anstrengung ein wenig zusätzliches Geld zu verdienen, P. S.' ursprüngliches Motiv. Ihn kümmerten nicht die langen Versuchssitzungen und ebensowenig die monotonen Kartenbestimmungsversuche. Er bekam einen Stundenlohn und brauchte sich nicht zu beeilen.

Doch obwohl er für jede Sitzung bezahlt wurde, herrschte bei unseren Versuchen kein Arbeitgeber-Arbeitnehmer-Verhältnis. Beherrschend war eine Atmosphäre freundlicher Zusammenarbeit oder, besser gesagt, formlosen Spiels. Für gewöhnlich saßen wir am Tisch oder in bequemen Sesseln. P. S. konnte nach Herzenslust rauchen, wir diskutierten über verschiedene Themen, plauderten, tranken Kaffee und erzählten die verschiedensten Begebenheiten – und bei alledem (sozusagen beiläufig) trieben wir die Versuche weiter voran. Die unkomplizierte Art, in der P. S. sich gab, war allgemein vorteilhaft; wir gingen ganz geschäftsmäßig an die Versuche heran, P. S. nahm ohne Schwierigkeiten und geduldig alle ihm auferlegten Versuchsbedingungen an.

Als dann später die Versuche Erfolge zeitigten und, vor allem, als Berichte über ihn veröffentlicht wurden (P. S. war geradezu versessen darauf, seinen Namen gedruckt zu sehen) und wenn ausländische Besucher kamen, um ihn zu testen, begann er sich berühmt vorzukommen. Dadurch wurde auch sein aktives Interesse an der ASW geweckt. Er erkannte, daß er durch diese Fähigkeit den übrigen Menschen überlegen war, hatte sogar das Empfinden, daß er durch die ASW ein „Mann mit Erfolg" werden konnte (ohne sich dabei anstrengen zu müssen, nur durch die Verwendung des vorhandenen Talents), daß er mit Hilfe der ASW seine innere Befriedigung durch eine Leistung finden konnte.

Eine denkwürdige Vorgängerin

Seit 1960 etwa stand der Autor in Verhandlungen mit führenden tschechoslowakischen Wissenschaftlern über die Möglichkeit, ein Laboratorium für das Studium parapsychologischer Phänomene zu eröffnen. Im Verlauf dieser Verhandlungen ergab sich die Notwendigkeit, ASW-Phänomene vor maßgeblichen Amtspersonen zu demonstrieren, die möglicherweise ein solches Forschungsunternehmen billigen und Mittel dafür zur Verfügung stellen konnten. Es war notwendig, einen Standard-ASW-Versuch vorzubereiten, der sich unter gleichen Bedingungen und ohne großen Aufwand leicht wiederholen ließ – ein Test, der einfach sein, wenig Zeit erfordern und doch statistisch überzeugend sein mußte.

Am günstigsten für eine solche Aufgabe erwies sich ein Satz Karten, bei denen eine Seite weiß und die andere schwarz war, verschlossen in undurchsichtigen Umschlägen; diese Umschläge mußten gründlich gemischt werden, so daß in der Abfolge der Farben der inliegenden Karten eine Zufallsordnung zustande kam; dann mußte die Versuchsperson wiederholt die Farbe auf der Oberseite jeder Karte bestimmen. Die statistische Auswertung einer langen Reihe solcher Bestimmungen würde recht einfach sein und (unter sorgfältiger Kontrolle aller wichtigen Versuchsbedingungen) den erwünschten Nachweis für die ASW bringen. Daher bestand das hauptsächliche Versuchsziel damals darin, einige Versuchspersonen für diese spezielle Form von Leistung einzuüben.

Mehrere Monate lang, kurz bevor ich mit P. S. zusammentraf, experimentierte ich mit der 19jährigen Biologiestudentin L. S. von der Universität Prag. Auch sie konnte sich nicht irgendwelcher spontaner parapsychologischer Erfahrungen in ihrem früheren Leben entsinnen. Innerhalb von annähernd einem Monat Hypnosetraining entwickelte sie gerade die Fähigkeit, weiße und schwarze Seiten von in undurchsichtige Umschläge gelegten Karten zu unterscheiden.

Bei Versuchen mit L. S. wurden diese Schwarz-Weiß-Karten in Umschläge gelegt, die aus steifer, undurchsichtiger Pappe angefertigt waren (Stärke 3,3 mm; selbst wenn man sie gegen starkes Licht hielt, erwies sich das Material als so undurchsichtig, daß es nicht einmal die Umrisse der inliegenden Karten erkennen ließ). Das Aussehen der Umschläge war gleich. Der Versuchsleiter mischte sie jedesmal vor einem neuen Testdurchgang und wußte daher selbst nicht, wie die Farben auf die Umschläge verteilt waren.

Damit der Vorgang so reibungslos und schnell wie möglich ablaufen konnte, legte sich die motorische Bestimmung der Karten durch die Versuchsperson nahe: Der Versuchsleiter gab ihr einen Packen Umschläge in die Hände; sie sollte die Farbe auf der Oberseite jeder Karte herausfinden und die Umschläge in zwei Stapel ordnen – Karten mit weißer Oberseite in den einen und Karten mit schwarzer Oberseite in den anderen Stapel. Dann wurde die Treffer- und Fehlerzahl für den „weißen" und den „schwarzen" Stapel gesondert gezählt. Danach nahm der Versuchsleiter die Karten aus ihren Umschlägen, mischte sie und legte sie wieder in die Umschläge zurück, und zwar in einer veränderten Reihenfolge und Lage. Das geschah, um die Möglichkeit auszuschalten, daß die Versuchsperson sich bestimmter Kennzeichen an der Außenseite der Umschläge erinnerte und sie mit der Farbe der inliegenden Karte in Verbindung brachte. (L. S. wurde über diese zusätzliche Sicherung nicht informiert.) Dann mußte die Versuchsperson die Umschläge erneut sortieren, und der ganze Vorgang begann von vorn.

Wir wollten einige Vorinformationen über das Wirken der ASW bei dieser Art Test sammeln und wandelten daher die Bedingungen während des Versuches leicht ab: Wir verwendeten Karten von zwei verschiedenen Größen – 125 × 75 mm und 62 × 75 mm –, und in einigen Fällen wurde die Karte zusätzlich mit einer Aluminiumfolie (Stärke 1 mm) abgedeckt.

Die Ergebnisse zeigt die folgende Tabelle:

Kartenformat	Material der Umschläge	Anzahl der Einzel- bestimmungen	Treffer	Fehler
125 × 75	Pappe	1050	886	164
62 × 75	Pappe	400	325	75
62 × 75	Pappe + Aluminium- folie	400	321	79
Insgesamt		1850	1532	318

L. S. zeigte also durchaus eine recht vollkommene ASW-Fähigkeit: Bei einer Gesamtzahl von 1850 Bestimmungen gab sie 1532 richtige

und nur 318 falsche Antworten (die Zufallserwartung betrug jedesmal 925). Der Wechsel in der Kartengröße und die zusätzliche Verwendung einer Metallfolie hatten offenbar keine Auswirkung auf die
Qualität ihrer ASW.

Leider stellte L. S. ihre Zusammenarbeit mit dem Autor sehr bald
ein. Ihre Beteiligung an den Versuchen wurde unregelmäßig (was sie
mit Zeitmangel während der Examenswochen erklärte), und später
lehnte sie es ab, die Versuche überhaupt fortzusetzen. Sie wollte hei-
raten, und ihr Verlobter war mit diesen Versuchen nicht einver-
standen.

Erste Versuche mit P. S.

Der Fall von P. S. stellt auch einen wichtigen Beweis dafür dar, daß
ASW eingeübt und in der Form jener Fertigkeit entfaltet werden
kann, die in einer bestimmten Situation gefordert wird. Als P. S. sich
als Versuchsperson anbot, ging die Zusammenarbeit mit L. S. gerade
ihrem Ende zu. Eine neue Versuchsperson mußte beschafft werden,
die sie ersetzte und in der Lage war, speziell jene Art von Aufgabe zu
übernehmen, die L. S. erfüllt hatte. Dies war der erste Grund, weshalb P. S.' Fähigkeit so speziell auf diese einfache Aufgabe der Kar-
tenbestimmung begrenzt wurde. Weil das Schwergewicht während
der Trainingsperiode auf dieser Aufgabe lag, lernte P. S. niemals
irgendeine andere ASW-Fähigkeit (wie zum Beispiel wandernde ASW
usw.).

Der erste Versuch mit P. S. wurde am 29. Juni 1961 unternommen.
Er wurde nach der üblichen klinischen Methode hypnotisiert, und
zwar mit Hilfe von Verbalsuggestionen von Müdigkeit und Schläfrigkeit. Der Hypnoseversuch blieb absolut erfolglos, und nach einer
Weile brach ihn P. S. selbst ab mit der Erklärung, daß „das bei ihm
nicht zu wirken" scheine. Er schien absolut unempfänglich für Hypnose. (Später stellte sich heraus, daß dieser Mangel an Empfänglich-
keit auf seine Furchtsamkeit zurückging. Obwohl sein Freund ihm
versichert hatte, es gebe dabei nichts, wovor man Angst zu haben
brauche, fürchtete er sich derart, daß er unfähig war, sich zu konzentrieren.)

Beim zweiten Versuch am 1. Juli 1961 wurde nach 20 Minuten
währenden Bemühungen ein sehr oberflächlicher hypnotischer Zu-

stand erreicht. Einfache Suggestionen von Bewegungshemmungen wurden erfolgreich ausgeführt, aber wir verzichteten auf weitere Versuche. Um die Befürchtungen der Versuchsperson zu zerstreuen und ihr die Sicherheit zu geben, daß durch die Hypnose keine Lücke in ihrem Gedächtnis entstehen werde, die ihr irgendwelche Schwierigkeiten bereiten könnte, wurden von Anfang an Suggestionen eingefügt, die ihr die Sicherheit gaben, sie werde sich aller Dinge erinnern können, die während des Versuchs geschehen würden. Als Ergebnis blieb bei diesem wie bei allen folgenden Versuchen P. S.' Erinnerung an alles, was er während des Versuchs erlebte, vollkommen erhalten. Es sei grundsätzlich festgestellt, daß Amnesie für ein gutes Arbeiten der ASW nicht notwendig ist.

Beim dritten Versuch (6. Juli 1961) wurde P. S. binnen etwa zwölf Minuten hypnotisiert. Er war nun empfänglicher für Suggestionen. Suggerierte visuelle Halluzinationen traten ein, doch wurde kein ASW-Test durchgeführt.

Erst beim vierten Versuch (7. Juli 1961) wurde erstmals ASW beobachtet. Die Aufgabe bestand darin, Schwarz und Weiß auf in undurchsichtigen Umschlägen liegenden Karten zu erkennen. Die Karten und Umschläge waren dieselben wie bei den Versuchen mit L. S. (Die Größe der Karten betrug 125 × 75 mm.) Die Übung verlief folgendermaßen: Zehn Schwarz-Weiß-Karten wurden in undurchsichtige Umschläge gelegt, gemischt und der Reihe nach der hypnotisierten Versuchsperson in die Hand gegeben. P. S. erhielt die Aufforderung, sich vorzustellen, der Umschlag sei durchsichtig, und zu versuchen, sich von der inliegenden Karte ein Vorstellungsbild zu machen. P. S. wußte, daß es nur zwei Alternativen gab: Weiß oder Schwarz. Er nannte die Farbe. Der Versuchsleiter öffnete gleich danach den Umschlag und sagte P. S., ob sein Eindruck richtig war oder nicht. Dieses Verfahren wurde mit allen zehn Karten dieser Serie wiederholt. P. S. gab sechs richtige und vier falsche Antworten.

Dann wurden die Karten aus den Umschlägen herausgenommen, gemischt, teilweise umgedreht, wieder in die Umschläge hineingelegt und erneut eine nach der anderen P. S. zur Bestimmung vorgelegt. So wurde der Test in Durchgängen zu je zehn Umschlägen wiederholt.

Beim zweiten Durchgang erzielte P. S. bereits neun Treffer bei nur einem Fehler. Das war ein ermutigendes Ergebnis. Es zeigte an, daß

P. S. bereits einige Anhaltspunkte für die Beurteilung der Richtigkeit seiner Farbeindrücke gefunden hatte. Daher wurde er nun nicht mehr sofort über die Richtigkeit jeder einzelnen Bestimmung informiert; das Ergebnis wurde ihm erst nach einem ganzen Durchgang mitgeteilt.

P. S. zeigte weiterhin gute Leistungen: Beim dritten Durchgang bestimmte er alle zehn Farben richtig, beim vierten hatte er neun Treffer und einen Fehler, beim fünften war das Ergebnis wieder neun zu eins. Bei den ersten 50 Bestimmungen (einschließlich der ersten 20 Übungsbestimmungen) hatte er somit 43 Treffer und nur sieben Fehler zu verzeichnen. Das war ein sehr ermutigendes Ergebnis.

(Bei all diesen Tests und allen folgenden Versuchen hatte P. S. stets die Aufgabe, zwei verschiedene Farben voneinander zu unterscheiden. Bei einer solchen Aufgabe beträgt die Zufallserwartung stets 50 Prozent; wenn es sich daher um ein rein zufälliges Raten ohne Beteiligung von ASW gehandelt hätte, müßten wir mit einer annähernd gleichen Zahl von Treffern und Fehlern rechnen.)

Der gleiche Versuch wurde mit kleineren Karten wiederholt, die bereits bei L. S. verwendet worden waren (Format 62 × 75 mm). Bei 40 Bestimmungen von nur mit einem Stück Karton bedeckten Karten ergaben sich 39 Treffer und nur ein Fehler; bei 40 Bestimmungen von Karten, die mit einem Stück Karton und zusätzlich einer Aluminiumfolie bedeckt waren, erzielte P. S. 40 Treffer.

Die vierte Sitzung bedeutete somit ein bestimmtes Anzeichen des Wirkens von ASW. Die fünfte Sitzung dagegen (10. Juli 1961) war wieder enttäuschend. P. S.' Hypnose war sehr oberflächlich, und als der Kartentest wiederholt wurde, erzielte er bei 50 Einzelbestimmungen nur 22 Treffer und 28 Fehler.

Nach einer einwöchigen Unterbrechung fand die nächste Sitzung statt (17. Juli 1961), die uns überzeugte, daß P. S. wirklich eine Fähigkeit zur ASW erworben hatte. Vor der Hypnose wurde ein kurzer Kontrolltest im Wachzustand durchgeführt (bei dem nicht mit ASW gerechnet worden war): von 20 Bestimmungen waren sieben Treffer und 13 Fehler.

Nachdem er hypnotisiert worden war, erzielte er unter den gleichen Bedingungen wie bei den vorherigen Versuchen (undurchsichtige Umschläge mit inliegenden Karten, die P. S. zur Hand nahm) bei

20 Bestimmungen 19 Treffer und nur einen Fehler. (Hinfort wurden Karten größeren Formats, 125 × 75 mm, verwendet.)

Die Umschläge, die P. S. in die Hand nehmen durfte, waren stark genug, um alle taktilen Eindrücke von den Karten auszuschließen. Doch war uns klar, daß unser Hauptziel darin bestehen mußte, P. S. für ASW-Demonstrationen vorzubereiten, die auch auf hartgesottene Skeptiker überzeugend wirken mußten; und diese Beobachter würden – damit rechneten wir – zusätzliche Sicherungen gegen die Möglichkeit von Sinneswahrnehmungen verlangen. Daher wurden bereits in diesem Stadium Maßnahmen ergriffen, um P. S. an strengere Versuchsbedingungen zu gewöhnen.

Als nächstes wurde ein Versuch durchgeführt, bei dem der Versuchsleiter jedesmal den Umschlag in einer Entfernung von etwa 0,90 bis 1,20 m vom Gesicht der Versuchsperson entfernt vor ihr auf den Tisch legte. P. S. wurde aufgefordert, die Farbe zu benennen wie vorher, doch durfte er nicht mehr die Umschläge berühren. Bei 100 unter diesen Bedingungen durchgeführten Einzelbestimmungen erzielte P. S. 63 Treffer und 37 Fehler.

Nach und nach wurde P. S. vertrauter mit seiner Aufgabe: Während er früher immer etwa 20 Sekunden Konzentration vor jeder Bestimmung gebraucht hatte, waren es jetzt im Durchschnitt nur noch etwa sieben Sekunden (bei späteren Versuchen wurde dieser Zeitraum auf zwei bis drei Sekunden, ja hin und wieder auf eine noch kürzere Zeit verkürzt). Doch seine Fähigkeit war noch nicht völlig stabil: Bei 40 Bestimmungen, die gegen Ende der Sitzung durchgeführt wurden, war das Ergebnis 20 Treffer, 20 Fehler.

Beim nächsten Versuch – am 19. Juli 1961 – verbesserte und stabilisierte P. S. allmählich seine Leistungen. Die Ergebnisse waren, nach Treffern und Fehlern, folgende:

Bei 20 Bestimmungen, bei denen er die Umschläge in der Hand hielt: 18 zu 2.

Bei drei Reihen von je 100 Bestimmungen ohne Berührung der Umschläge: 63 zu 37; 62 zu 38; 75 zu 25.

Die Versuchsbedingungen wurden dann noch strenger: P. S. durfte die Umschläge nicht einmal mehr sehen. Er bekam den Auftrag, ständig einen dicken undurchsichtigen Pappschirm vor seinem Gesicht zu behalten, der ihm den Blick auf die Umschläge verwehrte. Bei 50 Bestimmungen unter diesen Bedingungen erzielte er nur 20 Treffer bei 30 Fehlern.

Doch bei der nächsten Sitzung (21. Juli 1961) verbesserte P. S. seine Leistung wieder:

Bei 10 Bestimmungen, bei denen er die Umschläge in der Hand hielt, betrug das Ergebnis 10 zu 0.

Bei 50 Bestimmungen, bei denen die Umschläge auf dem Tisch vor ihm lagen (ohne daß P. S. sie berühren durfte), war das Ergebnis 35 zu 15.

Bei drei Reihen von je 100 Bestimmungen, bei denen der Schirm zwischen ihm und den Umschlägen stand, waren die Ergebnisse 56 zu 44; 65 bis 35; 75 zu 25.

So verbesserte P. S. nach und nach seine Leistungen bei Aufgaben, die schrittweise erschwert wurden. Noch wurde er zu Beginn jeder Sitzung der Form nach hypnotisiert, doch wurde in diesem Stadium seine Suggestibilität systematisch herabgesetzt, und sein Verhalten im hypnotischen Zustand kam dem im normalen Wachzustand sehr nah. Wegen der Tendenz zur Verbesserung seiner Leistung, die er bei den vorherigen Versuchen an den Tag gelegt hatte, entstand der Eindruck, daß P. S. schon bereit war, seine ASW-Fähigkeiten unter exakten Versuchsbedingungen in Gegenwart eines als Zeugen fungierenden Versuchsleiters zu demonstrieren. Das war etwa einen Monat nach Beginn des Trainings mit P. S. der Fall. Damit war die Zeit gekommen, einen Assistenten hinzuzuziehen und einen sorgfältig geplanten Bestätigungsversuch mit P. S. zu machen. Der Assistent, der an dieser Bestätigungsprobe teilnahm, war J. Rýzlova, die Ehefrau des Autors.

Der ASW-Nachweis

Dieser Versuch war der erste einer ganzen Versuchsreihe, die sich über mehrere Jahre erstreckte und nachwies, daß P. S.' ASW-Leistung in einem bisher in der Parapsychologie völlig ungewöhnlichen Maße wiederholbar war. Man nahm allgemein an, ASW-Versuche seien wegen der Komplexität der dabei beteiligten Regelhaftigkeiten nicht wiederholbar. Der Fall von P. S. hat gezeigt, daß diese Behauptung nicht zutrifft.

Der Versuch Rýzl-Rýzlova setzte sich aus zwei voneinander unabhängigen Versuchsreihen zusammen: Die erste Reihe stellte einen
Nachweis von ASW unter strengen Versuchsbedingungen dar; die
zweite Reihe hatte eine weiterreichende Zielsetzung – nämlich zu zeigen, daß P. S. seine ASW-Fähigkeit in eigener Regie, ohne Hilfe des
Versuchsleiters, einsetzen konnte.

Die erste Reihe wurde im Verlauf von vier Sitzungen zwischen
dem 24. Juli und 14. August 1961 durchgeführt. P. S.' Aufgabe bestand immer darin, die Farbe der Oberseite einer Karte (von der eine
Seite schwarz, die andere weiß war), die in einem dicken, undurchsichtigen Umschlag steckte, zu bestimmen.

Das Testmaterial waren zehn Schwarz-Weiß-Karten vom Format
125 × 75 mm und zehn Umschläge aus starker Pappe (von einer
Stärke von ca. 0,18 cm). Alle Umschläge waren in ihrem Aussehen
untereinander, aber auch auf beiden Seiten, gleich. Das Material war
so undurchsichtig, daß es selbst dann, wenn man es gegen starkes
Licht hielt, nicht einmal die Umrisse der inliegenden Karten erkennen
ließ.

Zu Beginn jeder Sitzung wurde P. S. vom Autor (M. R.) hypnotisiert. Inzwischen nahm die Assistentin (J. R.) die Karten und Umschläge mit in einen vom Versuchsraum getrennten Raum. Dort legte
sie die Karten in einer an Hand einer Tabelle von Zufallszahlen bestimmten Farbabfolge in die Umschläge. Dann brachte sie die zehn
Umschläge mit den Karten wieder in den Versuchsraum und händigte
sie M. R. aus.

Einige der Karten lagen mit ihren weißen, die anderen mit ihren
schwarzen Seiten nach oben. Nur J. R. wußte die Abfolge der Farben,
teilte sie aber niemandem mit. Als zusätzliche Sicherheit, daß sie auch
nicht unwillkürlich P. S. irgendwelche Anhaltspunkte gab, änderte
M. R. unbemerkt die Abfolge der Farben, indem er einige von dem
Stapel der zehn Umschläge abhob. (Der Umschlag, bei dem er abhob,
war durch eine komplizierte, auf astronomischen Daten beruhende
Berechnung bestimmt worden.)

P. S. saß M. R. gegenüber. Ein undurchsichtiger Schirm trennte sie.
Von dem Augenblick an, da M. R. von J. R. die Umschläge erhielt,
geschahen alle Manipulationen mit ihnen hinter diesem Schirm. So
war sichergestellt, daß während des ganzen Versuchs P. S. die Umschläge nicht einmal sehen konnte.

Dann legte M. R. die Umschläge, einen nach dem andern, der Versuchsperson vor, die gleichsam durch den undurchsichtigen Schirm auf sie schaute und die Farben der Oberseite der inliegenden Karten zu identifizieren versuchte. M. R. und J. R. notierten unabhängig voneinander P. S.' Antworten. Wenn ein Durchgang von zehn Umschlägen beendet war, wurde P. S. eine kurze Pause gewährt (während derer er sich entspannte, aber im Zustand der Hypnose blieb). Dann öffneten M. R. und J. R. die Umschläge, einen nach dem andern, notierten die Farben der Karten und zählten, unabhängig voneinander, die Treffer zusammen. Sie nahmen alle Karten aus ihren Umschlägen. Danach ging J. R. in den anderen Raum, wo sie die nächste Serie von zehn Umschlägen mit Karten in einer anderen Reihenfolge vorbereitete. Diese gab sie M. R., und der ganze Vorgang wurde wiederholt.

Auf diese Weise fuhren wir fort, bis wir 200 „Durchgänge" von je zehn Einzelbestimmungen, also insgesamt 2000 Einzelbestimmungen, erreicht hatten. (Diese Anzahl war im voraus als geplante Dauer dieser Versuchsserie festgesetzt.) Von diesen 2000 Einzelbestimmungen waren 1144 Treffer und 856 Fehler.

Dieses Ergebnis stellt einen Nachweis von ASW in P. S.' Leistung dar. Die Versuchsbedingungen schlossen alle denkbaren Möglichkeiten einer Sinneswahrnehmung und einer Ermittlung unter Einsatz schlußfolgernden Denkens aus; die statistische Analyse des Ergebnisses schließt den Zufall als vernünftigen Erklärungsgrund aus ($p < 10^{-9}$). Der Schluß lautet daher: Es war ASW!

Weitere Analysen unserer Versuchsdaten gaben uns einige zusätzliche Informationen, die von theoretischem Interesse sein können:

Es stellte sich heraus, daß die Farbverteilung bei den Testkarten der erwarteten Halb-und-Halb-Verteilung nahekam. Es waren insgesamt 998 schwarze und 1002 weiße Kartenseiten. Das mag als Hinweis darauf dienen, daß die Karten in eine richtige Zufallsordnung gebracht waren und daß bei der Auswertung dieser Daten eine einfache statistische Formel anwendbar ist.

Auch analysierten wir die Verteilung der Treffer im Verlauf des Versuchs. Dabei ergab sich keine Sicherheit für einen Absinkungseffekt. P. S.' Leistung war den ganzen Versuch über ziemlich konstant. Wir erinnern uns (siehe S. 49), daß J. K. fähig war, den Absinkungseffekt zurückzuhalten. Offenbar können unter Hypnose trainierte Versuchspersonen eine genügende Kontrolle über ihre ASW-Fähigkeit erreichen und sie unbeeinflußt von äußeren Bedingungen in gleichmäßiger Form betätigen (zumindest soweit sie wirklich den Wunsch haben, mögliche Hindernisse zu überwinden und gute Leistungen zu zeigen).

Ein weiteres Anzeichen für die Gleichmäßigkeit von P. S.' Leistung ergibt sich aus der Verteilung der Punktzahlen bei den einzelnen „Durchgängen". Die Reihe bestand aus 200 Durchgängen; die möglichen Punktzahlen (Treffer – Fehler) waren: 0 – 10, 1 – 9, 2 – 8, ... usw., 10 – 0. Die theoretische Verteilung dieser Punktzahlen ist binomisch. Die Übersicht ermöglicht einen Vergleich der tatsächlich bei den einzelnen Durchgängen erreichten Punktzahlen mit denen der Zufallserwartung.

Punktzahlen (Treffer zu Fehler) je Durchgang	0−10	1−9	2−8	3−7	4−6	5−5
Theoretisch auftretende Verteilung (aufgerundet auf ganze Zahlen)	0	2	9	23	41	50
Tatsächlich beobachtete Verteilung	1	0	5	16	24	36

Punktzahlen (Treffer zu Fehler) je Durchgang	6−4	7−3	8−2	9−1	10−0
Theoretisch auftretende Verteilung (aufgerundet auf ganze Zahlen)	41	23	9	2	0
Tatsächlich beobachtete Verteilung	55	34	20	8	1

Wir ersehen daraus, daß bei der beobachteten Verteilungskurve die theoretische Glockenform erhalten geblieben ist. Nur an einer Stelle war eine Verschiebung aller Punktzahlen in Richtung auf über der Zufallswertung liegende Werte sichtbar. Dieses Ergebnis zeigt also auch an, daß die ASW den ganzen Versuch über ziemlich gleichmäßig arbeitete. Wichtig ist dabei die Feststellung, daß dieses Ergebnis eintrat, wenn die einzelnen „Durchgänge" (also Gruppen von Bestimmungen an verschiedenen Karten in einem bestimmten Zeitraum) als Einheiten der Analyse genommen wurden.

ASW in „Autohypnose"

Nach Abschluß der ersten Serie war es unser Ziel, P. S. dahin zu bringen, seine ASW unabhängig vom Versuchsleiter zu betätigen. Er arbeitete bereits während der Sitzungen unter Hypnose ziemlich unabhängig; daher war es nur noch notwendig ihn in die Technik der Autohypnose einzuüben. Der erste Versuch in dieser Richtung wurde am 17. August 1961 unternommen. P. S. sollte – so lautete seine Anweisung – versuchen, sich zu „konzentrieren" und sich (zwar in Gegenwart des Autors, aber ohne das eigentliche Hypnoseverfahren) in den für ASW disponierenden Bewußtseinszustand bringen. Dann wurde eine Probe gemacht, bei der ihm undurchsichtige Umschläge mit Karten in die Hand gegeben wurden mit dem üblichen Auftrag, die Farben der Oberseiten der inliegenden Karten zu bestimmen. Bei 350 Einzelbestimmungen erzielte er 320 Treffer bei nur 30 Fehlern. Das Ergebnis zeigte, daß P. S. wirklich ohne Fremdhypnose in eigener Regie seine ASW betätigen konnte.

Um eine zusätzliche Sicherheit zu haben, gaben wir P. S. einen Satz Karten mit Umschlägen. Er sollte sie mit nach Hause nehmen, sich dort durch Autohypnose in den entsprechenden Bewußtseinszustand versetzen und selbst prüfen, ob es ihm gelinge, die Farben der in den Umschlägen liegenden Karten richtig zu bestimmen. Beim nächsten Treffen berichtete P. S., das sei ihm wirklich gelungen, und er habe die Zuversicht, daß es weiter gelingen werde.

Daher trafen wir die Vorbereitungen für eine zweite Reihe des Versuchs Rýzl-Rýzlova, die erweisen sollte, wie weit dieses Selbstvertrauen P. S.' gerechtfertigt war. Die Versuchsreihe erstreckte sich über vier Sitzungen vom 25. August bis 11. September 1961.

Für jede Sitzung richtete J. R. im voraus einen Satz von 25 Schwarz-Weiß-Karten in undurchsichtigen Umschlägen her. (Vier solcher Sätze wurden bei der ganzen Versuchsreihe verwendet. Damit beide Farben gleichmäßig vertreten waren, wurde beschlossen, in zwei Kartensätzen sollten die Oberseiten von 13 Karten weiß und von zwölf Karten schwarz sein, und in den beiden anderen Sätzen sollte das Zahlenverhältnis umgekehrt werden. Natürlich sagte J. R. niemandem vorher, wie in dem einzelnen Kartensatz die Farben verteilt waren.) J. R. versiegelte die Umschläge mit den Karten und gab sie

M. R., der sie mischte, um die ursprüngliche Abfolge der Farbenverteilungen zu ändern und dadurch von vornherein zu verhindern, daß auch nur einer der Anwesenden sie kannte. Dann schlug er jeden der Umschläge in zwei Lagen dickes dunkelblaues Papier ein, so daß kleine, versiegelte Päckchen entstanden. Diese Päckchen numerierte er fortlaufend von 1 bis 25 an der Oberkante.

Danach befestigte M. R. zehn kleine Papierstreifen an der linken oberen Kante jedes Päckchens und zehn gleiche Streifen an der rechten oberen Kante. Diese Papierstreifen waren alle numeriert: Mit ihrer laufenden Nummer und mit der Nummer des Päckchens, an dem sie befestigt waren. Die Zettel an der linken Ecke sollten für den Test in Anwesenheit des Versuchsleiters verwendet werden, die an der rechten Ecke für den Test, den P. S. zu Hause durchführen sollte.

Als die Versuchsperson eintraf, „konzentrierte" sie sich und erklärte nach einer Weile, sie habe das Gefühl, sich in dem richtigen Bewußtseinszustand zu befinden. Dann gab M. R. ihr das erste Päckchen in die Hand; P. S. konzentrierte sich, reichte M. R. das Päckchen zurück und nannte die Farbe. M. R. notierte die von P. S. genannte Farbe auf dem ersten Zettel an der linken oberen Ecke, riß den Zettel ab und legte ihn zur Seite. (Zugleich bat M. R. die Versuchsperson, sich das Verfahren zu merken, damit sie in der gleichen Weise vorgehen könne, wenn sie den Test allein zu Hause wiederhole.)

M. R. reichte P. S. dann das zweite Päckchen; dieser nannte die Farbe, M. R. notierte die Bestimmung auf dem ersten Zettel links oben am zweiten Päckchen, riß ihn ab und reichte P. S. das dritte Päckchen. So wiederholte sich der Vorgang, bis alle 25 Päckchen ausgehändigt worden waren. Danach mischte M. R. die Päckchen, wiederholte den ganzen Vorgang und notierte dabei die Bestimmungen der Versuchsperson jeweils auf dem zweiten Zettel, den er wieder abriß und beiseite legte. Danach wurden die Päckchen erneut gemischt, die Ergebnisse eines neuen Durchgangs notiert . . . und so fort, bis alle 25 Päckchen in zehn aufeinanderfolgenden Durchgängen zehnmal durch die Hände der Versuchsperson gegangen waren.

Im Verlauf dieser zehn Durchgänge wurden alle Zettel, die an der linken Oberkante angebracht waren, abgerissen. Sie wurden beiseite gelegt, bis alle 250 Bestimmungen, die die Versuchsperson während dieser Sitzung gemacht hatte, notiert waren.

Alle 25 Päckchen mit den verbleibenden Zetteln an den rechten Oberkanten wurden danach P. S. ausgehändigt. Er erhielt die Anweisung, sie mit nach Hause zu nehmen, sich zu einer ihm passenden Zeit zu „konzentrieren" und das Verfahren, das er während der Sitzung mit dem Versuchsleiter kennengelernt hatte, allein zu wiederholen: Nehmen Sie jedes Päckchen, notieren Sie Ihren Farbeindruck auf den Zettel und reißen Sie den Zettel ab! Nach jedem „Durchgang" von 25 Päckchen sollten diese erneut gemischt werden, erneut die Farbeindrücke auf den Zetteln notiert und diese abgerissen werden. Auf diese Weise sollte P. S. zehn Durchgänge (= 250 Einzelbestimmungen) durchführen und zwischen den einzelnen Durchgängen jedesmal die Päckchen mischen. (Dieses Mischen zwischen den Durchgängen war notwendig, damit P. S. die Päckchen jedesmal in einer anderen Reihenfolge bekam und damit die Möglichkeit weitestgehend verringert wurde, daß bestimmte Ansagemuster im Gedächtnis haften blieben.)

Beim nächsten Treffen brachte P. S. die Päckchen und die Zettel mit den notierten Bestimmungen zurück. Danach öffneten M. R. und J. R. gemeinsam die Päckchen, notierten die Farben der Oberseiten der inliegenden Karten auf den Zetteln, auf denen die Versuchsperson ihre Bestimmungen notiert hatte, und zählten die Anzahl der Treffer und Fehler. Doch P. S. erfuhr das Ergebnis erst, als die ganze Versuchsreihe abgeschlossen war.

Bei allen folgenden Sitzungen wurde der ganze Vorgang mit je einem neuen Satz von 25 Päckchen mit Karten wiederholt. In vier Sitzungen und vier anschließenden Arbeitszeiten zu Hause bestimmte P. S. auf diese Weise insgesamt 100 Päckchen, und zwar jedes von ihnen zehnmal in Anwesenheit von M. R. und zehnmal allein zu Hause. Er machte also 1000 Bestimmungen in Anwesenheit von M. R. und weitere 1000 zu Hause.

Bei den Bestimmungen in M. R.s Anwesenheit erzielte er 661 Treffer bei 339 Fehlern, während er bei seinen Versuchen zu Hause 602 Treffer erzielte bei 398 Fehlern.

Beide Ergebnisse sind statistisch signifikant und bestätigen erneut das tatsächliche Auftreten von ASW. Dieses Ergebnis ist insofern wichtig, als es zeigte, daß bereits Mitte September 1961 (also weniger als drei Monate nach Beginn seines Trainings) P. S. fähig war,

selbständig seine ASW zu betätigen, zumindest soweit es die einfache
Aufgabe betraf, zwei verschiedene Farben auf Karten in undurchsichtigen Umschlägen zu unterscheiden. Damit war er bereit, seine ASW
auch interessierten Besuchern vorzuführen.

Außer dem Nachweis, daß P. S. seine ASW selbständig betätigen
konnte, hatte die Versuchsreihe noch eine weitere Bedeutung. Die
numerierten Zettel mit den Notizen von P. S. gestatteten, die Abfolge
der einzelnen Bestimmungen bei jedem Päckchen gesondert zu rekonstruieren. Dadurch konnten wir unsere Versuchsdaten unter einigen weiteren Gesichtspunkten analysieren.

Als erstes suchten wir nach Anzeichen eines Absinkungseffektes.
Doch ließ sich kein Absinkungseffekt feststellen, wenn wir die Gesamtergebnisse der einzelnen Sitzungen miteinander verglichen; sie
waren annähernd gleich. Auch beim Zusammenzählen der Treffer
der verschiedenen Zettelgruppen (Zettel = 1, = 2 usw., auf denen
die jeweils erste, zweite usw. Bestimmung des betreffenden Einzel-
päckchens angegeben war) ergab sich eine annähernd gleiche Treffer-
verteilung. P. S.' Leistung war also während der gesamten Versuchsreihe bemerkenswert gleichbleibend. (Der einzige Unterschied, den
wir feststellen konnten, war eine Verbesserung der Ergebnisse in Anwesenheit des Versuchsleiters, doch das läßt sich leicht aus psychologischen Gründen erklären, wie etwa einem größeren Selbstvertrauen und einer besseren Konzentration, mit der die Versuchsperson
in Anwesenheit des Versuchsleiters ihre Aufgabe in Angriff nahm.)

Beim Zusammenzählen der Treffer- und Fehlerzahl für die Einzel-
päckchen machten wir eine interessante Feststellung: Wir hatten
100 Päckchen mit zwei Partien à 10 Zetteln, die an jedem angebracht
waren. Wenn wir die zehn aufeinanderfolgenden Bestimmungen einer
Karte, wie sie auf diesen Zetteln aufgezeichnet waren (eine Partie für
Bestimmungen in Anwesenheit des Versuchsleiters, eine zweite für die
Arbeit zu Hause), als Einheit nahmen, bekamen wir 200 Gruppen von
je zehn aufeinanderfolgenden Bestimmungen für eine Karte, die sich
mit 200 Gruppen von zehn aufeinanderfolgenden Bestimmungen in
einem Durchgang der ersten Versuchsreihe vergleichen lassen (siehe
die Übersicht auf S. 96).

Wichtig ist der Unterschied zwischen diesen Gruppen, die hier verglichen werden: In der ersten Reihe hatten wir Gruppen von je zehn

aufeinanderfolgenden Bestimmungen der Versuchsperson, die während des Zeitraums gemacht wurden, in dem sie zehn Karten vorgelegt bekam. Im Unterschied dazu haben wir in der zweiten Reihe Gruppen von je zehn aufeinanderfolgenden Bestimmungen einer einzelnen Karte, die der Versuchsperson zehnmal nacheinander bei verschiedenen Gelegenheiten vorgelegt wurde.

Theoretisch müßte die Punktzahl der Treffer im Verhältnis zu den Fehlern in den Gruppen der zweiten Reihe ebenfalls binomisch verteilt sein. Doch war ihre tatsächlich beobachtete Verteilung völlig andersartig, was aus der Übersicht ersichtlich wird:

Punktzahlen Treffer zu Fehlern	0−10	1−9	2−8	3−7	4−6	5−5
Theoretische Verteilung	0	2	9	23	41	50
Tatsächlich beobachtete Verteilung	7	10	21	16	9	9

Punktzahlen Treffer zu Fehlern	6−4	7−3	8−2	9−1	10−0
Theoretische Verteilung	41	23	9	2	0
Tatsächlich beobachtete Verteilung	8	24	31	32	33

Es sei noch auf einen überraschenden Effekt aufmerksam gemacht, wenn es sich um Gruppen aufeinanderfolgender Bestimmungen einer Karte handelt: Die Zufallsergebnisse nahmen ab, während die extremen Ergebnisse häufiger wurden – und zwar sowohl Ergebnisse mit einem Vorherrschen von Treffern wie auch Ergebnisse mit einem Vorherrschen von Fehlern. Diese Beobachtung deutet darauf hin, daß die Versuchsperson die Tendenz hatte, die gleiche Bestimmung für jede Karte zu wiederholen – häufig ungeachtet dessen, ob die Bestimmungen richtig waren oder nicht. Doch wie können wir diese ungewöhnliche Verteilung erklären, die Zufallsergebnisse zurückdrängte (5−5) und extreme Ergebnisse begünstigte (10−0, 2−8 usw.)? Wie können wir die Tendenz der Versuchsperson erklären, systematisch auch Irrtümer zu wiederholen?

Natürlich kann das Anwachsen der über der Zufallserwartung liegenden Werte wegen des Wirksamwerdens von ASW erwartet werden. Erfolgreiche ASW-Leistungen steigern die Häufigkeit von über

der Zufallserwartung liegenden Werten. Das ließ sich in der ersten
Reihe beobachten (siehe die Übersicht auf S. 96). Aber das gleichzeitige Anwachsen der unter den Zufallsergebnissen bleibenden Werte
ergibt weitere Fragen. Erinnern wir uns daran, daß wir bei J. K. die
gleiche Tendenz beobachten konnten, gleiche Bestimmungen zu wiederholen, auch wenn sie unrichtig waren (siehe Seite 70).

Soweit neigten wir dazu, diese Tendenz sehr einfach zu erklären:
Während des Versuches hatte die Versuchsperson die numerierten
Päckchen in ihren Händen. Wir können vermuten, daß sie sich irgendwie ihrer früher gemachten Bestimmungen erinnerte und, wenn sie
beim nächsten Durchgang das gleiche Päckchen bekam, ganz einfach
die Farbe nannte, derer sie sich vom ersten Durchgang dieses Päckchens her erinnerte. Oder sie mochte irgendwelche anderen Anhaltspunkte außer den Ziffern gefunden haben.

Gewiß, wir versuchten, die mögliche Rolle der Erinnerung bei diesen Versuchen abzutaxieren. Bei verschiedenen Gelegenheiten baten
wir P. S., aus dem Gedächtnis seine vorhergehenden Bestimmungen
einzelner Päckchen wiederzugeben. Das Ergebnis zeigte, daß P. S. sich
nicht bewußt seiner früheren Bestimmungen entsinnen konnte. (Das
ist verständlich, da der Versuch so angelegt war, daß er die Rolle des
Gedächtnisses so weit wie möglich verringerte: Es waren 25 Päckchen,
die immer wieder zwischen den einzelnen Durchgängen gemischt und
damit der Versuchsperson in einer stets anderen Abfolge vorgelegt
wurden.)

So scheiterten unsere Bemühungen, einen Beweis für die Erklärung
durch eine Identifizierung mittels Sinneswahrnehmung plus Erinnerung zu finden. Doch obwohl die gewöhnliche psychologische Erklärung in diesem Spezialfall nicht ausreichte, bleibt die Tatsache,
daß P. S. den ganzen Versuch über sensoriellen Kontakt mit den
Päckchen hatte. Die Versuchsbedingungen gaben ihm zumindest die
theoretische Möglichkeit, sensoriell einzelne Päckchen zu erkennen,
und es gab keinen Weg, die Möglichkeit auszuschließen, daß er von
seinem Gedächtnis Gebrauch machte, wenn auch nur bei einigen
Gelegenheiten. In einer solchen Situation waren wir nicht berechtigt,
über irgendeine andere mögliche Bedeutung unserer seltsamen Beobachtung Spekulationen anzustellen. Doch sollten wir zu einem späteren Zeitpunkt eine bessere Erklärung finden.

Überlegungen von praktischer Bedeutung

Die offenkundige Stabilität von P. S.' Leistungen brachte uns erneut auf den Gedanken an die Möglichkeit einer praktischen Verwendung der ASW. Im Falle von P. S. würde die einfachste Art einer solchen Anwendung in der Identifizierung verborgener Zielobjekte bestehen.

Gewiß, die ASW ist noch nicht unter so perfekte Kontrolle gebracht worden, daß sie eine sichere Identifizierung in jedem Falle brachte. Im Gegenteil, P. S.' Leistung war, gemessen an den Normen der allgemeinen praktischen Kommunikation, sehr unvollkommen. Was P. S. in zuverlässiger Weise leisten konnte, ging bei seiner gewohnten Aufgabe nur wenig über die Zufallserwartung hinaus: Es waren nur etwa fünf bis zehn Prozent richtige Bestimmungen über dem Zufallsspegel von 50 Prozent.

Doch selbst eine vergleichsweise derart bescheidene Leistung würde kein unüberwindliches Hindernis für eine praktische Anwendung bieten, wenn diese Leistung stabil genug war. Vom Standpunkt der Informationstheorie aus bedeutet selbst eine nur wenig über der Zufallserwartung liegende Leistung der Versuchsperson die Übertragung eines gewissen Informationsbetrages; und in der Praxis der Kommunikation haben wir Mittel, selbst derart geringe Informationsbeträge zu konzentrieren, wenn die Notwendigkeit dazu besteht.

Ein einfaches Werkzeug zur Konzentrierung von Information besteht in der mehrfachen Wiederholung der Mitteilung. Wir hatten dieses Verfahren bereits mit einigem Erfolg in den Versuchen mit J. K. durchgeführt (Seite 66). Bei den Unterlagen dieser zweiten Reihe hatten wir Karten, die mehrmals nacheinander bestimmt worden waren, ein echtes Äquivalent zur Wiederholung von Mitteilungen in der Kommunikationstechnik. Daher können die Daten dieser Reihe uns zeigen, ob ein derartiges Verfahren in dieser Situation anwendbar ist.

Bei 2000 Einzelbestimmungen in der zweiten Serie hatten wir 1263 Treffer, also 63,1 Prozent. Dieser Prozentsatz bezeichnete zugleich den Zuverlässigkeitsgrad jeder Einzelbestimmung. Stellen wir uns nun vor (wobei wir unser Beispiel den Bedingungen der zweiten Serie anpassen), wir hätten 200 Karten, und jede von ihnen sei zehnmal mit diesem Leistungsgrad und -charakter bestimmt worden, und wir könnten an Hand der mehrheitlichen Bestimmungen unsere Schlüsse auf die Farbe der Karte ziehen, das heißt, wir könnten uns für die Farbe entscheiden, die die Versuchsperson häufiger nennt.

Wenn wir die Daten der Übersichtstafel auf Seite 101 nehmen (derart, daß wir alle Punktzahlen von 6–4 und besser und alle Punktzahlen von 4–6 und schlechter nehmen und die Punktzahlen 5–5 auslassen), bekommen wir 128 richtige und 63 falsche Bestimmungen (das heißt, 67,0 Prozent Treffer). Das ist schon eine Steigerung der Zuverlässigkeit, wenn auch nur eine geringfügige.

Wir könnten unsere Entscheidungen aber auch nur auf der Grundlage besonders hervorragender Mehrheiten treffen. Wenn wir nur Punktzahlen von 9–1 und besser (und 1–9 und schlechter) nehmen, können wir 65 richtige und 17 falsche Bestimmungen machen (wobei der Rest unentschieden bliebe). Das bedeutet 79,3 Prozent Treffer. Und wenn wir schließlich unsere Schlüsse nur auf Grund der Punktzahlen 10–0 und 0–10 ziehen, haben wir 33 richtige und sieben falsche Bestimmungen (82,5 Prozent Treffer).

Was können wir aus diesen Zahlen schließen? Zunächst einmal finden wir, daß zehn Wiederholungen unter Verwendung mehrheitlicher Bestimmungen die Zuverlässigkeit noch nicht in einem annehmbaren Maß gesteigert haben. Die reine Vermehrung der Anzahl der Bestimmungen ist offenbar sehr wenig wirksam und rechtfertigt nicht die auf sie verwandten Mühen. Zum zweiten: Es kann eine Verbesserung erzielt werden, wenn wir unsere Entscheidungen auf hervorragende Bestimmungsmehrheiten beschränken. Die Zuverlässigkeit der Entscheidung ist dann natürlich höher, jedoch auf Kosten einer gleichzeitigen drastischen Beschränkung der Zahl der Fälle, in denen eine Entscheidung möglich ist. Aber die wichtigste Entdeckung ist, daß uns – selbst wenn wir uns auf extremste Bestimmungsmehrheiten beschränken (10–0, 0–10) – immer noch eine ziemlich große Ungewißheit in unserer Entscheidung bleibt. Wir können auf diese Weise keine 100prozentige Zuverlässigkeit erreichen.

Man ist geneigt, das als fatal zu bezeichnen. Hier ist offenbar eine wiederholte Bestimmung weit weniger wirkungsvoll als in Fällen, in denen Einzelbestimmungen wirklich voneinander unabhängig sind. In unserem Falle macht die Tendenz, bei Verwendung der gleichen Karte gleichlautende Ansagen zu machen, auch wenn sie unrichtig sind (gleich, aus welchem Grunde), konsekutive Bestimmungen gleicher Karten voneinander abhängig und verwehrt unseren Bemühungen ernsthaft, die Zuverlässigkeit der Bestimmungen zu steigern. Dieser Behinderung kann man natürlich entgehen, wenn man darauf verzichtet, wiederholte Bestimmungen einer und derselben Karte machen zu lassen, wenn man statt dessen parallele Bestimmungen verschiedener Karten mit gleicher Information durchführen läßt (wie wir es bei dem Lottoversuch mit J. K. gemacht hatten). Doch dieses komplizierte Verfahren läßt sich nicht in allen Situationen anwenden.

Die Ideallösung bestünde darin, einen Weg zur Steigerung der Zuverlässigkeit jeder Einzelbestimmung zu finden. Leider ist dies eine schwierige Aufgabe, da sie weithin von der Persönlichkeit der Versuchsperson abhängt.

Weitere Versuche

Die Überlegungen über die Zuverlässigkeit, die von entschieden vorrangiger Bedeutung für jede noch so begrenzte praktische Anwendung von ASW sind, regten uns zu verschiedenen Voruntersuchungen an, bei denen wir weitere Information unter günstigen Bedingungen und mögliche Begrenzungen der ASW zu finden versuchten. Konkret stellten sich dabei hauptsächlich folgende Fragen:

(a) Wie wird P. S.' Leistung bei verschiedenen Farbkombinationen sein? (Wir könnten erwarten, daß einige Farben seine ASW stärker anregen als andere.)

(b) Könnten wir bestimmte grundlegende Begrenzungen im Wirken der ASW entdecken – zum Beispiel in Gestalt eines Informationsbeitrages, der pro Zeiteinheit empfangen werden kann? (Eine solche Begrenzung könnte die notorische Unzuverlässigkeit der ASW erklären. Daher kam es uns speziell darauf an festzustellen, ob und in welchem Umfang die Zuverlässigkeit einer Bestimmung von der dafür verwendeten Zeit abhängt.)

(c) Gibt es eine Größen- oder Intensitätsgrenze des Stimulus, unterhalb derer ASW nicht wirksam wird? (Diese Frage lief in der Praxis darauf hinaus festzustellen, wie ASW bei verschiedenen Abschattungen von Schwarz wirken würde, wenn man diese schrittweise zu Grau oder noch helleren Tönungen abschwächen würde.)

Versuch mit farbigen Karten

Um die Antwort auf die erste Frage zu finden, wandelten wir frühere Versuche ab, indem wir verschiedene Farbkombinationen verwendeten. Die ursprüngliche Versuchsanordnung mit zweifarbigen Karten in undurchsichtigen Umschlägen wurde beibehalten, doch anstatt nur schwarze und weiße Karten(-Seiten) zu verwenden, verglichen wir nun 25 verschiedene Farbkombinationen.

Wir wollten so viele Daten wie möglich zusammenbringen, und das bei möglichst geringem Zeitaufwand. Der Bedarf einer großen Datenmenge ist verständlich: Wir wollten genügend Daten zur Durchführung unserer Vergleiche haben. Doch darüber hinaus wollten wir erreichen, daß die Versuchsperson ihre Antworten so schnell wie möglich gab, in der Hoffnung, die Schnelligkeit, mit der die Antworten erfolgten, könnten uns einige Hinweise zur Beantwortung der zweiten Frage geben.

Das Versuchsverfahren wurde daher so angelegt, daß es eine schnelle Antwort gestattete. Der Versuchsleiter richtete hinter einem Schirm eine Serie von zehn undurchsichtigen Umschlägen mit zweifarbigen Karten her, mischte sie, um eine Zufallsabfolge zu garantieren, und gab sie P. S. in die Hand. Dabei wurde der Versuchsperson mitgeteilt, welche Farbkombination jeweils getestet wurde. Sie bekam die Anweisung, alle zehn Umschläge so schnell wie möglich und so sicher wie möglich durchzugehen. Sie begann, die Umschläge, einen nach dem andern, dem Versuchsleiter zu reichen und dabei immer jene Farbe zu nennen, die ihrer Ansicht nach auf der Oberseite liege. Der Versuchsleiter sortierte die Umschläge nach P. S.' Ansagen in zwei Stapel (einen für jede Farbe). Wenn P. S. die gesamte Serie von zehn Karten durchgegangen war, wurden die Umschläge geöffnet und die Treffer zusammengezählt. Dann nahm der Versuchsleiter die Karten aus ihren Umschlägen, ersetzte sie hinter einem Schirm durch andere Karten mit einer anderen Farbenkombination für den nächsten Durchgang (wobei die Farbenkombinationen nach einer Zufallsfolge gewechselt wurden). So genau wie möglich maßen wir den Zeitraum zwischen dem Augenblick, in dem P. S. die Umschläge in die Hand bekam, und dem Augenblick, in dem er die letzte Farbe nannte. (Wir verwendeten dabei eine Stoppuhr, die mit einer Genauigkeit bis zu 0,05 Sekunden arbeitete.)

Auf diese Weise wurden für jede Farbenkombination 100 Durch-gänge (= 1000 Einzelbestimmungen) durchgeführt. Die Ergebnisse sind in der folgenden Tafel zusammengefaßt.

Farbenkombination	Treffer	Fehler
weiß-schwarz	685	315
weiß-rot	750	250
weiß-blau	705	295
weiß-gelb	792	208
weiß-violett	701	299
weiß-orange	728	272
weiß-grün	845	155
schwarz-rot	591	409
schwarz-blau	668	332
schwarz-gelb	552	448
schwarz-violett	629	371
schwarz-grün	598	402
rot-blau	538	462
rot-gelb	569	431
rot-violett	656	344
rot-orange	579	421
rot-grün	725	275
blau-gelb	545	455
blau-violett	644	356
blau-orange	598	402
blau-grün	583	417
gelb-violett	615	385
gelb-orange	599	401
violett-orange	675	325
violett-grün	596	404

So bekamen wir bei insgesamt 25.000 Einzelbestimmungen 16.166 Treffer und 8.834 Fehler. Wie man sieht, wurde das beste Ergebnis mit der Kombination Weiß-Grün erzielt. Wir versuchten nicht, diese Unterschiede in den Ergebnissen mit verschiedenen Farben (die mög-licherweise einen psychologischen Grund haben) zu erklären, doch unter dem Eindruck dieses Ergebnisses haben wir nach und nach die Verwendung von Schwarz-Weiß-Karten aufgegeben. Statt dessen verwendeten wir bei späteren Versuchen systematisch Karten, die auf der einen Seite weiß, auf der anderen grün waren.

Parallel zu der oben beschriebenen Reihe führten wir 100 Durchgänge mit weiß-gelben Karten bei absoluter Dunkelheit durch. Die Kombination Weiß-Gelb wurde gewählt, weil diese Farben die ersten waren, die sich visuell nicht mehr unterscheiden ließen, wenn wir die Beleuchtung stufenweise dämpften. Sie schien daher am besten zur Erprobung der Schärfe von ASW bei Dunkelheit geeignet. Das Ergebnis des Versuches (686 Treffer bei 314 Fehlern) ließ den Schluß zu, daß die Beleuchtung unerheblich ist für das Wirken von ASW.

Untersuchung der Rolle der Zeit

Die Daten aus dem Versuch mit den farbigen Karten gaben uns Gelegenheit, unser zweites Problem anzugehen: Wie weit ist die Qualität der einzelnen Bestimmung von der für sie benötigten Dauer abhängig? In der Sprache der Informationstheorie könnten wir dies bezeichnen als die „Kanalkapazität des Übertragungskanals für den Informationsfluß bei ASW".

Wir hatten die Daten von insgesamt 2500 Durchgängen, die unter ziemlich gleichartigen Bedingungen durchgeführt waren. Die Treffer-Fehler-Punktzahl für diese Durchgänge variierte, was erkennen ließ, daß P. S. in verschiedenen Durchgängen verschiedene Beträge von Information gesammelt hatte. In Durchgängen mit der Punktzahl 10–0 identifizierte er alle Farben richtig und hat damit über sie soviel Information wie möglich aufgenommen; in Durchgängen mit den Punktzahlen 5–5 erzielte er überhaupt keine Information über die Testkarten. Die Frage lautete nun: Erforderte die Bestimmung bei Durchgängen mit einem hohen Betrag richtiger Information eine längere Zeit als die Bestimmung bei Durchgängen mit geringerer oder gar keiner Information? Stand der erzielte Informationsbetrag überhaupt in einem Verhältnis zur durchschnittlichen Dauer des Durchgangs?

Wir suchten die Antwort zu finden, indem wir den Zeitaufwand für Durchgänge mit verschiedenen Punktzahlen zusammenzählten. Das Ergebnis ist in der nächsten Übersichtstafel zusammengefaßt. In der linken Spalte stehen die Treffer-Fehler-Punktzahlen für die einzelnen Durchgänge; die zweite Spalte enthält die Anzahl der Fälle, in denen solche Punktzahlen in unseren Daten auftauchen; in der dritten Spalte findet sich die Gesamtsumme der für alle Durchgänge mit der betreffenden Punktzahl gemessenen Zeit; und schließlich geben die Zahlen in der vierten Spalte die Durchschnittsdauer der Einzeldurchgänge mit den betreffenden Punktzahlen an:

Punktzahl je Durchgang	Häufigkeit	Gesamtzeit der Durchgänge mit der betreffenden Punktzahl (in Sekunden)	Durchschnittsdauer des Einzeldurchganges zu je 10 Bestimmungen (in Sekunden)
10–0	85	975,35	11,47
9–1	216	2.508,1	11,61
8–2	406	4.779,95	11,77
7–3	548	6.719,55	12,26
6–4	532	6.627,35	12,46
5–5	393	4.876,3	12,41
4–6	202	2.531,55	12,53
3–7	92	1.136,4	12,35
2–8	21	267,9	12,76
1–9	5	64,2	12,84
0–10	–	–	–
Insgesamt	2.500	30.486,65	12,19

Der Überblick gestattet uns zwei interessante Beobachtungen: Zunächst können wir feststellen, daß die Häufigkeit, mit der die einzelnen Punktzahlen auftreten, eine glockenförmige Kurve ergibt, wie wir sie bereits bei Versuch I Rýzl-Rýzlova (siehe Übersichtstafel Seite 101) fanden. Diese Häufigkeitskurve entspricht der normalen Häufigkeitswahrscheinlichkeit mit einem in Richtung auf über die Zufallserwartung hinausgehende Werte verschobenen Durchschnitt (als Folge des Wirkens von ASW); das zeigt, daß P. S.' Leistung ziemlich gleichbleibend war.

Die zweite Entdeckung betrifft den Einfluß des Zeitfaktors. Wir können feststellen, daß die Zeit, die P. S. für seine Leistung benötigte, ziemlich gleichbleibend war und etwas weniger als eine Bestimmung pro Sekunde betrug (ein Durchgang von zehn Bestimmungen erforderte 11–12 Sekunden). Doch konnten wir nicht den erwarteten Zusammenhang zwischen einer längeren Dauer der Durchgänge und einem größeren Informationsgehalt entdecken. Erstaunlicherweise waren die Durchgänge mit den höchsten über der Zufallserwartung liegenden Punktzahlen gerade die kürzesten; die Durchschnittsdauer wuchs dann in Richtung auf die der Zufallserwartung entsprechenden Punktzahlen und war am längsten für Punktzahlen unter der Zufallserwartung.

Dieser Effekt stellt vermutlich ein sekundäres psychologisches Phänomen dar. P. S.' gesamte Reaktionszeit von annähernd 1,2 Sekunden je Einzelbestimmung schloß folgende Einzelhandlungen ein: (1) Bestimmung der Farbe durch ASW, (2) verbale Antwort, (3) Überreichung des Testgegenstandes an den Versuchsleiter und (4) Abnahme des nächsten Testgegenstandes von dem Stapel. Unter all diesen Einzelhandlungen konnten wir im Grunde nur bei der ersten (der eigentlichen Bestimmung) nach ASW-bedingten Begrenzungen suchen. Leider traten offenbar psychologische Gesetzmäßigkeiten, die die Reaktionszeiten bei den drei anderen Phasen bestimmten, allzusehr in den Vordergrund und gestatteten nicht festzustellen, ob einige von den Begrenzungen vorhanden waren, nach denen wir suchten. Verständlicherweise war P. S.' Reaktionszeit bei diesen verhaltensmäßigen Antworten in solchen Augenblicken länger, in denen er sich in für den Versuch ungünstigerer Stimmung befand. (Diese Erklärung paßt sehr gut zu dem Umstand, daß die längste Reaktionszeit bei den extrem negativen Punktzahlen auftrat, bei denen wir das Wirksamwerden des sogenannten „psi-missing-effect" annehmen können, der mit ungünstigen Dispositionen der Versuchsperson zusammenhängt.)*

Mit Sicherheit können wir nur schließen, daß wir bei unserer Versuchsanordnung nicht in der Lage waren, irgendwelche Kapazitätsbegrenzungen des Übertragungskanals für den Informationsfluß bei ASW festzustellen. Gibt es solche Begrenzungen wirklich, so müssen sie irgendwo oberhalb des Wertes von einer bit-pro-Sekunde liegen (was annähernd der Zeit für die Informationsbeschaffung in Durchgängen mit Punktzahlen von 10–0 entspricht). (Für eine konservativere Bewertung sei gesagt, daß der Gesamtbetrag der bei unserem Versuch mit den farbigen Karten übermittelten Information weit über 3000 bits betrug; das würde für die Informationsübertragung im Gesamtversuch eine Durchschnittsgeschwindigkeit von über .1 bits/ Sek. ergeben.)

---

* = psi-bedingte Fehler oder Irrtümer. Näheres darüber findet sich in M. Rýzls Werk *Parapsychologie,* erschienen im Ariston Verlag, Genf.

Diese Entdeckung ist von beträchtlichem praktischem Wert: Sie bedeutet, daß mit ASW zumindest dieses Maß von Informationsübermittlung erreichbar ist. Selbst wenn es vergleichsweise klein ist, können wir doch sagen, daß keine Grenze gefunden worden ist und wir begründete Hoffnung haben dürfen, daß sich der Betrag noch wesentlich steigern läßt. Doch selbst dieser geringe Betrag würde – wenn er zuverlässig bewältigt wird – die ASW für manche Bereiche praktischer Anwendung wirkungsvoll genug und vom ökonomischen Standpunkt aus durchaus annehmbar machen.

Abschwächungsversuch

Ziel des nächsten Versuches war es, P. S.' Leistung bei verschiedenen Grautönen zu untersuchen. Wenn wir, so hofften wir, schrittweise immer hellere Tönungen verwendeten, würden wir schließlich auf eine Tönung stoßen, die P. S. nicht mehr von Weiß unterscheiden könnte. Auf diese Weise versuchten wir eine Empfindlichkeitsschwelle der ASW zu entdecken.

Das Versuchsverfahren war im wesentlichen gleich wie das bei dem Versuch mit farbigen Karten. P. S. bekam einen Stapel von zehn Umschlägen mit Karten, reichte sie, einen nach dem andern, dem Versuchsleiter und nannte die Farbe. Diesen Bestimmungen entsprechend sortierte der Versuchsleiter die Umschläge in zwei Stapel und zählte nach jedem Durchgang die Anzahl der Treffer. Danach wurden die Karten aus den Umschlägen genommen, und hinter einem Schirm wurde ein neuer Satz Karten für den nächsten Durchgang hergerichtet.

Doch anstelle von Kombinationen verschiedener Farben verwendeten wir Karten, die auf der einen Seite weiß und auf der anderen Seite mit einer Lösung von chinesischer Tusche eingefärbt waren. Wir richteten sie her, indem wir Karten nahmen, die ursprünglich auf beiden Seiten weiß waren, und je eine Seite mit einer verdünnten Lösung chinesischer Tusche färbten. Die Verdünnung der zum Einfärben verwendeten Lösung wurde schrittweise gesteigert, so daß die schwarze Farbe der chinesischen Tusche schließlich immer heller wurde: gräulich, weißlich . . ., bis die im Höchstmaß verdünnte Lösung völlig farblos war. P. S. bekam den Auftrag, „schwarze" und „weiße" Seiten von Karten zu unterscheiden, bei denen die „schwarze"

Seite bisweilen mehr zu grau tendierte. Über so helle Tönungen, wie
wir sie schließlich verwendeten, wurde ihm nichts gesagt. Einfachheitshalber nannte er diese Seiten weiterhin „schwarz", auch wenn sie
in Wirklichkeit mehr grau oder fast weiß aussahen. Da die gefärbten
(„schwarzen") Seiten bei starker Verdünnung der Farblösung mit dem
Auge nicht mehr von weißen (nicht gefärbten) Seiten zu unterscheiden waren, markierten wir die weißen Seiten jeder Karte mit
einer kleinen Zahl, die die „weiße" Seite der Karte und den Grad der
Verdünnung der zur Färbung der anderen Seite verwendeten Lösung
angab. P. S. wurde nichts von diesen Kennziffern gesagt (er erwartete, wie gesagt, nicht so helle Tönungen, die solche Zeichen erforderten, um die beiden Seiten der Karten zu unterscheiden).

Zu den obengenannten wurden noch zwei Sätze Kontrollkarten eingeführt: Bei einem von ihnen waren die Karten auf der einen Seite
mit reinem destilliertem Wasser „gefärbt" und dann so getrocknet,
daß sie sich nicht mehr veränderten (abgesehen vielleicht von geringfügigen physikalisch-chemischen Änderungen in der Papierfaser, die
auf die zeitweilige Feuchtigkeit zurückzuführen waren). Die Karten
des zweiten Satzes waren überhaupt nicht behandelt; eine Seite jeder
Karte bekam jedoch eine Identifizierungsnummer, die anzeigte, daß
sie als „weiß" und die andere Seite als „schwarz" gelten solle. (Tatsächlich aber blieben also beide Seiten weiß.)

Mit beiden Kartensätzen wurden insgesamt 500 Durchgänge durchgeführt (das heißt 500 Einzelbestimmungen). Das Ergebnis ist auf
der folgenden Tafel festgehalten. (Mit fünf von den Kartensätzen
wurde der Test wiederholt, da wir herausfinden wollten, wie weit die
Ergebnisse unseres Versuches überhaupt wiederholbar waren; die Ergebnisse der Wiederholungsreihen sind in Klammern beigefügt.)

Ab-schat-tung	Lösungsver-hältnis der chin. Tusche	Optische Charakterist. der „schwarzen" Kartenseiten	Treffer	Fehler	Abweichung v. d. mittl. Zufalls-erwartung
1	1:2	schwarz	327	173	+ 77
2	1:4	sehr dunkles Grau	378	122	+ 128
3	1:8	dunkelgrau	402	98	+ 152
			(356)	(144)	+ (106)
4	1:20	grau	300	200	+ 50
			(319)	(181)	+ (69)

Ab-schat-tung	Lösungsver-hältnis der chin. Tusche	Optische Charakterist. der „schwarzen" Kartenseiten	Treffer	Fehler	Abweichung v. d mittl. Zufalls-erwartung
5	1:80	hellgrau	296	204	+ 46
6	1:200	weißlich grau	317	183	+ 67
7	1:2000	nur bei sehr hellem Licht von weiß zu unterscheiden	342	158	+ 92
8	$1:2\times10^4$	mit dem Auge nicht mehr v. weiß zu unterscheiden, aber noch leichte Grautönung	263	237	+ 13
9	$1:2\times10^5$	weiß, selbst die Lösung völlig farblos	382	118	+ 132
10	$1:2\times10^6$	weiß, selbst die Lösung völlig farblos	294 (303)	206 (197)	+ 44 + (53)
11	$1:2\times10^7$	weiß, selbst die Lösung völlig farblos	408 (375)	92 (125)	+ 158 + (125)
12	$1:10^9$	weiß, selbst die Lösung völlig farblos	361	139	+ 111
13		Nicht eingefärbte Karten; die „weiße" Seite nur mar-kiert mit einer kleinen Zahl	282 (288)	218 (212)	+ 32 + (38)
14		Karten mit reinem destillier-tem Wasser „eingefärbt"	379	121	+ 129
Insgesamt			6372	3128	+ 1622

Das Gesamtergebnis (6372 Treffer bei 9500 Einzelbestimmungen, 1622 über der mittleren Zufallserwartung) stellt einen voll aus-reichenden Beweis für das Wirken von ASW bei diesem Versuch dar. Doch das hatten wir nicht herausfinden wollen: für uns war vor allem die letzte Spalte der Tabelle wichtig. Wir erwarteten, daß die ASW

bei schwächeren Lösungen annähernd gleichbleibend wirken und
dann plötzlich oder allmählich nachlassen werde, wenn eine bestimmte Grenze der Verdünnung erreicht war. Das würde den annähernd gleichartigen, über der Zufallserwartung liegenden Ergebnissen im oberen Teil der Spalte entsprechen, die dann an einem
bestimmten Punkt, der einer gewissen Grenze der Verdünnung entsprach, in ein Zufallsergebnis übergehen würden.

Statt dessen bildete das Ergebnis eine vollständige Überraschung.
Wir stellten fest, daß die ASW bei allen Verdünnungsgraden (sogar
bei destilliertem Wasser!) wirkte, jedoch mit unregelmäßigen Variationen. Diese Variationen schienen von unserer Hypothese aus un-
erklärlich, und dennoch schienen sie bleibend, so daß sie doch eine
Art von Regelmäßigkeit anzeigten. (Die Ziffern in Klammern und
die entsprechenden Ziffern der Hauptreihe waren ähnlich.)

Allgemein gesehen ergab das Muster der Ergebnisse für uns nicht
viel Sinn. Der einzige Schluß, der sich daraus sicher ziehen ließ, war,
daß wir keine Begrenzung der ASW entdecken konnten. Die seltsamen Variationen gaben (obwohl sie wiederholbar zu sein schienen!)
keinen Hinweis auf irgendeine gesetzmäßige Abhängigkeit von der
Intensität der Einfärbung der Karten. Erst später entdeckten wir, daß
diese seltsamen Beobachtungen sich im Lichte dessen erklären lassen,
was wir über die „Psychische Imprägnation" erkannten. Dieser Erklärung zufolge reagierte P. S. bei der Bestimmung der ihm wiederholt
vorgelegten Karten nicht auf ihre tatsächliche Farbe. Er reagierte vielmehr auf ihre „Psychische Imprägnation" (mental impregnation) mit
den Begriffen „Weiß" beziehungsweise „Schwarz". Im Falle einiger
Karten war sie stärker, im Falle anderer schwächer, jedoch unabhängig (das erklärt die Unregelmäßigkeit im Ergebnismuster) von der
jeweiligen Verdünnung. Sie blieb an den Karten „haften", wenn die
Versuchsreihe wiederholt wurde (das erklärt die Persistenz des
Musters).

Zur Zeit des Versuchs interessierte uns nur die Erfassung und der
Vergleich der Gesamtergebnisse bei den jeweils verschiedenen Versuchsbedingungen. Die Art unserer Aufzeichnungen gestattete uns
nicht, die Abfolge der Bestimmungen der Versuchsperson bei jeder
einzelnen Karte getrennt zu rekonstruieren (was für die Entdeckung
der „Psychischen Imprägnation" wesentlich wäre). Wir hielten für
gesichert, daß jede wiederholte Vorlage derselben Karte – sofern

tatsächlich alle störenden Anhaltspunkte für Sinneswahrnehmungen sorgfältig genug ausgeschaltet waren –, eine neue und unabhängige Aufgabe bildet. Diese Annahme ist berechtigt bei der Erforschung normaler Sinneswahrnehmung, erwies sich aber als falsch bei ASW. Zu der Zeit, als der Versuch mit verdünnter Farbe geplant und durchgeführt wurde, konnten wir von diesem Umstand keine Kenntnis haben. Daher war – der Leser hat das sicher bemerkt – unsere Versuchsplanung noch einigermaßen unsicher und tastend. So etwas kann bei einer neuen Wissenschaft natürlich nicht vermieden werden, wenn damit begonnen wird, die ersten Gesetze unbekannter Phänomene zu erforschen. Andere Naturwissenschaften, wie etwa die Physik und die Chemie, sind in mancher Hinsicht weit darüber hinaus, aber die ASW-Forschung steht heute noch vor Problemen, vor denen andere Wissenschaften vor vielen Jahren, Jahrzehnten oder gar Jahrhunderten gestanden haben. So primitiv indessen diese frühen Erforschungsbemühungen gewesen sein mögen – eine bedeutende Tatsache dürfen wir nicht übersehen: Die einzigartige Stabilität und Wiederholbarkeit von P. S.' Leistung ermöglichte es, die Versuchsbedingungen geplant abzuwandeln, je nach den Erfordernissen eines spezifischen Forschungszieles und entsprechend dem Problem, das wir gelöst haben wollten. Wir konnten uns darauf verlassen, daß die ASW auftreten würde, und durch Änderung der Versuchsbedingungen stellten wir Fragen nach den Gesetzmäßigkeiten ihres Wirkens. Dadurch gelangten wir zumindest in die Lage, bei der Erforschung der ASW gleich gezielt mit Versuchen arbeiten zu können, wie das für andere Naturwissenschaften typisch ist.

Ein ASW-Kommunikationsmodell

Ihrer Eigenarten wegen ist die ASW geradezu vorausbestimmt als praktisch anwendbares Mittel zu Informationsgewinn und Informationsübertragung – vor allem für solche Informationen, die wir auf normalem Wege nicht erhalten können. Sie kann zur Ermittlung von Ereignissen und Handlungen in der Außenwelt ebenso wie zum Empfang künstlicher Signale als Nachrichtenträger auftreten.

Doch bisher war ASW aufgrund ihrer mangelnden Zuverlässigkeit in der Praxis noch nicht in weiterem Umfang einsetzbar. Sie war nicht nur allgemein sehr unstabil in ihrem Wirken, sondern auch sehr wenig zuverlässig. Gewiß sind Fälle registriert, bei denen manche komplexe Informationen exakt empfangen wurden (zum Beispiel bei verschiedenen Versuchen mit spontaner ASW oder bei Versuchen vom Typ der „wandernden ASW"). Doch in der Regel bestand keine Sicherheit für die Richtigkeit der Information, solange sie nicht durch eine nachträgliche Verifizierung bestätigt war.

Aber Voraussetzung für eine praktische Anwendung ist, daß die Zuverlässigkeit des Wirkens so hoch angenommen werden kann, daß sie eine sichere Information garantiert, auf die man sich vor jeder nachträglichen Verifizierung und, wenn notwendig, auch ohne jede Verifizierung verlassen kann. Diese Bedingung war bei P. S. erfüllt. Als seine ASW-Fähigkeit entwickelt war, konnten wir uns darauf verlassen, daß er seine Normalleistung im ASW-Test zu jeder Zeit produzierte, wenn er dazu aufgefordert wurde.

Allerdings war die Qualität seiner Leistung keineswegs sensationell. (Hervorragend erschien sie nur, wenn man sie mit der anderer gegenwärtig verfügbarer Versuchspersonen für ASW verglich, deren Leistungen allgemein bedeutend schwächer sind.) Seine Fertigkeit beschränkte sich auf eine einzige Aufgabe: das Unterscheiden von zwei verschiedenen Farben auf Karten in undurchsichtigen Umschlägen. Und nicht einmal diese Aufgabe wurde immer vollkommen erfüllt. P. S. war unfähig, die richtige Identifizierung jedes Zielobjektes zu garantieren; seine ASW arbeitete auf einer statistischen Grundlage, die nur annähernd 10 Prozent richtige Identifizierungen über die Zufallserwartung hinaus ergab. Dieses Leistungsniveau (selbst in Perioden von Spitzenleistungen, wie bei Punktzahlen von 10–0, von denen auf Seite 109 die Rede ist), lag weit unter dem Wirkungsgrad anderer Sinne, speziell des Gesichts- oder Gehörsinnes.

Dennoch genügte die Zuverlässigkeit der Leistung von P. S., um einen Versuch zu ermöglichen, der – zum erstenmal in der Geschichte der Erforschung der ASW unter Laboratoriumsbedingungen – demonstrierte, daß ASW zu einem zuverlässigen Gewinn sonst nicht erreichbarer Information dienen kann und somit praktisch verwendbar ist. (Der in mancher Hinsicht ähnliche Versuch mit J. K. – siehe Seite 70 ff. – hat ihm gegenüber keine Priorität, da J. K. nicht die Gelegenheit hatte, zu zeigen, daß ihre Leistung wiederholbar war.)

Das Ziel des Versuches war, durch ASW eine Zahl zu bestimmen, die der Assistent durch Los ermittelt hatte. Diese Identifizierung sollte mit einer für einen praktischen Durchschnittsgebrauch hinreichenden Zuverlässigkeit erfolgen. Wir beschlossen, daß die zu übermittelnde Zahl dreistellig sein sollte; und um die Wiederholbarkeit der Bestimmung zu demonstrieren, sollte der Versuch fünfmal wiederholt werden. Die gesamte Aufgabe bestand daher in einer zuverlässigen Bestimmung fünf dreistelliger Zahlen.

Der Versuch begann damit, daß der Assistent die Zahl auswählte. Wegen der Eigenart seiner ASW konnte P. S. diese Zahl nicht direkt ermitteln. Die Information von dieser Zahl mußte zuerst in eine Form übertragen werden, die der Arbeitsweise angepaßt war, die P. S. gewohnt war: in eine Abfolge von zwei verschiedenen Farben von Karten, die in undurchsichtigen Umschlägen steckten. Daher übertrug der Assistent unter Verwendung eines Code, der ihm und dem Versuchsleiter bekannt war, die ausgewählte Zahl in eine Abfolge von zehn weißen oder grünen Kartenseiten. (Für die Bestimmung einer dreistelligen Zahl waren zehn Karten erforderlich; wir wählten die Farben Weiß und Grün, weil mit dieser Farbkombination bei dem Versuch mit farbigen Karten die besten Ergebnisse erzielt worden waren, vgl. Seite 107 f.)

Dann richtete der Assistent einen Satz von zehn (für eine spätere Identifizierung gekennzeichneten) Umschlägen her, die weiß-grüne Karten in einer Farbfolge enthielten, die unzweideutig die ausgewählte Zahl identifizierte. Er versiegelte sie und gab sie dem Versuchsleiter. Tatsächlich übermittelte der Assistent so dem Versuchsleiter die Zahl unter Verwendung der Abfolge der Farben auf der Oberseite der Karten in den undurchsichtigen Umschlägen als Übermittlungsschlüssel. Die Umschläge mit den Karten waren vollständig undurchsichtig und versiegelt, und die Farben der inliegenden Karten konnten unmöglich unter Verwendung von Sinneswahrnehmungen identifiziert werden. Doch bestimmte, wie gesagt, die Abfolge der Farben die Zahl, und der Versuchsleiter kannte den Code; damit war das Problem auf eine zuverlässige Identifizierung der Farben in allen Umschlägen mit Hilfe von ASW reduziert.

Da P. S. nicht fähig war, alle Farben zuverlässig zu bestimmen (seine Leistung war rein statistischen Charakters), verwendeten wir das allgemeinste Mittel zur Steigerung der Zuverlässigkeit: P. S. mußte die Farben mehrfach nacheinander bestimmen, und wir vertrauten darauf, daß wir durch Analyse aller seiner Einzelbestimmun-

gen für jeden einzelnen Umschlag in der Lage sein würden, die Farbe
der inliegenden Karte mit genügender Zuverlässigkeit herauszufinden.
Das Verfahren war grundlegend gleich dem bei den vorhergehenden Tests: P. S. wurde ein Satz von Umschlägen vorgelegt mit der
Aufforderung, die Farben auf den Oberseiten der inliegenden Karten
zu bestimmen. Der Versuchsleiter notierte seine Bestimmungen für
jeden Umschlag einzeln (unter Verwendung von Kennmarken zu
ihrer Unterscheidung). Wenn P. S. auf diese Weise alle Umschläge des
betreffenden Satzes durchgegangen war, mischte der Versuchsleiter sie
gründlich (zur Änderung ihrer Reihenfolge und um sicherzustellen,
daß P. S.' Erinnerungsspuren seine folgenden Bestimmungen nicht
beeinflußten) und legte sie P. S. abermals vor. Dieser Vorgang wurde
so lange wiederholt, bis die vorgeschriebene Anzahl von Wiederholungen erledigt war. (Die Grundeinheit für die Analyse bildeten
50 Bestimmungen je Umschlag.)

Bei der Konzipierung der Analyse konnten wir aus einigen Beobachtungen bei Versuch II Rýzl-Rýzlova (siehe Seite 97 ff.) unseren
Nutzen ziehen. Wir hatten dabei festgestellt, daß wegen einiger
seltsamer Eigenarten der ASW die wiederholte Bestimmung nicht so
wirksam für die Steigerung der Zuverlässigkeit ist, wie man allgemein annehmen würde; wir hielten es daher für notwendig, drei
besondere Sicherungen einzubauen:

Die erste, um uns die empirische Sicherheit der Beteiligung von
ASW am Zustandekommen der Daten zu geben. Zu diesem Zwecke
fügte der Versuchsleiter zu den „Testumschlägen" (die Umschläge,
die er vom Assistenten erhalten hatte und die die zu bestimmende
Ziffer mitteilten) eine Anzahl weiterer Umschläge mit weiß-grünen
Karten. Diese „Indexumschläge" sahen äußerlich genauso aus wie die
Testumschläge und wurden mit ihnen zusammen bestimmt. Nachdem
P. S. seine 50 Durchgänge absolviert hatte, wurden diese „Index-
umschläge" aber geöffnet und ihre Daten gesondert analysiert. Dadurch erhielten wir eine Information über die allgemeine Qualität von
P. S.' ASW, noch ehe wir irgendeine Schlußfolgerung aus den „Test-
umschlägen" gezogen hatten.

Die zweite Sicherung bestand in der Einführung spezifischer Krite-
rien für die Schlußfolgerungen aus unseren Daten (die zum größten
Teil aus unseren empirischen Erkenntnissen in dem Versuch Rýzl-
Rýzlova beruhten). Diese Kriterien waren im voraus formuliert

worden und dienten als feste Regeln, um gültige Schlußfolgerungen aus unseren Daten zu ziehen. Wir wußten zum Beispiel, daß die einfache Mehrheit der Bestimmungen bei einem Zielobjekt keine Grundlage für zuverlässige Schlußfolgerungen bietet. Daher beschlossen wir, daß unsere Schlußfolgerungen sich ausschließlich auf außerordentliche Bestimmungsmehrheiten stützen sollten. (So setzten wir zum Beispiel fest, daß bei 50 Bestimmungen für einen einzelnen Umschlag eine Punktzahl von 40–10 oder besser erforderlich sein sollte für die Entscheidung. War diese Punktzahl erreicht, so beschlossen wir, daß die inliegende Karte auf der Oberseite die Farbe trug, die die Versuchsperson am häufigsten genannt hatte; war diese Punktzahl nicht erreicht, so verschoben wir die Entscheidung, bis weitere Daten gegeben waren.) Außer der Forderung nach außergewöhnlichen Ansagemehrheiten achteten wir auch auf die Persistenz der Ergebnisse: Die Serie von 50 Bestimmungen je Umschlag wurde in fünf kleinere Einheiten von je zehn Bestimmungen pro Umschlag unterteilt. Dann stellten wir fest, ob jede dieser Gruppen für sich die gleiche Farbe anzeigte wie die Gesamtzahlen des Treffer-Fehler-Verhältnisses.

Und schließlich gebrauchten wir noch eine dritte Sicherung: Wir baten den Assistenten, die Zahl zweimal zu übermitteln – durch zwei getrennte Sätze von Umschlägen mit Karten; und wir achteten darauf, ob die Daten für die einander entsprechenden Umschläge einander bestätigten.

So wurden der Versuchsperson Umschläge mit inliegenden Karten vorgelegt (Indexumschläge und der doppelte Satz von Testumschlägen), und sie machte in 50 Durchgängen insgesamt 50 Bestimmungen je Umschlag. Die Daten für die Indexumschläge wurden getrennt analysiert und bestätigten, daß wirklich ASW auftrat. Dann analysierten wir die Daten für die Testumschläge. Die Daten einiger der Testumschläge entsprachen den Kriterien, und wir konnten bestimmte Schlüsse auf die Farben der in ihnen liegenden Karten ziehen.

Die Umschläge, die für einen solchen Schluß nicht die Voraussetzungen boten, wurden mit neuen Indexumschlägen gemischt, und das Gesamtverfahren wurde wiederholt, bis die Daten für alle Umschläge den festgesetzten Kriterien entsprachen und wir auf die Farben ihrer Karten unseren Schluß ziehen konnten.

Auf diese Weise gelang es uns schließlich, mit Hilfe von ASW alle zehn Farben richtig zu bestimmen, die die ausgewählte Zahl verschlüsselten, und konnten, da wir den Code kannten, die Zahl selbst ermitteln. Der ganze Versuch wurde fünfmal wiederholt, und alle fünf dreistelligen Ziffern wurden auf diese Weise richtig identifiziert.

Durch diesen Versuch konnten wir den Nachweis erbringen, daß ASW für eine kontrollierte und zuverlässige Informationsgewinnung verwendbar ist. Besonders wichtig für eventuelle praktische Anwendung ist der Nachweis, daß wir künstliche Zeichen, mit denen die übermittelte Information verschlüsselt war, richtig identifizieren konnten. Das geschah unter Bedingungen, die uns (dank der Verwendung der oben beschriebenen Sicherungen) gestatteten, eine Garantie der Richtigkeit direkt aus unseren Versuchsdaten abzuleiten.

Unser Projekt war als typischer Versuch auf kurze Entfernung konzipiert (P. S. bestimmte Farben in Umschlägen, die innerhalb seiner physischen Reichweite lagen). Das war notwendig, weil wir uns an das Verfahren halten mußten, das wir auch sonst bei den Versuchen mit P. S. anwandten. Natürlich kann man von der ASW einen größeren praktischen Nutzen bei Anwendungen auf weite Abstände erwarten. Dabei werden sich vermutlich keine anderen Probleme ergeben als die, für gute ASW-Leistungen der Versuchsperson auch in anderen Versuchssituationen zu sorgen.

Wenn wir an mögliche praktische Anwendung denken, müssen wir uns natürlich klar darüber sein, daß die Leistungsfähigkeit der Informationsübermittlung in dem oben beschriebenen Versuch sehr unökonomisch war. Unser Ergebnis bestand in der Bestimmung von fünf dreistelligen Ziffern. Dazu war es erforderlich, 19.350 einzelne Farbansagen durchzuführen (von denen 11.978 Treffer und 7372 Fehler waren). Die durchschnittliche Geschwindigkeit betrug etwa 400 Bestimmungen pro Stunde, so daß allein das Zusammentragen der Daten an die 50 Stunden erforderte (unter Beteiligung von zwei Personen). Zu dieser reinen Versuchszeit kamen noch viele weitere Stunden Arbeit für die Analyse der Daten. Jedes kommerzielle Kommunikationssystem von derart geringer Leistungsfähigkeit würde notwendig als allzu unzulänglich betrachtet werden. Doch dürfen wir nicht vergessen: Unser Versuch war das erste derartige Projekt zur praktischen Verwendung von ASW, das je durchgeführt wurde.

Ein besonders bemerkenswerter Zug bei unserem Versuch war die Verwendung von festgelegten Kriterien, denen entsprochen sein mußte, bevor irgendein Schluß aus den Daten gezogen wurde. Die

Zuverlässigkeit jedes Rückschlusses hing von der Wahl dieser Kriterien ab. Wenn wir sie höher schraubten, konnten wir offenbar die Zuverlässigkeit unserer Schlußfolgerungen unbeschränkt steigern (natürlich um den Preis gesteigerter Anforderung an den Datenbetrag, der dazu zusammengetragen werden mußte); wenn andererseits der ökonomische Aspekt des Vorgangs das primäre Anliegen und ein geringerer Grad von Zuverlässigkeit annehmbar war, ließen die Kriterien sich modifizieren und irgendeinem spezifischen Erfordernis anpassen.

Der obige Versuch zeigte, daß sich die fundamentalen Grundsätze von Theorie und Praxis der Kommunikation durchaus auch auf unter Verwendung von ASW durchgeführte Projekte anwenden lassen. Das ist in sich schon eine wichtige Entdeckung – ungeachtet des unbestreitbaren Mangels an Leistungsfähigkeit jedes gegenwärtig denkbaren Projektes einer Kommunikation durch ASW. Doch haben wir Grund zu hoffen, daß der künftige Fortschritt die praktische Verwendung von ASW allmählich auch ökonomisch immer annehmbarer machen wird. Man braucht nur, meine ich, an den großen Unterschied zwischen den ersten schwerfälligen und wenig wirksamen Bemühungen der drahtlosen Kommunikation, die erst einige Jahrzehnte zurückliegen, und den heutigen fortschrittlichen Fernseh- und Radartechniken zu denken.

Ausländische Besucher

Die oben geschilderten Versuche hatten als erstes Ziel, Aufklärung über Eigenarten der ASW und über verschiedene Aspekte ihrer praktischen Anwendbarkeit zu geben. Doch die wissenschaftliche Welt war nicht bereit, die Dringlichkeit und Zeitgemäßheit dieser Probleme anzuerkennen. Statt dessen gab es immer noch Wissenschaftler, die an der Realität der ASW Zweifel hegten. Berichte über P. S.' Leistungen konnten keineswegs alle Zweifel der Skeptiker zerstreuen, sondern erregten selbst bei den wenigen, über alle Welt verstreuten Wissenschaftlern, die sich der ASW-Forschung widmeten, Zweifel. Sie hatten ASW als eine sehr schwer zu fassende Funktion betrachtet (was sie auch heute noch ist) und waren überrascht über die Behauptung, daß P. S. jederzeit auf Wunsch und beliebig wiederholbar seine ASW betätigen könne.

Das Interesse, das die ersten Berichte über P. S.' Leistung geweckt hatten, führte eine Anzahl ausländischer Besucher nach Prag. Sie wollten sich die ASW-Leistung unter strengen Versuchsbedingungen vorführen lassen, die alle denkbaren Sicherungen gegen Irrtümer durch mangelhafte Anlage des Versuches gewährleisteten. Sie wollten P. S.' Leistung unter Bedingungen beobachten, die mit Sicherheit alle nur denkbaren Möglichkeiten einer Beteiligung von Sinneswahrnehmung, rationalem Schlußfolgern beziehungsweise Neigungen und Tendenzen bei der Auswertung der Ergebnisse ausschlossen (wobei gerade der letztgenannte Punkt einen der Haupteinwände der Skeptiker gegen die ASW bildet). Der erste dieser ausländischen Besucher war Dr. J. G. Pratt vom früheren Parapsychologischen Laboratorium der Duke University; er besuchte Prag erstmals im Juni 1962.

Erste Bestätigung

Dr. Pratt wollte – das war die Hauptabsicht seines Besuches – Zeuge von P. S.' unter sorgfältig bestimmten Versuchsbedingungen zustande kommenden Leistungen sein. Die Anlage des Versuches war im wesentlichen die gleiche wie bei früheren Versuchen. P. S. hatte die Aufgabe, die Farben auf den Oberseiten von in undurchsichtigen Umschlägen verschlossenen Karten zu bestimmen. (Diesmal wurden zur Abwechslung Karten genommen, die auf der einen Seite weiß, auf der anderen gelb waren.)

Die Einhaltung aller Kontrollmaßnahmen bei einem exakt durchgeführten Versuch stellt immer beträchtliche Anforderungen an seine zeitliche Dauer. Wegen der durch Dr. Pratts Besuch gebotenen zeitlichen Beschränkungen bestand dieser Bestätigungsversuch aus nur 800 Einzelbestimmungen.

J. G. P. richtete in einem eigenen Raum einen Satz von zehn Umschlägen aus steifem, undurchsichtigem Papier her. In jeden legte er eine weiß-gelbe Karte derart, daß die Verteilung der Kartenseiten vom Zufall bestimmt war. Dann mischte er sie und brachte den Stapel Umschläge in den Versuchsraum. Er reichte sie M. R., der keine Möglichkeit hatte, die Abfolge der Farben in Erfahrung zu bringen. M. R. nahm einen Umschlag nach dem anderen von dem Stapel, und P. S. bekam den Auftrag, die Farbe der Oberseite jeder inliegenden Karte zu bestimmen. Dabei durfte P. S. die Umschläge nicht berühren. (Zu dieser Zeit war es schon nicht mehr notwendig, P. S. zu hypnotisieren, da er in einem Zustand arbeitete, der äußerlich dem normalen Wachzustand glich. Während des ganzen Versuches sprach er ungehemmt; es bedurfte nur einer kurzen „Konzentration" vor jedem neuen Durchgang, um ihn in den entsprechenden Bewußtseinszustand zu versetzen.) J. G. P. notierte P. S.' Angaben. Wenn P. S. den Durchgang von zehn Bestimmungen hinter sich hatte, öffneten M. R. und J. G. P. gemeinsam die Umschläge und prüften die Ergebnisse. Danach zog sich J. G. P. wieder in den anderen Raum zurück, mischte die Umschläge und änderte die Lage der Karten in der Hälfte von ihnen. Danach mischte er alle Umschläge erneut gründlich.

Während er die Hälfte der Karten in ihren Umschlägen umdrehte, achtete er darauf, daß kein besonderes Anzeichen auf der Außenseite der Umschläge P. S. als visueller Anhaltspunkt zur Bestimmung der richtigen Farbe beim nächsten Durchgang dienen konnte. Durch gründliches Mischen der Umschläge verhinderte er, daß er sich selbst entsann, in welchen Umschlägen die umgedrehten Karten lagen. Daher hatte auch er keine bewußte Kenntnis von der Lage der einzelnen Karten in ihren Umschlägen. Danach brachte J. G. P. den Stapel Umschläge wieder in den Versuchsraum, und der ganze Vorgang wurde wiederholt, bis die erforderliche Anzahl von 800 Einzelbestimmungen erreicht war.

Bei den 800 Bestimmungen notierten wir 452 Treffer (anstelle der 400 Treffer Zufallserwartung). Dieses Ergebnis war statistisch eindeutig signifikant (p $<$.001) und stellte eine erste Bestätigung von P. S.' ASW vor einem ausländischen Besucher dar.

Für den Nichtmathematiker bedeuten diese trockenen Zahlen wenig; und er findet nichts Sensationelles an diesen nur 52 über der mittleren Zufallserwartung liegenden Treffern. Was ihm jedoch wissenschaftliche Bedeutung und Gültigkeit verleiht, ist die mathematisch formulierte statistische Signifikanz dieses Ergebnisses und außerdem der Umstand, daß es auf Wunsch erzielt wurde. Für den Fachmann, der die bedeutsame Signifikanz erfaßte, die sich hinter trockenen Zahlen verbirgt, war der Eindruck dieser Demonstration bedeutend nachhaltiger: Gleich nach Abschluß des Versuches hatte Dr. Pratt nichts Eiligeres zu tun, als vom nächsten Postamt aus nach Hause zu telegraphieren, um seinen Kollegen die gute Nachricht mitzuteilen.

Wir erwähnten bereits, daß P. S.' ASW nur für eine einzige Aufgabe zuverlässig arbeitete: bei der Unterscheidung von zwei Farben auf Karten in undurchsichtigen Umschlägen. Der Versuch mit Doktor Pratt bestätigte diese Beschränkung: Parallel zu dem oben beschriebenen erfolgreich verlaufenen Versuch führte J. G. P. mit P. S. einen anderen, leicht abgewandelten Versuch durch, bei dem er Standard-ASW-Karten verwendete. Bei diesem Versuch, bei dem von vornherein nicht mit ASW gerechnet worden war, wurde nur ein Zufallsergebnis erzielt.

Zweite Bestätigung

Ein halbes Jahr später, im Januar/Februar 1963, kam Dr. Pratt erneut nach Prag. Die beiden ersten Tage seines zehntägigen Besuchs waren einem neuen Bestätigungsversuch gewidmet, der nachweisen sollte, wie weit P. S.' ASW-Leistung wiederholbar war.

Das Verfahren stimmte im Prinzip mit dem des vorhergehenden Versuchs (Rýzl-Pratt I) überein, bis auf den Umstand, daß diesmal Karten verwendet wurden, die auf der einen Seite grün, auf der anderen Seite weiß waren; ferner waren die einzelnen Durchgänge länger und bestanden aus je 20 Einzelbestimmungen. Um das Ergebnis mit dem des Versuchs Rýzl-Rýzlova I leichter vergleichbar zu machen, wurde der Umfang des Gesamtversuchs auf hundert Durchgänge, das heißt, auf 2000 Einzelbestimmungen festgelegt.

Anstatt der tausend Treffer, mit denen aufgrund der Zufallserwartung zu rechnen war, erreichte P. S. 1133 Treffer, also 133 über der Zufallserwartung. Das war wieder ein statistisch hochsignifikantes Ergebnis ($p = 10^{-8}$), das eine weitere Bestätigung für die Wiederholbarkeit der Leistung von P. S. gab. Es sei darauf aufmerksam gemacht, daß nicht allein die ASW-Leistung selbst, sondern auch ihr Umfang, soweit er sich durch die prozentuale Trefferzahl messen läßt, sehr genau wiederholt wurde (57,2 % Treffer bei dem Versuch Rýzl-Rýzlova I, 56,7 % Treffer bei dem Versuch Rýzl-Pratt II).

Dieses Ergebnis war überzeugend. Dennoch führten wir einige zusätzliche Kontrollanalysen an den Daten durch, um eine Art empirischen Test für die Anwendbarkeit der Wahrscheinlichkeitsrechnung auf einen solchen Fall zu erhalten:

(a) Die Zielobjekte eines bestimmten Durchgangs – T_n – wurden an Hand der Zielobjekte des folgenden Durchgangs T_{n+1} geprüft. Dadurch sollte festgestellt werden, ob die Methode zur Erreichung einer zufallsgemäßen Verteilung von Zielobjekten bei zwei aufeinanderfolgenden Durchgängen den Anforderungen entsprach. Das Ergebnis war: 1017 Übereinstimmungen.

(b) Die Zielobjekte eines bestimmten Durchgangs – T_n – wurden im Vergleich mit den Ansagen der Versuchsperson beim nächsten Durchgang – C_{n+1} – überprüft. Diese Gegenkontrolle konnte zeigen, ob die Zielobjekte eines Durchgangs die Abfolge der Ansagen der Versuchsperson beim folgenden Durchgang beeinflußten. Es ergaben sich 987 Übereinstimmungen.

(c) Die Ansagen des Durchgangs C_n wurden an Hand der Zielobjekte des folgenden Durchgangs – T_{n+1} – überprüft. Bei dieser Analyse, die prüfen sollte, ob die Versuchsperson nicht, während sie ihre Aufmerksamkeit auf die Karten eines bestimmten Durchgangs richtete, die Zielobjekte des folgenden Durchgangs vorhersagte, ergaben sich 1007 Übereinstimmungen.

Die Ergebnisse lagen bei all diesen Gegenproben – wie erwartet – im Bereich der wahrscheinlichen Zufallsvariation (Abweichungen: $+17$, -13, $+7$). Daraus ergibt sich eine weitere Bestätigung der Bedeutsamkeit des hochsignifikanten Ergebnisses, das bei diesem Versuch ermittelt wurde.

Das „Fokusphänomen" der ASW

Nachdem sich so die wunschgemäße Wiederholbarkeit von P. S.' ASW-Leistung erfolgreich bestätigt hatte, wurden die verbleibenden Tage des Besuchs von Dr. Pratt auf die Untersuchung des ASW-Vorganges selbst verwandt. Bei den letzten Versuchen mit P. S. hatten sich zwei wichtige Dinge herausgestellt, die besondere Aufmerksamkeit verdienten: das Ergebnis bei der gesicherten Identifizierung verborgengehaltener Zielobjekte (in dem Versuch, bei dem fünf dreistellige Ziffern bestimmt wurden [siehe Seite 117 ff.]) und die Beobachtung bei dem Versuch Rýzl-Rýzlova II, daß P. S. bei wiederholter Bestimmung einzelner Umschläge mit Karten die Tendenz zeigte, gleiche Bestimmungen anzusagen, unabhängig davon, ob sie richtig waren oder falsch (siehe Seite 101).

Vor allem die zweite der beiden genannten Eigentümlichkeiten verlangte eine nähere Untersuchung, da sie Einzelbestimmungen eines Zielobjektes untereinander abhängig machte. Dadurch aber wurden wiederholte Bestimmungen als Mittel der Informationskonzentration bei Versuchen zur Sicherung der Bestimmungen unwirksam. Wegen dieses Phänomens können überdurchschnittliche Bestimmungsmehrheiten auch mit falschen Bestimmungen erreicht werden. Wird es stark genug wirksam, so kann es die Brauchbarkeit des Kriteriums der überragenden Mehrheiten, das bei unserem Projekt der gesicherten Bestimmung wesentlich war, entscheidend beeinträchtigen.

Frühere Beobachtungen dieses Phänomens (bei J. K. ebenso wie bei P. S.) ließen nicht eindeutig erkennen, ob es sensorischer oder außersensorischer Natur ist. Beruhte es darauf, daß die Versuchsperson mit ihren Sinnen bestimmte Merkmale an der Oberfläche der Umschläge wahrnimmt, so würde es kein großes Problem darstellen, es durch geeignete Versuchsbedingungen auszuschalten. Wäre es dagegen außersensorischer Natur, so könnte es ernsthafte Komplikationen bei künftigen Bemühungen um Erzielung einer zuverlässigen Information durch ASW schaffen.

Die erste Frage lautete daher: Ist das Phänomen sensorischer oder außersensorischer Natur? Die Antwort war durch einen Versuch zu erhalten, bei dem Karten in undurchsichtigen Umschlägen wiederholt bestimmt wurden, und zwar unter Bedingungen, die jeden sensoriellen Kontakt der Versuchsperson mit den Umschlägen ausschließen würde. Das ließ sich erreichen, wenn die Umschläge mit den Karten P. S. hinter einem Schirm (wie bei dem Versuch Rýzl-Rýzlova I) oder, noch zweckdienlicher, in dickeren, undurchsichtigen äußeren Umschlägen vorgelegt wurden.

M. R. und J. G. P. richteten gemeinsam 20 Bestimmungskarten her: sie waren auf der einen Seite grün, auf der anderen Seite weiß und wurden in 20 undurchsichtige Umschläge gelegt (wir werden sie im weiteren einfach „Umschläge" nennen zur Unterscheidung von „äußeren Umhüllungen"). Diese Umschläge waren vollkommen undurchsichtig, versiegelt und auf beiden Seiten von gleichem Aussehen. Jede Seite jedes Umschlages war zum Zwecke späterer Identifizierung markiert. Die gemeinsame Herrichtung der Testkarten gestattete uns Maßnahmen, die sicherstellten, daß weder M. R. noch

J. G. P. die Lage und Verteilung und Farben in den Umschlägen kannten.

Die versiegelten, undurchsichtigen Umschläge mit den inliegenden Karten (die P. S. nicht zu sehen bekam) wurden in einer Zufallsordnung in 20 festere, undurchsichtige äußere Umhüllungen gesteckt. Mit dem Stapel der so verpackten Umschläge wurde der Versuch dann in der gleichen Weise wie bei den vorherigen Tests durchgeführt.

P. S. bekam die Aufgabe, durch ASW festzustellen, welche Farben die Oberseiten der Karten hatten, die in den undurchsichtigen, markierten Umschlägen lagen, die ihrerseits in undurchsichtigen äußeren Umhüllungen verschlossen waren. Er ging alle 20 verpackten Umschläge durch und bezeichnete die Farben. Seine Ansagen wurden notiert; wenn der Durchgang beendet war, wurden die äußeren Umhüllungen geöffnet und die Identifikationsmarken auf den jeweiligen Seiten der inneren Umschläge notiert. (Jede Seite des Umschlages wurde als eigenes Zielobjekt behandelt.) Zwischen den einzelnen Durchgängen wurde die Lage der Umschläge in den äußeren Umhüllungen zufallsgemäß verändert. Das geschah auf die übliche Weise, indem die Hälfte der Umschläge in ihren Umhüllungen umgedreht wurde. Natürlich blieben die Karten in den versiegelten Umschlägen während des ganzen Versuches unberührt. Der Versuch bestand aus 250 Durchgängen, so daß sich bei 20 Umschlägen je Durchgang insgesamt 5000 Einzelbestimmungen ergaben. Durch die Zufallsverteilung der Zielobjekte (die in ihren äußeren Umhüllungen zufallsgemäß umgedreht worden waren), gab es Unterschiede in der Häufigkeit, mit der die verschiedenen Seiten nach oben zu liegen kamen; doch betrug bei jeder Karte die Gesamtzahl der obenliegenden Seiten zusammen immer 250.

Die detaillierte Notierung aller Bestimmungen und der entsprechenden Umschlagseiten ermöglichte es, die ganze Abfolge der Bestimmungen bei jedem einzelnen Umschlag und jeder einzelnen Seite jedes Umschlages getrennt zu rekonstruieren. Als der Versuch beendet war, wurden die versiegelten Umschläge geöffnet und die Farben der jeweiligen Kartenseiten ebenfalls notiert. Es folgte die Zählung der Treffer, getrennt je Seite und Karte.

Die Gesamtanalyse der Karten ergab 2636 Treffer (136 über der mittleren Zufallserwartung). Dieses Ergebnis ist statistisch signifikant

(p <.0001) und stellt eine weitere Bestätigung der ASW bei P. S.'
Leistung dar.

Bedeutend interessanter aber waren die Ergebnisse der Analysen
bei den einzelnen Kartenseiten. Bei einigen wenigen Seiten blieben die
Ergebnisse im Bereich der Zufallserwartung, das heißt, bei Treffer-
Fehler-Verhältnissen von 55–56 oder 66–65. Andere Ergebnisse lagen
nur wenig über der Zufallserwartung. Doch ergaben sich ungewöhnlich viele Fälle von extremen Punktzahlen. Manche Seiten zeigten hoch
über der Zufallserwartung liegende Ergebnisse mit Punkten von
131–12, 104–18, 99–11, 112–28 usw. Andere lagen beträchtlich unter
der Zufallserwartung mit Punktzahlen von 25–97, 29–81, 41–90
und so weiter.

Dies Ergebnis war ein deutliches Anzeichen dafür, daß P. S. wieder
der Tendenz gefolgt war, gleiche Bestimmungen für gleiche Kartenseiten zu wiederholen. Doch geschah dies diesmal unter Bedingungen,
die klar nachwiesen, daß das Phänomen nicht von Sinneswahrnehmungen herrührte und daher außersinnlicher Art sein mußte.

Jede Kartenseite figurierte als getrennte Einheit, die von der
anderen Seite völlig unabhängig schien. So hatte zum Beispiel bei
jener Karte, bei der die eine Seite eine hoch über der Zufallserwartung liegende Punktzahl zeigte (131–12), die andere nur ein wenig
über der Zufallserwartung liegendes Ergebnis (Punktzahl 63–44). Bei
einer anderen Karte, bei der die eine Seite ebenfalls eine weit über
der Zufallserwartung liegende Punktzahl hatte (104–18), ergab die
andere ein leicht unter der Zufallserwartung liegendes Ergebnis. Und
bei einer weiteren Karte, bei der die eine Seite eine weit über der
Zufallserwartung liegende Punktzahl erzielte (112–28), zeigte die
andere Seite ein stark unter der Zufallserwartung bleibendes Ergebnis
(29–81). Hier gab es also keinen Hinweis für einen Zusammenhang:
Bei einigen Karten hatten beide Seiten ein über der Zufallserwartung
liegendes Ergebnis; bei anderen kamen beide Seiten der Zufallserwartung nahe; bei wieder anderen lagen beide Seiten unter der Zufallserwartung; und bei einer weiteren Gruppe bestanden beträchtliche
Unterschiede zwischen den Ergebnissen der beiden Seiten.

So war also offenbar das Phänomen nicht von der Farbe der zur
Bestimmung stehenden Seite abhängig. Ergebnisse, die weit über der
Zufallserwartung lagen, Zufallsergebnisse und weit unter der Zu-

fallserwartung liegende gab es sowohl im Falle von weißen wie von grünen Seiten.

Das häufige Auftreten von der Zufallserwartung abweichender Punktzahlen ließ erkennen, daß bei den Einzeldaten bedeutend mehr ASW wirksam war, als die Gesamtbewertung sichtbar zu machen imstande war. Extrem positive und extrem negative Punktzahlen glichen sich gegenseitig aus und brachten das Gesamtergebnis in die Nähe der Zufallserwartung. Eine kompliziertere und verfeinerte statistische Analyse, die die Ergebnisse je Kartenseite einzeln erfaßte, ergab für die Gesamtwahrscheinlichkeit den Wert von $p < 10^{-38}$, der sich stark von dem p-Wert von annähernd . 0001 für die Gesamtpunktzahl abhebt.

Das Auftreten extremer Punktzahlen bei manchen Kartenseiten und das gleichzeitige Auftreten reiner Zufallsergebnisse bei anderen erweckte den Eindruck, als reizten bestimmte Kartenseiten aus irgendeinem Grund die ASW der Versuchsperson mehr als andere – mit anderen Worten: als konzentriere sich (engl. to focus) die ASW der Versuchsperson brennpunktartig auf bestimmte Karten beziehungsweise Kartenseiten. Aus diesem Eindruck ergab sich für uns die vorläufige Bezeichnung dieses Phänomens als „focusing effect – Fokuseffekt". Diese Bezeichnung ist natürlich nur ein bequemer, deskriptiver Arbeitsterminus, und wir sollten uns auf keinen Fall von ihr irreführen lassen. Denn diese Bezeichnung könnte an das Vorhandensein irgendeines Aktivierungsmechanismus beim eigentlichen Vorgang der ASW denken lassen, eines Mechanismus, der im wesentlichen von der Versuchsperson abhängt. Doch die spätere Untersuchung ergab, daß dieses Phänomen vielmehr von einzelnen Bestimmungskarten (oder richtiger: von einzelnen Kartenseiten) abhängt.

Ergebnisse, die bei diesem 500 Einzelbestimmungen umfassenden Versuch beobachtet wurden, deuteten darauf hin, daß die betreffenden Karten möglicherweise eine bestimmte Eigenschaft besaßen, die die Versuchsperson reizten, für einzelne Kartenseiten in aufeinanderfolgenden Durchgängen die gleiche Bestimmung zu wiederholen. Diese Eigenschaft hing nicht mit der Farbe der betreffenden Kartenseite zusammen, ebensowenig damit, ob die Versuchsperson sie richtig bestimmt hatte oder nicht. Letzten Endes schien das häufige Auftreten extremer Punktzahlen darauf hinzudeuten, daß die Eigenschaft der

130   *Versuche mit Herrn P. S.*

Karte, die für den Fokuseffekt verantwortlich war, vermutlich einen
stärkeren Anreiz für die ASW darstellte als die Farbe.

Das wichtigste Ergebnis des Versuchs war natürlich der Nachweis
des außersinnlichen Charakters des Phänomens. Damit gewann der
Fokuseffekt eine besondere Bedeutung, und es ließ sich nicht um-
gehen, ihn weiter zu erforschen. Die ersten Fragen zum Wesen dieses
Phänomens lauteten: Wie weit ist dieses Phänomen stabil? Ist es
wirklich an das Zielobjekt gebunden? Und wenn dies der Fall ist –
hängt es dann mit der Karte oder mit dem Umschlag zusammen? Übt
auch die äußere Umhüllung einen Einfluß darauf aus?

Erste Erforschung des Fokuseffektes

In dem Bemühen, Antworten auf diese Fragen zu finden, führten
wir eine Anzahl Versuche durch, in deren Verlauf die Zielobjekte
systematisch geändert wurden. Gab es eine Abhängigkeit des Phänomens von den Zielobjekten, dann müßte es sich ändern, wenn die
Zielobjekte geändert würden. So erwarteten wir es wenigstens.

Für diese Testreihe wählten wir vier Karten aus, die vorher bei
dem Versuch mit den 5000 Bestimmungen verwendet worden waren.
Mit zwei von diesen Karten waren bei dem genannten Versuch die
höchsten Punktzahlen erzielt worden. (Jede Karte hatte eine Seite,
bei der eine außergewöhnlich hohe Trefferzahl festgestellt worden
war, während die andere Seite ebenfalls eine – wenngleich weniger
hohe – Trefferzahl ergeben hatte.) Die beiden anderen Karten hatten
bei dem vorherigen Versuch mit den 5000 Bestimmungen Zufallsergebnisse gebracht. Bei einer von ihnen waren es Zufallsergebnisse
auf beiden Seiten; bei der anderen war es eine hohe Trefferzahl auf
der einen und eine hohe Fehlerzahl auf der anderen Seite, so daß
beide Punktzahlen einander ausglichen. Zu diesen vier Karten aus
dem früheren Versuch wurden vier neue, vorher noch nie verwendete
Karten hinzugefügt.

Diese acht Karten wurden dann in fünf aufeinanderfolgenden Versuchsreihen verwandt, bei denen sie wieder in versiegelte undurchsichtige, auf beiden Seiten zur Identifizierung markierte Umschläge
gelegt wurden, die ihrerseits wieder in undurchsichtige Hüllen gesteckt waren. Das Verfahren war gleich dem bei dem Versuch mit den
5000 Einzelbestimmungen, mit der Veränderung, daß die Durch-

gänge aus nur acht Bestimmungen bestanden und daß in jeder Versuchsreihe nur hundert Durchgänge stattfanden. (Das ergab hundert Bestimmungen für jede Karte; und beide Kartenseiten kamen annähernd gleich oft nach oben zu liegen, mit einer unvermeidlichen Zufallsvariation, die auf das Verfahren zur zufallsgemäßen Verteilung zurückzuführen ist.)

Es gab fünf solche Reihen je 100 Durchgänge; zwischen den einzelnen Reihen wurden die Karten in einer genau bestimmten Weise planmäßig gewechselt. Wir beobachteten die Änderungen in den Punktzahlen für die einzelnen Karten von einer Reihe zur anderen.

Die erste Reihe war nur eine Wiederholung des 5000-Bestimmungen-Versuches mit vier nicht gewechselten ausgewählten Karten und vier neuen. Die Absicht dabei war, die Stabilität des Phänomens zu untersuchen, das heißt, festzustellen, ob es überhaupt über diesen Versuch hinaus bestehen blieb. Es blieb bestehen: Zwei Kartenseiten mit auffallend hohen Trefferzahlen behielten hohe Trefferzahlen (mit nur geringfügigen Änderungen in den Punktverhältnissen; so erzielte zum Beispiel die Seite, die vorher die ganz außergewöhnlich hohe Trefferzahl hatte, eine nicht ganz so außergewöhnliche Trefferzahl; und eine Seite mit einer weniger außergewöhnlichen erreichte eine höchst außergewöhnliche Trefferzahl). Für die beiden Karten mit Zufallsergebnissen wurden wieder nur Zufallsergebnisse erzielt (nur die Unterschiede von Treffer- und Fehlerseite bei der einen von ihnen verschwanden; es waren also bei beiden Karten mit Zufallsergebnissen nunmehr beide Seiten auf der Zufallsebene).

Die große Überraschung war jedoch, daß die vier neuen Karten ebenso in ganz ausgeprägter Weise das Fokusphänomen zeigten. Zwei von ihnen blieben in der Nähe der Zufallserwartung; aber zwei andere zeigten ganz außergewöhnliche Ergebnisse nach der Trefferseite. (Ihre Punktverhältnisse zwischen Treffern und Fehlern betrugen – für jede Seite einzeln –: 47–9, 42–2; 54–5, 42–1.)

Somit zeigte diese Reihe 1, daß das Fokusphänomen eine recht stabile Eigenschaft des Zielobjektes ist und von einer Versuchsreihe zur anderen erhalten blieb, obwohl sie andererseits nicht völlig starr ist und sich im Laufe der Zeit ändern kann. Ferner konnten wir feststellen, daß das Phänomen nicht von der vorherigen Verwendung des Zielobjektes abhängt und auch bei völlig neuen Zielobjekten auftreten kann.

In Reihe 2 wurde die Rolle der äußeren Umhüllung untersucht. Es schien bisher durchaus möglich, daß einige der äußeren Umhüllungen das Phänomen hervorrufen konnten, indem sie irgendwie P. S.' Konzentration anregten. So hatten sie möglicherweise einige Eigenarten, die seine Aufmerksamkeit auf sie zogen und dieses oder jenes Zielobjekt für ihn „ansprechender" machten. Traf das zu, so war der Fokuseffekt ein weithin psychologisches Phänomen, das in erster Linie mit der Versuchsperson zusammenhängen mußte.

Daher wählten wir zwei Umschläge aus, die bei der ersten Versuchsreihe auffallend hohe Punktzahlen ergeben hatten, und steckten sie in Hüllen, in denen bei der ersten Versuchsreihe Umschläge mit reinen Zufallsergebnissen gesteckt hatten. Diese Umschläge mit den Zufallsergebnissen aus Versuchsreihe 1 wurden, umgekehrt, in die Hüllen gesteckt, in denen vorher die Umschläge mit den auffallend hohen Ergebnissen gesteckt hatten. Die so geänderten Zielobjekte wurden dann in Versuchsreihe 2 zusammen mit Umschlägen verwendet, die in ihren ursprünglichen Hüllen belassen waren.

Die in Versuchsreihe 2 notierten Ergebnisse zeigten, daß die Auswechslung der äußeren Hüllen keinerlei Auswirkung auf die Punktzahlen hatte. Alle Karten (sowohl diejenigen, die mit ihren Umschlägen in ihren Hüllen geblieben waren, als auch die anderen, deren Hüllen gewechselt worden waren) behielten ihre bisherigen Eigenarten und zeigten Ergebnisse, die denen in Versuchsreihe 1 erzielten sehr ähnlich waren. Die Schlußfolgerung lautete daher, daß die äußeren Hüllen beim Fokuseffekt keine Rolle spielen.

Die für das Phänomen verantwortliche Eigenschaft schien auf die Umschläge mit den Karten beschränkt. Die Untersuchung der Rolle der Umschläge und Karten war das Ziel der Versuchsreihe 3. Bevor sie begann, wurden einige Änderungen bei den Umschlägen und Karten vorgenommen. Zwei Umschläge mit besonders auffallenden Trefferzahlen wurden geöffnet, die Karten aus ihnen wurden herausgenommen und in zwei Umschläge gesteckt, die in Versuchsreihe 2 auf beiden Seiten Zufallsergebnisse gezeigt hatten. Die Karten aus diesen Umschlägen wurden in die Umschläge mit den hohen Trefferzahlen gelegt. Beim Umwechseln der Karten von einem Umschlag in den anderen achteten wir darauf, daß die grünen Seiten der Karten mit Zufallsergebnissen in den Umschlägen mit hohen Trefferzahlen nach der Umschlagseite hin zu liegen kamen, nach denen hin vorher

die weiße Seite der inliegenden Karte gelegen hatte, und die wir daher
bei mehrheitlich richtiger Bestimmung, der angesagten Farbe entsprechend, als „weiße" (Umschlag)seiten bezeichnet hatten. (Entsprechend wurden weiße Seiten von Zufallskarten nach der Umschlagseite hin gelegt, nach der hin vorher grüne Seiten mit Spitzenergebnissen gelegen hatten.)

Durch diese Auswechslungen sollten Zufallsseiten von Karten mit
Umschlägen mit Höchstergebnissen zusammengebracht werden, in
der Hoffnung, „erfolgreiche" Umschläge könnten den Erfolg auf die
inliegenden Karten übertragen. Zugleich wurden grüne Kartenseiten
mit den als weiß bezeichneten Umschlagseiten zusammengebracht
(und weiße Kartenseiten mit „grünen" Umschlagseiten). So wurden
also entgegengesetzte Farben zusammengebracht — wirkliche Farben
von Kartenseiten und imaginäre Farben von Umschlagseiten (entsprechend der Häufigkeit der Farbbestimmung, die die Versuchsperson für die betreffende Seite gegeben hatte). Dadurch sollte – für
den Fall, daß der Umschlag eine Wirkung zeigen würde – geprüft
werden, worin der Einfluß des Umschlages besteht: ob er Träger der
allgemeinen Treffertendenz ist (unabhängig von der Farbe) oder ob er
die Versuchsperson anregt, „weiß" beziehungsweise „grün" anzusagen.

Die Wirkung der Auswechslung der Karten in den Umschlägen
erwies sich als sehr eindrucksvoll. Die Karten mit Spitzenergebnissen,
die in Zufallsumschläge gelegt worden waren, behielten ihre Spitzen-
ergebnisse und erzielten in Versuchsreihe 3 wieder annähernd die
gleichen Punktzahlen, die sie in Versuchsreihe 2 erzielt hatten. Zufallskarten, die in Umschläge mit auffallenden Trefferergebnissen
gelegt worden waren, verwandelten sich in auffallende Fehlerkarten:
sie zeigten ungewöhnlich hohe Fehlerzahlen auf beiden Seiten. Damit
war offenkundig, daß die Punktzahlen von den Umschlägen beeinflußt wurden und daß die Versuchsperson weiterhin die Farbe ansagte, die sie für jede einzelne Seite des Umschlages anzusagen gewohnt war – ungeachtet dessen, daß für die Karte, die der Umschlag
jetzt enthielt, ihre Aussage falsch wurde. (Der Leser wird sich gewiß
erinnern, daß diese Umschläge bestimmt wurden, während sie in undurchsichtigen äußeren Hüllen steckten; daher ist der Verdacht
gegenstandslos, daß dieser Effekt von sensorischen Anhaltspunkten
herrührt.)

Das war eine wichtige Entdeckung. Sie deutete darauf hin, daß die Eigenschaft, deren Trägerin einzelne Umschlagseiten waren, nicht in einem Anreiz zu „Treffer-Ansagen" bestand, sondern in einem Anreiz zur Ansage von „Grün" und „Weiß", ohne Rücksicht darauf, ob es richtig oder falsch war.

Vor der vierten Versuchsreihe wurde mit den Zielobjekten eine weitere tiefgreifende Änderung vorgenommen: bei vier von ihnen wurden die Karten in ihren Umschlägen umgedreht. Drei davon hatten ursprünglich für beide Seiten außerordentlich hohe Treffer-zahlen erzielt. Beim vierten Umschlag handelte es sich um eine Seite mit einer geringen Trefferzahl, die andere mit einer geringen Fehler-zahl. Die übrigen vier Umschläge blieben unverändert.

Die Wirkung der Umkehrung der Karten war groß. Die unberührt gebliebenen Umschläge behielten ihre bisherigen Eigenschaften und ergaben Punktzahlen, die denen der dritten Versuchsreihe sehr ähnlich waren. Die Punktzahlen der umgedrehten Karten aber änderten sich stark. Alle Umschläge, die bis dahin Treffer gezeigt hatten, näherten sich mehr oder weniger der Zufallserwartung. Das Bild war völlig deutlich: Nachdem die Karte umgedreht worden war, kam die grüne Seite jeder Karte (die bis dahin Spitzenwerte an Tref-fern gezeigt hatte) nach der Seite des Umschlages hin zu liegen, die vorher als „weiß" bestimmt worden war (und ebenfalls besonders hohe Trefferwerte gezeigt hatte). Nun hoben die Tendenz der Karte zu „Grün-Ansagen" anzuregen und die Tendenz des Umschlages zu „Weiß-Ansagen" anzuregen sich gegenseitig auf, und es ergaben sich Zufallswerte. (Die gleiche Wirkung trat natürlich ein bei weißen Kartenseiten und imaginär „grünen" Umschlagseiten.)

Aus diesem Ergebnis geht deutlich hervor, daß die Einflüsse der Karten und Umschläge annähernd additiv wirkten. Dieser additive Charakter wurde noch deutlicher sichtbar bei jener Karte, bei der die grüne Seite (in Versuchsreihe 3) eine geringe Trefferzahl (23 grün zu 18 weiß) ergeben hatte und die weiße Seite eine Fehlerzahl von 16 Weiß- zu 43 Grünansagen. Nachdem sie umgedreht worden war, kam die „Grün-Seite" (Fehler) des Umschlages mit der Grünseite der Karte (geringe Trefferzahl) zusammen; das Ergebnis war eine hohe Trefferzahl für diese Seite in Versuchsreihe 4:43 grün zu 6 weiß.

Die fünfte und letzte Versuchsreihe stellte nur eine Wiederholung von Reihe 4 ohne Veränderung der Zielobjekte dar. Dabei sollte noch einmal die Stabilität der Eigenschaften der einzelnen Zielobjekte untersucht werden. Mit nur einer Ausnahme waren alle Punktzahlen in dieser Versuchsreihe den in der vierten Versuchsreihe erzielten außerordentlich ähnlich. Bemerkenswert ist besonders, daß die Eigenschaften, die in den vorhergehenden Reihen 3 und 4 (infolge der Änderungen an den Zielobjekten) angenommen waren, in Reihe 5 blieben und sich als recht stabil erwiesen.

Unsere ersten Entdeckungen zum Fokuseffekt lassen sich folgendermaßen zusammenfassen: Was die Versuchsperson zu spezifischen Bestimmungen veranlaßt, ist diese Eigenschaft und nicht eine „Treffer"- oder „Fehler"-Tendenz allgemein. Auf Grund dieser Eigenschaft können Zielobjekte, die, vom Standpunkt der Sinneswahrnehmung aus betrachtet, gleich erscheinen, vom Standpunkt ihrer ASW-Charakteristika aus stark voneinander verschieden sein. Diese Eigenart hängt mit den Einzelseiten der Karten und Umschläge zusammen und wirkt, wenn verschiedene Seiten zusammengebracht werden, im allgemeinen auf additiver Grundlage. Diese Eigenschaft findet sich ebenso bei neuen Zielobjekten, die vorher noch nie verwendet worden sind. Sie ist ziemlich stabil, kann aber doch gelegentlichen Änderungen unterworfen sein. Diese veränderten Eigenschaften tendieren dahin, fortan stabile Charakteristika des Zielobjektes zu werden.

Weitere Forschungen

Die ersten vorläufigen Erkenntnisse warfen eine Anzahl weiterer Fragen nach Wesen, Eigenschaft und Bedeutung des Fokusphänomens auf. Für einige dieser Fragen wurden in einer anderen Versuchsreihe Antworten gefunden. Dabei wurde dasselbe Verfahren angewandt wie bei der ersten Erforschung des Phänomens (Seite 130 ff.): Eine Serie in undurchsichtigen Umschlägen liegender Karten wurde wiederholt in undurchsichtige Hüllen gesteckt und P. S. zur Bestimmung vorgelegt.

Die einzelne Versuchsreihe bestand dabei in der Regel aus hundert Durchgängen. Zwischen den einzelnen Durchgängen drehten wir (um eine zufallsgemäße Verteilung bei den Zielobjekten zu gewährleisten) die Hälfte der Umschläge in ihren Hüllen um und wechselten zwischen den einzelnen Versuchsreihen die Umschläge in der schon beschriebenen Weise aus. Danach wurde die Eigenart der Punktverteilungen registriert, die bei der nächsten Versuchsreihe infolge dieser Änderungen an den Zielobjekten auftrat.

Zu dieser Zeit – im Jahre 1963 – hielten wir die „focusing property" (die Eigenschaft der Zielobjekte, die den Fokuseffekt auslöst) noch für statisch. Wir nahmen an, es handle sich dabei um eine bleibende, sich nur wenig ändernde Eigenschaft der einzelnen Komponenten des Zielobjektes, und wir entdeckten sie an Hand der Gesamtpunktzahlen bei Reihen von wiederholten Bestimmungen. Erst einige Zeit später (Seite 150 ff.) erkannten wir, daß diese Auffassung nicht völlig richtig war und daß die „focusing property" dynamischen Charakters ist, daß sie sich selbst im Verlauf der Versuchsreihen ändern kann, und daß daher die Gesamtpunktzahlen nicht den besten Weg darstellen, um diesem Phänomen auf die Spur zu kommen. Dennoch waren wir trotz dieser Unvollkommenheiten in der Lage, vorläufige Antworten auf eine Anzahl wichtiger Fragen zu geben.

Eine von ihnen betraf die theoretische Möglichkeit, daß das Phänomen – allem Anschein widersprechend – doch von irgendwelchen physikalischen Eigenschaften der Bestimmungsobjekte abhängen könnte. So wäre es etwa möglich gewesen, daß P. S. mit Hilfe seiner ASW die Markierungen auf den Umschlägen erkannt und sie in seinem Gedächtnis mit spezifischen Antworten assoziiert hätte. Diese Theorie paßte nicht zu dem allgemeinen Charakter von P. S.' ASW-Leistung (die gute Ergebnisse mit Farben ergab, niemals aber mit Buchstaben, Zahlen und anderen Symbolen). Dennoch untersuchten wir auch diese Möglichkeit experimentell.

Wir wechselten insgeheim die Markierungen auf den Umschlägen aus: Umschläge und inliegende Karten blieben unberührt, aber die Markierungen ihrer Seiten wurden ausgewechselt. Danach ergab sich keine Änderung in den Punktzahlen. In der folgenden Versuchsreihe ergaben sich für die verschiedenen Seiten (obwohl sie in umgekehrter Reihenfolge markiert waren) die gleichen Typen von Punktkombinationen wie vor dieser Änderung. Das Ergebnis bestätigte unsere Auffassung, daß das Phänomen, das wir untersuchten, nicht von physikalischen Identifizierungsmarken auf den Umschlägen abhing.

Eine weitere Änderung an den Zielobjekten sollte zeigen, ob die Umschläge wirklich Träger der Eigenschaft waren, die zu bestimmten Antworten reizten, und ob es möglich war, diese Eigenschaft an ihnen allein festzustellen. In einer Versuchsreihe von 200 Durchgängen ergaben zwei Zielobjekte außerordentlich hohe Trefferzahlen für beide Seiten: insgesamt 365 Treffer auf 35 Fehler. Ohne P. S. von einer Änderung an den Zielobjekten in Kenntnis zu setzen, öffneten wir die Umschläge, nahmen die Karten heraus und versiegelten die leeren Umschläge wieder. Bei der nächsten Versuchsreihe wurden diese leeren Umschläge P. S. in einer Reihe anderer Umschläge mit Karten zur Bestimmung vorgelegt, als sei nichts an ihnen geändert worden. Die Punktzahlen für beide Umschläge zeigten, daß wirklich sie die erwarteten Antworten provozierten – obwohl, wie wir erwartet hatten, ihre Reiztendenz geschwächt war.

Die Gesamtpunktzahl für die leeren Umschläge (immer bezogen auf die Farbe, die auf den einzelnen Umschlagseiten erwartet wurden) betrug 240 Treffer zu 160 Fehlern. Dieses Ergebnis war statistisch signifikant ($p < .0001$) und zeigte, daß die leeren Umschläge wirklich Träger einer Tendenz waren, zu bestimmten Antworten zu reizen, die als Residuum der vorausgehenden Tendenz der Gesamtkombination von Umschlag und Karte anhafteten.

Das nächste Forschungsprojekt zeigte eine entschieden praktische Bedeutung. Erkenntnisse aus vorhergehenden Untersuchungen deuteten darauf hin, daß vom Standpunkt des Fokuseffektes aus einzelne Zielobjekte (1) sich wie getrennte Einheiten verhalten, die von anderen Zielobjekten unabhängig sind, und (2) die Tendenz zeigen, in nachfolgenden Versuchsreihen die Eigenschaften beizubehalten, die zu bestimmten Antworten reizen.

Diese Erkenntnisse legten ein Verfahren nahe, das zu einer gesteigerten Kontrolle über die ASW führen konnte – nämlich eine Auswahl von Zielobjekten, die erfahrungsgemäß besonders stark zu richtigen Farbbestimmungen reizen, und ihre Verwendung in der nächsten Versuchsreihe in der Hoffnung, daß sie ihre starke Treffer-Tendenz beibehalten und mehr außergewöhnlich hohe Punktzahlen ergeben würden als andere Objekte. Daher führten wir einen Versuch durch, der speziell zeigen sollte, wie solche ausgewählten Karten sich bei späteren Tests auswirken würden.

Wir nahmen die üblichen acht weiß-grünen Karten in undurchsichtigen Umschlägen und führten mit ihnen, nach dem gleichen Verfahren wie vorher, hundert Durchgänge aus. Die Karten ergaben folgende Gesamtpunktzahlen aus Treffern und Fehlern (dabei würden die Punktzahlen für beide Kartenseiten addiert): 95–5, 88–12, 74–26, 73–27, 70–30, 68–32, 62–38, 47–53, das bedeutet, aufs Ganze gesehen, eine Punktzahl von 577 Treffern zu 223 Fehlern.

Zu den ersten vier Karten, die vorher überragende Trefferergebnisse erzielt hatten (mit einer Gesamtpunktzahl von 330 Treffern zu 70 Fehlern), wurden vier neue Karten hinzugefügt. Diese acht Karten in undurchsichtigen Umschlägen bildeten, als Serie A, einen Kartensatz. In derselben Weise bildeten die restlichen vier Karten mit zufallsnahen Ergebnissen (das heißt, einer Gesamtpunktzahl von 247 Treffern zu 173 Fehlern) zusammen mit vier hinzugefügten neuen Karten einen Kartensatz, Serie B. Dann wiederholten wir den Versuch nach dem üblichen Verfahren. (Ein Satz von acht Karten in undurchsichtigen Umschlägen, von denen die Hälfte zwischen den einzelnen Durchgängen in Zufallsfolge umgedreht wurde.) Wir nahmen für die einzelnen Durchgänge abwechselnd Karten der Serie A und der Serie B, bis wir mit beiden Serien zusammen 100 Durchgänge ausgeführt hatten. Dann zählten wir die Punktzahlen für Karten mit „Spitzenergebnissen", mit „zufallsnahen" Ergebnissen und die für „neue" Karten getrennt zusammen. Diese Ergebnisse sind in der folgenden Übersichtstafel zusammengefaßt:

		Punktzahlen Treffer – Fehler
Serie A	Ausgesuchte Karten mit Spitzenwerten von 330–70 Punkten insgesamt vor der Auswahl	297 – 103
	Neue Karten	247 – 153
	Insgesamt für Serie A	544 – 256
Serie B	Restliche Karten mit zufallsnahen Werten und einer Gesamtpunktzahl von 247–153	236 – 164
	Neue Karten	295 – 105
	Insgesamt für Serie B	531 – 269

Wir ersehen aus der Tabelle, daß unsere Erwartungen hinsichtlich der ausgesuchten Karten bestätigt wurden. Ausgesuchte Karten mit

Spitzenwerten behielten auch in Serie A hervorragende Ergebnisse (wenn auch mit einer etwas weniger eindrucksvollen Punktzahl), und Karten mit ursprünglich zufallsnahen Ergebnissen zeigten auch in Serie B zufallsnahe Punktzahlen.

Überraschend war das Ergebnis im Falle der neuen Karten: Für diejenigen von ihnen, die mit Karten höchster Ergebnisse einen Satz bildeten, ergaben sich zufallsnahe Punktzahlen; und für die in einem Satz mit Karten mit zufallsnahen Ergebnissen zusammengefaßten ergaben sich außerordentlich hohe Punktzahlen. Dieses Ergebnis könnte darauf hinweisen, daß Einzelkarten nicht absolut voneinander unabhängig sind, daß aber ihre Eigenschaften (oder zumindest die Reaktionen der Versuchspersonen auf sie) von anderen Karten des Satzes mit abhängen können. Interessant ist auch, daß die Punktzahlen für neue Karten so waren, daß sie die Gesamtpunktzahlen für jeden Kartensatz auf annähernd gleiche Höhe (544–256 und 531–269) und sehr in die Nähe von P. S.' Normalleistung brachten, die sich in der vorhergehenden globalen Punktzahl von 577–223 ausdrückt.

Die praktische Schlußfolgerung aus dieser Untersuchung lautet: Wir können die Kontrolle über die ASW steigern, indem wir Zielobjekte mit außergewöhnlich hoher Trefferzahl auswählen. Soll jedoch eine höhere Steigerung der Punktzahl erreicht werden, so sollten wir als Zielobjekte ausschließlich ausgewählte Karten mit Spitzenergebnissen verwenden.

Eine holländische Abordnung

Das war der Stand unserer Kenntnisse im April 1963, als wir in Prag neue ausländische Besucher begrüßen durften: Professor J. T. Barendregt, Dr. P. R. Barkema und Dr. J. Kappers aus Holland.

Sie kamen, um P. S.' Leistungen in Augenschein zu nehmen. Aber das war nicht der einzige Zweck unseres Versuchs, der noch zwei weitere Zielsetzungen hatte:

(a) Wir wollten P. S. noch mehr daran gewöhnen, mit Fremden zu arbeiten und ihnen seine ASW auch in Abwesenheit des Autors, der ihn eingeübt hatte, zu demonstrieren.

(b) Wir wollten in der Praxis prüfen, bis zu welchem Grade die Auswahl von Karten mit außergewöhnlich hohen Trefferzahlen die

Punktzahlen steigern und die Kontrolle über die ASW verbessern helfen kann.

Zur Erreichung des ersten Zwecks führte M. R. die Besucher zu P. S. und entwickelte ihnen den Gesamtplan des Versuchs mit ihm. Er beteiligte sich aber nicht selbst aktiv an dem Versuch. Dieser Versuch fand in M. R.s Wohnung statt, in der zwei Räume als Laboratorium dienten, und wurde von den Besuchern selbst durchgeführt. M. R. betrat den Versuchsraum nur gelegentlich und in unregelmäßigen Abständen, um das Fortschreiten des Versuchs zu beobachten und P. S. jedesmal ein paar aufmunternde Worte zu sagen.

Um das zweite Ziel zu erreichen, wurden bei dem Versuch zwei Kartensätze verwendet. Der erste Satz bestand aus acht neuen, vorher noch nicht verwendeten Karten; für den zweiten hatte M. R. acht Karten ausgewählt, die bei früheren Versuchen die eindrucksvollsten über der Zufallserwartung liegenden Ergebnisse gebracht hatten. (Und es bestand die Hoffnung, daß mit diesem Kartensatz P. S.' Leistung besser sein werde.) Doch wußten weder P. S. noch die Besucher von der Absicht, die hinter dieser Versuchsdisposition stand. M. R. gab ihnen acht weiß-grüne Karten ohne Erklärung. Er bat sie nur, mit ihnen einen Kartensatz herzurichten und acht neue weiß-grüne Karten zur Zusammenstellung eines weiteren Kartensatzes zu verwenden.

Das Versuchsverfahren war dem bei früheren Versuchen verwendeten sehr ähnlich: Karten, die auf der einen Seite weiß, auf der anderen grün waren, wurden in markierte und versiegelte undurchsichtige Umschläge gelegt. Diese Umschläge mit den Karten wurden in undurchsichtige Hüllen gesteckt und diese Hüllen der Versuchsperson zur Bestimmung in Durchgängen von je acht Stück vorgelegt. Der einzige größere Unterschied zu früheren Versuchen, der eingeführt wurde, um den Versuchsablauf zu beschleunigen und die Notierung der Ergebnisse zu erleichtern, bestand darin, daß P. S. die Zielobjekte in die Hand bekam. Ihm wurde jeweils ein Packen von acht Stück gereicht; er legte sie, ein Zielobjekt nach dem anderen, vor sich auf den Tisch und nannte sogleich die Farbe der Oberseite der inliegenden Karte. Zwischen den einzelnen Durchgängen wurden die Zielobjekte mit Hilfe einer Tabelle von Zufallszahlen in eine Zufallsfolge gebracht. Die Dauer des Versuchs war im voraus (im Hinblick auf die nachfolgende mathematische Auswertung der Ergebnisse) auf 2048 Einzelbestimmungen festgesetzt, die innerhalb von zwei Tagen durchgeführt werden sollten.

Am ersten Tag wurden 1024 Bestimmungen in drei Stunden und 26 Minuten durchgeführt. Die Punktzahl betrug 589 Treffer zu 435 Fehlern. Am zweiten Tag wurden 1024 Bestimmungen in zwei Stunden und 15 Minuten durchgeführt; Ergebnis: 627 Treffer, 397 Fehler.

Das Gesamtergebnis betrug also 1216 Treffer zu 832 Fehlern (das heißt, 192 Treffer über der mittleren Zufallserwartung), ein hochsignifikantes Ergebnis (p $< 10^{-14}$). P. S. hatte erneut seine ASW unter Beweis gestellt – diesmal zum größten Teil in Zusammenarbeit mit ausländischen Besuchern. Wieder zeigte sich ganz deutlich die Wirkung des Fokuseffekts, sowohl bei den neuen als auch bei den ausgewählten Karten. Einige Kartenseiten ergaben eindrucksvolle Trefferzahlen (69–4, 62–4, 59–4 usw.), während andere ähnlich eindrucksvolle Fehlerzahlen ergaben. (9–68, 8–49, 10–56 usw.)

Dem fachfremden Beobachter mögen solche Zahlen allzu trocken vorkommen, jedenfalls können sie ihm wohl nur wenig von der erregenden Situation mitteilen; in der ASW-Laboratoriumsforschung aber stellt ein derart auf Wunsch erzieltes Ergebnis keineswegs eine Selbstverständlichkeit dar. Ebenso wie zuvor Dr. Pratt waren denn auch die holländischen Besucher recht überrascht über die ungewöhnliche Stabilität von P. S.' ASW-Leistung. Eine kleine Begebenheit mag veranschaulichen, wie sehr sie das Ergebnis des Versuchs beeindruckt hatte. Als ich die Besucher zum Prager Flugplatz begleitete, fragte mich einer von ihnen: „Wissen Sie, was bei dem ganzen Versuch das Eindrucksvollste und Überraschendste war?" Er beantwortete meine wortlose Frage so: „Als wir hier auf dem Flugplatz landeten, bemerkte ich in unserem Gespräch beiläufig, ich sei gespannt, ob wir mit P. S. ein gutes Ergebnis erzielen würden oder nicht. Sie schienen mir im Hinblick auf ihn so zuversichtlich, und ich konnte Ihnen kaum glauben, als Sie sagten: ‚Ich glaube, Sie brauchen sich keine Sorge zu machen, ich rechne fest damit, daß er seine Sache gut macht.' Er hat es wirklich getan. Und das hat mich so überrascht, daß er seine Leistung auf Wunsch zustande brachte und daß Sie so zuversichtlich mit seinem Erfolg rechnen konnten."

Für einen Fachpsychologen, der mit den Problemen der Parapsychologie wohl vertraut war, mußte ein solcher Grad von Kontrolle über die ASW zweifellos überraschend sein, wußte er doch nur zu gut, daß die Behauptungen von Laien über bisweilen höchst eindrucksvolle Fälle von Kontrolle über ASW stark übertrieben sind. Er kannte alle Schwierigkeiten, die sich bei ASW-Demonstrationen in unter streng kontrollierten Laboratoriumsbedingungen durchgeführten Versuchen ergeben.

Als wir die Ergebnisse mit den verschiedenen Kartensätzen verglichen, stellten wir fest, daß wir mit dem Satz der acht neuen Karten eine Punktzahl von 590 Treffern zu 432 Fehlern erzielt hatten; bei dem Satz mit den acht ausgewählten Karten mit Spitzenergebnissen betrug die Punktzahl 626 Treffer zu 398 Fehlern.

Damit war unsere Erwartung bestätigt: Ausgewählte Karten mit Spitzenergebnissen erzielten beträchtlich bessere Trefferzahlen als neue Karten. In diesem Ergebnis haben wir den ersten Fall einer praktischen Anwendung des Fokuseffektes: Es trug dazu bei, die Punktzahl in dem Satz der ausgewählten Karten zu verbessern und half so mit, das Ergebnis des Gesamtversuchs zu steigern.

Die Versuchsperson wird „ausgeliehen"

Von dem Versuch mit den Holländern war es nur noch ein kleiner Schritt zur nächsten Etappe: der „Ausleihe" der Versuchsperson an andere Versuchsleiter, die mit ihr absolut unabhängig arbeiten wollten. Die erste Gelegenheit, P. S.' Fähigkeit zum selbständigen Arbeiten, unabhängig von dem Autor, der ihn eingeübt hatte, zu zeigen, ergab sich im November 1963 während eines neuen Besuches von Dr. J. G. Pratt, der in Begleitung von Diplomingenieur J. G. Blom aus Amsterdam nach Prag kam.

Diese beiden Forscher verwendeten das Verfahren, an das P. S. gewöhnt war, brachten aber ihre eigenen Zielobjekte mit und verlegten den Versuch an einen Platz, an dem P. S. vorher noch nie gearbeitet hatte und zu dem der Autor während der Versuche keinen Zugang bekam.

In Abwesenheit des Autors führten die Besucher verschiedene Einzelversuche mit P. S. durch, die folgende Gesamtergebnisse brachten: Beim ersten Versuch, der von J. G. Pratt allein durchgeführt wurde, erreichte P. S. bei 800 Einzelfragen 465 Treffer (also 65 Treffer über der mittleren Zufallserwartung). Beim zweiten Versuch unter gemeinsamer Leitung von J. G. Pratt und J. G. Blom erreichte P. S. bei 1600 Einzelfragen 922 Treffer (also 122 über der mittleren Zufallserwartung). Beim vierten Versuch, der wiederum von den beiden Besuchern gemeinsam durchgeführt wurde, erreichte P. S. bei 4000 Einzelbestimmungen 2154 Treffer (also 154 über der mittleren Zufallserwartung).

All diese Ergebnisse waren statistisch hochsignifikant und ergaben einen unter strengen Versuchsbedingungen zustande gekommenen ausreichenden Beweis dafür, daß P. S. fähig war, seine ASW-Fähigkeit in eigener Regie zu demonstrieren und in Abwesenheit des Autors zu arbeiten. Notwendig für ein erfolgreiches Arbeiten blieb nur die Einhaltung des Verfahrens, an das er gewöhnt war, die allgemein freundliche psychologische Atmosphäre und eine ausreichende Motivierung, die ihn wirklich den Erfolg wünschen ließ.

In einer Versuchsreihe mit Dr. Ian Stevenson, Professor der Psychiatrie an der Universität von Virginia, fehlte dieser letztgenannte Ansporn völlig. (Der Grund dafür war zu privat, als daß er hier näher erklärt werden könnte; aber P. S. deutete an, daß er speziell bei diesem Versuch kein Interesse an einem besonders hohen, über der Zufallserwartung liegenden Ergebnis habe.) So erreichte er bei diesem Versuch, der auch im November 1963 stattfand, nur 831 Treffer bei 1600 Einzelfragen – ein Ergebnis, das innerhalb der Grenzen der Zufallserwartung lag. Das gleiche war der Fall bei einem zur selben Zeit von J. G. Pratt durchgeführten Versuch, bei dem eine geringfügige Abwandlung von dem gewohnten Verfahren versucht wurde (anstatt zwei verschieden gefärbte Seiten gleicher Karten zu erkennen, sollte P. S. in diesem Falle grüne von eigenen gelben Karten unterscheiden). Es wurde nur ein Zufallsergebnis erzielt: 1614 Treffer bei 3200 Einzelbestimmungen.

Allgemein können wir sagen, daß im Herbst 1963 P. S. offensichtlich ein Stadium erreichte, in dem er fähig war, seine ASW nach eigenem Ermessen zu demonstrieren. Er war nicht fähig, mit Sicherheit zu sagen, ob eine einzelne Bestimmung in einer langen Reihe von Daten richtig war oder nicht, doch besaß er bereits eine bestimmte Willenskontrolle über seine ASW: wann immer er wirklich ein über der Zufallserwartung liegendes Ergebnis zu erreichen wünschte, erreichte er es, sofern das ihm vertraute Verfahren beibehalten wurde.

Psychische Imprägnation

Während der ganzen zweiten Hälfte des Jahres 1963 befaßten wir uns vornehmlich mit der näheren Untersuchung des Fokuseffektes. Die Entdeckungen, die wir bis dahin gemacht hatten, zeigten uns, daß wir einem neuen, geheimnisvollen Phänomen auf der Spur waren, das möglicherweise verschiedene Schlüssel zum Geheimnis des Vorgangs der ASW barg. Unsere Beobachtungen deuteten darauf hin, daß dieser Effekt auf einer unsichtbaren Eigenschaft beruhte, die mit den Zielobjekten zusammenhing und bei unseren Versuchen auf unsere Versuchsperson einen Anreiz ausübte, bestimmte Farben mit besonderer Vorliebe anzusagen. Das entsprach ganz der Vorstellung, daß ein bestimmter begrifflicher Sinngehalt (in unserem Falle in der Gestalt der Farbbegriffe „weiß" oder „grün") als eine Art mit normalen Sinnen nicht zu entdeckender, aber durch ASW wahrnehmbarer „Imprägnation" an den Zielobjekten haftete. Sie war unabhängig von den materiellen Eigenschaften des Zielobjektes und schien – seltsam genug – für die ASW einen stärkeren Reiz zu bilden als die tatsächliche Farbe der Karten. Diese seltsame Eigenschaft war unabhängig von den physikalischen Merkmalen des Zielobjektes, mit den normalen Sinnen nicht zu entdecken und doch mit einem bestimmten Sinngehalt verbunden. Das zusammengenommen führte zu der Hypothese einer „psychischen Imprägnation" (mental impregnation) als möglicher Erklärung dieses Phänomens.

Als wir den Begriff der psychischen Imprägnation erstmals konzipierten, nahmen wir an, es handle sich dabei um eine Eigenschaft, die dem Zielobjekt willentlich durch einen Denkakt aufgeprägt werden könne. Wir hielten sie für eine weitgehend statische Eigenschaft, die in dem betreffenden Zielobjekt bereits vor dem Versuch vorhanden ist (ebenso wie die Farbe der Karte schon vor dem Versuch vorhanden ist) und von der Versuchsperson in aufeinander folgenden Durchgängen wiederholt bestimmt wurde.

Imprägnationsversuch

Entsprechend dieser Vorstellung, die wir uns gemacht hatten, planten wir einen Versuch, in dem wir erreichen wollten, dieser „willentlichen Gedankenimprägnation" auf die Spur zu kommen. Da es unsere Absicht war, P. S.' ASW auf das Erkennen von „Imprägnation" zu lenken, wandelten wir planmäßig seine Aufgabe derart ab, daß es ihm erschwert wurde, seine ASW auf das Erkennen der realen Farbe der Karte anzuwenden. Statt der gewohnten Aufgabe, Farben von Karten zu bestimmen, die auf der einen Seite weiß, auf der anderen Seite farbig waren, gaben wir P. S. eine Aufgabe, die für ihn ungewohnt war und bei der seine ASW nicht in Tätigkeit trat: Farben auf Karten zu unterscheiden, die entweder auf beiden Seiten weiß oder auf beiden Seiten schwarz waren. Wir hofften, seine ASW könne auf diese Weise von der Wahrnehmung einer realen Farbe auf die Wahrnehmung einer „Imprägnation" hingelenkt werden.

Wir verwendeten 100 Karten (Format 7,42 × 12,70 cm), die auf beiden Seiten weiß waren, und 100 gleiche Karten, die auf beiden Seiten schwarz waren. Sie alle waren vor dem Versuch jeweils auf einer Seite mit dem Gedanken „weiß" und auf der anderen mit dem Gedanken „schwarz" „psychisch imprägniert" worden. Die eine Hälfte war von M. R. „imprägniert" worden, die andere Hälfte von P. S. Wir nahmen dabei immer eine Karte in die Hand, schauten intensiv auf eine ihrer Seiten und konzentrierten uns für etwa dreißig Sekunden auf den Wunsch, diese Seite solle „weiß" werden. Dann nahmen wir die andere Seite derselben Karte und konzentrierten uns erneut für 30 Sekunden auf den Wunsch, sie solle „schwarz" werden. Das geschah ungeachtet der tatsächlichen Farbe der jeweiligen Karte.

Gleich nach dieser „Imprägnation" legte der Autor die Karten in undurchsichtige Umschläge, deren Seiten er für eine spätere Identifizierung markierte, und notierte dabei, welche Farben den einzelnen Seiten zugewiesen worden waren. Danach wurden die Umschläge versiegelt und blieben während des ganzen Versuchs unberührt. Nachdem er sie versiegelt hatte, legte der Autor die Umschläge in undurchsichtige Hüllen. So wurden insgesamt 200 Karten hergerichtet.

Bei jedem Durchgang von 200 Karten (die P. S. einfachheitshalber in 20 Sätzen zu je zehn Karten vorgelegt wurden) erhielt P. S. die Aufgabe, die „Farbe" jeder Karte zu bestimmen (entweder die tatsächliche Farbe oder die durch Imprägnation aufgetragene). Als er alle 200 Karten bestimmt hatte, wurde die Hälfte der Umschläge in ihren Hüllen umgedreht, und die Hüllen wurden gründlich gemischt; danach setzte P. S. seine Farbbestimmungen im nächsten Durchgang von 200 Karten fort. Auf diese Weise wurden 20 Durchgänge absol-

viert, also insgesamt 4000 Einzelbestimmungen, die eine Versuchs-
einheit darstellten. In einer solchen Einheit ist jede Karte zwanzigmal
an die Reihe gekommen (jede Seite durchschnittlich zehnmal aufgrund
der zufallsgemäßen Umkehrungen); diese durchschnittlich zehn Bestimmungen jeder einzelnen Seite bildeten eine Grundlage für die
spätere Berechnung der Punktzahlen je Seite (siehe die nächste Tabelle
auf Seite 147). So ergaben sich 400 Seiten-Punktzahlen für jede Ver-
suchseinheit.

Der Gesamtversuch bestand aus drei derartigen Einheiten. In der
ersten Einheit machte P. S. 4000 Bestimmungen, die bewußt auf das
Erkennen der „Imprägnation" gerichtet waren; dann wurde die ganze
Einheit von 4000 Einzelbestimmungen mit P. S. wiederholt, der nun
versuchte, die „wirkliche Farbe der Kartenseiten" zu bestimmen, und
schließlich machte er noch weitere 4000 Bestimmungen, die wieder
der Feststellung der „Imprägnation" galten. Insgesamt bekamen wir
auf diese Weise 8000 Bestimmungen (800 Seiten-Punktzahlen) für die
„Imprägnation" und 4000 Bestimmungen (400 Seiten-Punktzahlen)
für die „wirkliche Farbe".

Die beiden Bestimmungen der „Imprägnation" wie die eine Bestimmung der „wirklichen Farbe" ergaben eindeutig Zufallswerte. Dies
zeigt, daß:

(a) P. S. nicht fähig war, zum Erkennen richtiger Farben von Bestimmungskarten seine ASW zu betätigen; selbst eine derart geringfügige Abwandlung wie der Übergang zu Karten mit gleichen Farben auf beiden Seiten genügte, um seine ASW lahmzulegen (diese
Entdeckung entsprach früheren Beobachtungen – siehe Seite 124 und
Seite 143);

(b) P. S.' Bestimmungen der „Imprägnation" ebenfalls fehlschlu-
gen. Offenbar war er nicht in der Lage, die vermeintlich „impräg-
nierten" Farben auf den Karten in der oben beschriebenen Weise zu
erkennen.

Diese Fehlschläge gewinnen eine besondere Bedeutung im Zusammenhang mit einer interessanten Entdeckung bei der Analyse der
Seiten-Punktzahlen, die – um es kurz zu wiederholen – die Reihe der
aufeinander folgenden Bestimmungen jeder einzelnen Kartenseite darstellen. Es interessierte uns zu erfahren, wie diese Punktzahlen sich
verteilten. Ihr Auftreten in den Bestimmungen der „Imprägnation"

sowie in den Bestimmungen der „richtigen Farben" sind auf der folgenden Übersichtstafel tabellarisch zusammengefaßt. (Zum Vergleich sind neben den registrierten Zahlen die Zahlen der Zufallserwartung in Klammern beigefügt.)

Punktzahlen	Tatsächlich registrierte Seiten-Punktzahlen (in Klammern beigefügt jeweils die Annäherungswerte der Zufallserwartung)	
Treffer %	Bestimmg. der „Imprägnation"	Bestimmg. der „wirkl. Farbe"
0 – 15	59 (9)	26 (4)
15 – 25	49 (35)	32 (18)
25 – 35	113 (94)	55 (47)
35 – 45	116 (164)	56 (82)
45 – 55	137 (196)	62 (98)
55 – 65	110 (164)	46 (82)
65 – 75	106 (94)	48 (47)
75 – 85	55 (35)	33 (18)
85 – 100	55 (9)	42 (4)
Insgesamt	800	400

Der interessanteste Zug dieses Ergebnisses ist die deutliche Zunahme der Anzahl außergewöhnlicher Punktzahlen, und zwar sowohl bei der Bestimmung der „richtigen Farben" als auch bei der Bestimmung der „Imprägnation". Hohe Trefferzahlen (mit einem hohen Prozentsatz von Treffern, siehe die unteren Zeilen) sowie hohe Fehlerzahlen (siehe die oberen Zeilen) ergaben sich außerordentlich häufig, während die Anzahl der Zufallsergebnisse (siehe die mittleren Zeilen) sehr gering war. Das ist ein typisches Bild bei Daten, bei denen der Fokuseffekt im Spiel ist. Ja eine solche auffallende Verteilung der Punktzahlen in Richtung auf extreme Werte ist vielleicht das deutlichste Anzeichen überhaupt für dieses Phänomen. (Wir möchten auf die Ähnlichkeit dieses Ergebnisses mit dem der Tabelle auf Seite 101 hinweisen.)

Dieses Ergebnis bildet einen Beweis für die Wirksamkeit des Fokuseffektes beim Zustandekommen unserer Daten. P. S.' Versagen beim Entdecken der „Imprägnation" mit gleichzeitiger Wirksamkeit des Fokuseffektes beim Zustandekommen seiner Leistung legt uns einen wichtigen Schluß nahe: Welcher Art der für das Phänomen verantwortliche stimulierende Faktor auch sein mag – er ist keine „willentliche Gedankenimprägnation" im oben beschriebenen Sinne einer bleibenden Eigenschaft, die dem Zielobjekt durch normale willentliche „Konzentration" im Wachzustand aufgeprägt ist.

Neue Analysen alter Daten

Die folgende Untersuchung stellte eine ganz neue und letztlich bedeutend lohnendere Methode zur Lösung unserer Frage nach dem Wesen des Fokusphänomens dar. Bisher haben wir es durch das Auftreten von außerhalb der Zufallserwartung liegenden Ergebnissen entdeckt. Doch das ist nicht der einzige Weg zu seiner Entdeckung.

Das Gesamtergebnis liefert uns in seinen Punktzahlen nur einen groben Eindruck über die durchschnittliche Größenordnung, in der das Phänomen auftritt. Wir konnten erwarten, daß die detailliertere Analyse von Versuchsdaten uns gestatten werde, das Wirken des Phänomens über den Gesamtversuch hin zu studieren, und daß sie uns damit eine weit interessantere Information liefern konnte.

Zu diesem Zweck mußten wir die Abfolge der Bestimmungen der einzelnen Kartenseiten, wie P. S. sie gegeben hatte, näher untersuchen. Um jedes Mißverständnis auszuschließen sei gleich gesagt: Was uns interessierte, waren nicht die Abfolgen der Bestimmungen im Einzeldurchgang, bei dem P. S. verschiedene Karten, eine nach der anderen, vorgelegt wurden, sondern die Abfolge der von ihm gegebenen Bestimmungen jeder Einzelkarte, wie sie ihm in mehreren Durchgängen immer wieder vorgelegt wurde. Mit anderen Worten: Wir wollten die Entwicklung von Eigenschaften jeder einzelnen Kartenseite im Verlauf des Versuchs verfolgen.

Für eine solche Untersuchung brauchten wir Daten eines Versuchs, bei dem einzelne Karten in einer langen Reihe aufeinander folgender Durchgänge bestimmt wurden, und bei dem nicht allein notiert wurde, welche Bestimmungen die Versuchsperson gegeben hatte und wieviele davon falsch beziehungsweise richtig gewesen waren – sondern auch, wie und in welcher Abfolge sie die einzelnen Kartenseiten bestimmt hatte, so daß uns ermöglicht wurde, die Geschichte der Einzelkarte zu rekonstruieren.

Zum Glück verfügten wir bereits über die Notizen von zwei derartigen Versuchen. Sie entsprachen nicht allein vollkommen den oben genannten Erfordernissen, sondern hatten einen weiteren Vorzug, der ihnen zusätzliche Glaubwürdigkeit verlieh: Sie waren von ausländischen Besuchern beobachtet worden. Es handelt sich um den Versuch mit den 5000 Bestimmungen (Seite 127 ff.) und den Bestätigungsversuch mit der holländischen Gruppe (Seite 139 ff.).

Bei der tabellarischen Aufstellung aller Bestimmungen der einzelnen Kartenseiten, die die Versuchsperson geliefert hatte, wurde augenblicklich eine auffallende Tatsache sichtbar: Die Abfolge der Bestimmungen bei den einzelnen Kartenseiten folgte nicht einem Zufallsmuster, wie etwa:

G W G G G W W G W G (wobei G für grün, W für weiß steht), bei dem beide Farben in unregelmäßiger Folge abwechseln, sondern vielmehr Mustern wie:

W W W W G G G G G G, bei dem offenbar die Neigung zu ungewöhnlich langen Gruppen gleicher Feststellungen bestand.

Dieser außerhalb der Norm liegende Effekt in der Abfolge der einzelnen Bestimmungen ließ an eine mögliche Abhängigkeit der Bestimmungen der Versuchsperson von vorhergehenden Bestimmungen der gleichen Karte denken. Ferner eröffnete er uns einen neuen, objektiven Weg zur Enthüllung des Fokusphänomens.

Das häufige Auftreten langer Abfolgen von gleichlautenden Bestimmungen zeigt als Begleitphänomen eine abnehmende Anzahl von „Reihen" gleicher Bestimmungen in den Daten. (Bei den beiden oben als Beispiel angeführten Folgen hatte die erste sieben, die zweite nur zwei „Reihen".)

Es gibt eine statistische Methode (die leider zu kompliziert ist, um hier im einzelnen dargestellt zu werden), die eine genaue Formel für die Anzahl der „Reihen" gibt, die zufallsgemäß in einer Datenreihe gleich der sich aus P. S.' Bestimmungen ergebenden erwartet werden kann: der sogenannte „Wald-Wolfowitz-Reihen-Test". Als wir die theoretische Reihenzahl, wie sie an Hand der statistischen Formel errechnet wird, mit der tatsächlich beobachteten Anzahl verglichen, konnten wir sehen, daß die beobachtete Anzahl beträchtlich geringer war. So errechnete zum Beispiel die Theorie für den Versuch mit den Holländern 764 „Reihen" gleicher Bestimmungen; aber wir fanden in unseren Daten nur 684. Die statistische Formel gab für dieses Ergebnis mit der holländischen Gruppe den Wahrscheinlichkeitswert $p < .001$. Dieses Ergebnis bestätigte, daß in unseren Daten ungewöhnlich lange Reihen gleicher Bestimmungen auftraten – oder, anders formuliert, weil das mehr vom Wesen des Phänomens aussagt: daß die Versuchsperson dahin tendierte, schon vorher gegebene Bestimmungen bei einer und derselben Karte zu wiederholen. Das war – wohlgemerkt – der Fall, obwohl die Versuchsbedingungen (gründliches Mischen der Karten, Verwendung äußerer Umhüllungen usw.) uns die zuverlässige Sicherheit gaben, daß P. S. normalerweise nicht wissen konnte, wie er diese oder jene Karte vorher bestimmt hatte.

Der „Reihen-Test" erwies sich als bequeme und zuverlässige Methode zur Entdeckung des Fokusphänomens. Er wies auch eine gewisse Abhängigkeit jeder Bestimmung der Versuchsperson von ihren früheren Bestimmungen derselben Karte nach. Doch bedeutend mehr über das Wesen des Phänomens war durch die Analyse der Einzelbestimmungen in ihrer direkten Beziehung zu vorhergehenden Bestimmungen (oder Gruppen von Bestimmungen) derselben Karte zu erfahren.

Für diese Analyse verwendeten wir eine Aufstellung der Abfolgen aller aufeinanderfolgender Bestimmungen aller Kartenseiten. Als erstes stellten wir zu jeder Einzelbestimmung fest, ob die nächstfolgende gleich oder verschieden war. Dann suchten wir alle Gruppen von zwei aufeinander folgenden gleichen Bestimmungen heraus und prüften, wieviele der nächstfolgenden Bestimmungen jeweils gleich und wieviele verschieden waren. Dasselbe taten wir bei allen Gruppen von 3, 4 und 5 aufeinander folgenden gleichen Bestimmungen sowie für alle Gruppen von zwei aufeinander folgenden verschiedenen Bestimmungen. Das Ergebnis unserer Analyse gibt die folgende Tabelle wieder:

Vorhergehende Bestimmg. oder Gruppen von Bestimmungen	Verhältnis der folgenden Bestimmungen zu den vorhergehenden	Anzahl der in Versuchen beobachteten Fälle	
		Im Versuch mit den Holländern	Im Versuch mit den 5000 Bestimmungen
G(rün), W(eiß)	gleich	1362 (67,6 %)	2837 (57,2 %)
	verschieden	652 (32,4 %)	2123 (42,8 %)
2 G, 2 W	gleich	1022 (76,3 %)	1752 (62,3 %)
	verschieden	318 (23,7 %)	1062 (37,7 %)
3 G, 3 W	gleich	830 (82,4 %)	1117 (64,3 %)
	verschieden	177 (17,6 %)	621 (35,7 %)
4 G, 4 W	gleich	701 (85,9 %)	765 (69,0 %)
	verschieden	115 (14,1 %)	344 (31,0 %)

Vorhergehende Bestimmg. oder Gruppen von Bestimmungen	Verhältnis der folgenden Bestimmungen zu den vorhergehenden	Anzahl der in Versuchen beobachteten Fälle	
		Im Versuch mit den Holländern	Im Versuch mit den 5000 Bestimmungen
5 G, 5 W	gleich	598 (86,9 %)	557 (73,5 %)
	verschieden	90 (13,1 %)	201 (26,5 %)
WG, GW	gleich	324 (51,3 %)	1062 (50,2 %)
	verschieden	308 (48,7 %)	1052 (49,8 %)

Aus der Analyse der Ergebnisse dieser beiden Versuche ergibt sich überzeugend die bedeutendste Entdeckung: In den meisten Fällen war die Bestimmung der Versuchsperson mit der vorhergehenden Bestimmung derselben Karte identisch. Der Prozentsatz gleicher Bestimmungen stieg mit der zunehmenden Länge der voraufgehenden Gruppe gleicher Bestimmungen (die Prozentwerte in der Tafel lauten: 67,6; 76,3; 82,4; 85,9; 86,9 und 57,2; 62,3; 64,3; 69,0; 73,5). Nach Gruppen von verschiedenen Bestimmungen dagegen sanken die Prozentsätze in Richtung auf Zufallswerte (51,3 und 50,2). Diese Zahlen sind besonders bemerkenswert: Sie zeigen, daß aufeinander folgende gleiche Bestimmungen das Phänomen stärken, während aufeinander folgende entgegengesetzte Bestimmungen es schwächen oder zerstören.

Dieses seltsame Bild ergab sich systematisch durch das ganze Datenmaterial hindurch. Das gleiche Bild fanden wir bei der Einzelanalyse der „Grün"- und „Weiß"-Bestimmungen und bei der getrennten Analyse der „Treffer" und „Fehler". Es war charakteristisch für das „Verhalten" jeder Einzelseite der Karte und unabhängig von der für die andere Seite gegebenen Bestimmung. Es schien für P. S.' gesamte ASW-Leistung typisch zu sein, daß die Daten von anderen Versuchen sehr ähnliche Ergebnisse zeigten wie die dieser beiden repräsentativen.

Aus diesen Ergebnissen läßt sich der Schluß ziehen: Es scheint eine bestimmte Eigenschaft an der Karte zu geben, die die Versuchsperson anreizt, mit Vorliebe die Karte in der gleichen Weise zu bestimmen wie vorher. Diese Eigenschaft hängt nicht von materiellen Besonderheiten der Karte ab (da die Karten physikalisch und chemisch unverändert blieben, während diese Eigenschaft sich änderte). Sie ist nicht vollkommen stabil; sie wird gestärkt durch eine geschlossene Reihe gleicher Bestimmungen und geschwächt durch entgegengesetzte Bestimmungen. Sie wirkt wie eine Art „Fußspur" vorhergehender Bestimmungen, die an der Karte haftet, und wird geschaffen, gestärkt oder geschwächt durch die Bestimmungen der Versuchsperson. Ihrerseits gibt sie, je nach ihrer Stärke und Polarität, der ASW ihre Anreize und steigert so die Wahrscheinlichkeit, daß sie in einer bestimmten, entsprechenden Weise reagiert.

Da diese „Fußspuren" allem Anschein nach keine materiellen Eigenschaften im physikalischen Sinne besitzen, da sie mit der psychischen Tätigkeit der Versuchsperson während des Vorganges der ASW zusammenhängen und da sie ganz offenbar einen begrifflichen Sinngehalt bezeichnen, dürfte ihre Bezeichnung als „mental impregnation" (psychische Imprägnation) ihrer Eigenart entsprechen.

Diese Entdeckung der psychischen Imprägnation scheint für das Verständnis des Vorganges der ASW einige Bedeutung zu besitzen. Ihr sich wandelnder Charakter zeigt, daß ASW nicht allein ein Vorgang des Erfassens einer Information von dem wahrgenommenen Gegenstand ist, sondern daß sie – in einem viel größeren Umfang als bisher vermutet und als es bei der Sinneswahrnehmung der Fall ist – eine Wechselwirkung zwischen dem wahrnehmenden Subjekt und dem wahrgenomenen Objekt darstellt.

Versuch mit weißen Karten

Das Phänomen der psychischen Imprägnation legte die Möglichkeit nahe, der Karte irgendeinen Denkinhalt psychisch aufzuprägen (wenn auch in etwas anderer Weise als wir es uns früher vorgestellt hatten – siehe Seite 144 ff.) und diesen dann mit Hilfe von ASW zu „lesen". Diese Entdeckung hat zweifellos interessante praktische Folgerungen: Wir können uns vorstellen, daß man einen Informationsbetrag mit dieser „Imprägnation" einprägen kann. Irgendein auf diese Weise chiffrierter Informationsbetrag wäre für kein physikalisches Entschlüsselungssystem dechiffrierbar, sondern nur durch ASW.

Die Vorstellung, daß die Karte mit einem bestimmten Bedeutungsgehalt „imprägniert" werden könnte, der sich hernach durch ASW lesen ließe, war natürlich erregend. Wir prüften die Möglichkeit in mehreren Versuchsreihen mit leeren weißen Karten. Das Verfahren wurde dem aus den früheren Versuchen mit P. S. gewohnten angepaßt.

Wir nahmen 24 Karten, die auf beiden Seiten weiß waren, und markierten sie auf den Rückseiten mit kleinen Identifizierungszahlen. Dann steckten wir sie in undurchsichtige Umschläge und legten sie P. S. vor mit der Anweisung, er solle versuchen, bei diesen Karten in der gewohnten Weise weiße oder grüne Farbseiten zu unterscheiden. P. S. wurde dabei in der Annahme belassen, in den Umschlägen befänden sich die vorher verwendeten weiß-grünen Karten. Seine Bestimmungen wurden zusammen mit den Identifizierungsnummern der betreffenden Karten notiert.

Nachdem wir alle 24 Karten durchgegangen waren, wurden sie aus den Umschlägen genommen, gemischt und hinter einem undurchsichtigen Schirm wieder in die Umschläge zurückgelegt. Dabei wurde darauf geachtet, die Lage der Karten in den Umschlägen nicht zu verändern, so daß effektiv nur weiße, nicht markierte Seiten als Zielobjekte dienten. Nachdem sie wieder in ihren Umschlägen steckten, wurden die Karten P. S. für den nächsten Durchgang vorgelegt. Auf diese Weise wurden insgesamt 101 Durchgänge absolviert, die 2400 für die Analyse verwendbare Einzelbestimmungen ergaben. Der erste Durchgang konnte nicht mitgezählt werden: Er diente nur als „Imprägnations"-Durchgang. Jede der 2400 verwendbaren Bestimmungen wurde mit der vorhergehenden Bestimmung derselben Karte verglichen. Es gab 1451 Fälle, in denen zwei aufeinander folgende Bestimmungen gleich und nur 449 Fälle, in denen sie verschieden waren.

Dieses Ergebnis bestätigte unsere Erwartungen. Es entspricht unserer Hypothese, daß P. S. in der Lage war, die weißen Karten mit den begrifflichen Inhalten „weiß" und „grün" zu imprägnieren und dann diese Begriffsgehalte mit Hilfe von ASW zu „lesen". Dabei sei bemerkt, daß die Versuchsbedingungen (die Verwendung undurchsichtiger Umschläge und die Zufallsverteilung der Karten hinter dem Schirm) jede Möglichkeit einer sinnlichen Wahrnehmung während des gesamten Versuches ausschlossen. Auch die Eigenart der ASW-Leistung P. S.' schloß die Möglichkeit aus, daß er mit ihrer Hilfe die Identifizierungsmarken entdeckte. So bleibt die Annahme, daß er auf die während des Vorgangs der ASW unwillkürlich selbst geschaffenen psychischen Imprägnationen reagierte und sie anschließend mit Hilfe von ASW „ablas".

Bei der weiteren Entwicklung dieses Projekts wollten wir in Erfahrung bringen, ob sich auch abstrakte Begriffe auf diese Weise den

Karten aufprägen lassen. Diesmal wurde P. S. gesagt, daß wir weiße Karten verwendeten und annahmen, er werde von ihnen verschiedene Bedeutungen ablesen. (Doch er vermutete, er werde nur die bereits vorhandenen Imprägnationen lesen. Er wußte nicht, daß wir damit rechneten, er werde auch neue Imprägnationen schaffen.)

Bei der nächsten Versuchsreihe, bei der wir dasselbe Verfahren anwandten, forderten wir P. S. auf, auf weißen Karten die Begriffe „Addition" und „Multiplikation" zu unterscheiden. Wieder wurden 2400 für die Analyse verwertbare Bestimmungen durchgeführt. 1302 waren jeweils mit vorhergehenden identisch und 1098 von ihnen verschieden.

In der folgenden Reihe zeichneten wir auf jede weiße Karte ein kleines Kreuz und forderten, unter Verwendung des gleichen Verfahrens wie vorher, P. S. auf, von diesen Kreuzen die Begriffe – entweder „Kreuz als religiöses Symbol" oder „mathematisches Pluszeichen" – abzulesen. Diesmal waren 1300 Bestimmungen mit vorhergehenden identisch und 1100 verschieden.

Zur exakten mathematischen Auswertung der Ergebnisse aber sind mehr Einzelheiten erforderlich. Sie sollen in der folgenden tabellarischen Übersicht gegeben werden:

Teil	Abfolge der Bestimmungen vorhergehend	nachfolgend	Häufigkeit des Auftretens		
I	weiß	weiß	711		
	weiß	grün	474	identisch:	1451
	grün	weiß	475	verschieden:	949
	grün	grün	740		
II	Multiplik.	Multiplik.	682		
	Multiplik.	Addition	548	identisch:	1302
	Addition	Multiplik.	550	verschieden:	1098
	Addition	Addition	620		
III	Pluszeichen	Pluszeichen	702		
	Pluszeichen	Kreuz	550	identisch:	1300
	Kreuz	Pluszeichen	550	verschieden:	1100
	Kreuz	Kreuz	598		

Teil	Abfolge der Bestimmungen vorhergehend	nachfolgend	Häufigkeit des Auftretens		
IV	Liebe	Mann	536		
	Liebe	Frau	651	Assoziationen:	
	Mord	Mann	633		
	Mord	Frau	580	Liebe-Frau:	1291
	Mann	Liebe	547	Liebe-Mann:	1083
	Mann	Mord	622	Mord-Frau:	1171
	Frau	Liebe	640	Mord-Mann:	1255
	Frau	Mord	591		

Der Erfolg der vorausgehenden Versuche gab den Anstoß zu einer weiteren Untersuchung, bei der wir erforschen wollten, wieweit die Ergebnisse dieser Versuche psychologische Gesetze der Assoziation widerspiegelten. Bei dieser einleitenden Untersuchung wurde P. S. gesagt, wir hätten zwei verschiedene Sätze weißer Karten, die ihm in einer Wechselfolge vorgelegt werden sollten; von dem einen Satz sollte er die Begriffe „Mann" oder „Frau" ablesen, von dem anderen Satz die Begriffe „Liebe" oder „Mord".

In Wirklichkeit verwendeten wir nur einen Satz weißer Karten. Aber P. S. verteilte seine Antworten auf diesen Satz: In den ungeraden Durchgängen versuchte er zwischen „Mann' und „Frau" zu unterscheiden, in den geraden zwischen „Liebe" und „Mord". Diese Anordnung ermöglichte es, auch die Alternativen „Liebe-Mord" von Karten „abzulesen", die mit der Alternative „Mann-Frau" imprägniert waren (und umgekehrt).

Das Ergebnis war interessant. Wie erwartet, war bei den Daten, die P. S.' Ansagen ergaben, die Assoziation „Liebe"-„Frau" stark vorherrschend. (Nach der Bestimmung „Frau" zeigte er die Tendenz, im nächsten Durchgang die Bestimmung „Liebe" zu geben; und nach der Bestimmung „Liebe" die, im nächsten Durchgang von der Karte den Begriff „Frau" abzulesen.) Die zweite, annähernd gleich starke Assoziation war die „Mann"-„Mord", und die bei weitem schwächste „Mann"-„Liebe".

Es dürfte interessant sein, dieses Rektionsmuster mit P. S.' Persönlichkeitsstruktur zu vergleichen (siehe Seite 85): ein Abiturient mit normalem Verhältnis dem anderen Geschlecht gegenüber, aber mit aggressiven Zügen.

Intermezzo

Alle die oben beschriebenen Versuche waren bis Ende 1963 abgeschlossen. Parallel zu ihnen hatten wir bereits im Juli 1963 ein um-
fangreiches Versuchsprojekt in Angriff genommen, das eine neue Bestätigung für die Möglichkeit geben sollte, ASW in der Praxis für eine
zuverlässige Informationsübertragung zu verwenden. Unser Verfahren dabei war im Grunde identisch mit dem bei dem Kommunikationsversuch (siehe Seite 115 f.) verwendeten. Unser Plan war, mit
gesicherter Zuverlässigkeit eine aus einem ganzen Satz bestehende
Nachricht zu übertragen.

Der Beginn dieses Versuchs war vielversprechend: Im Juli und
August 1963 sammelten wir insgesamt 12.000 Einzelbestimmungen,
und die Index-Bestimmungen zeigten das Vorhandensein von ASW.
(Spätere Auswertungen dieser Bestimmungen ergaben die Punktzahl
von 6679 Treffern zu 5321 Fehlern.) Aber die Erforschung der psychischen Imprägnation stand zu dieser Zeit stärker im Vordergrund,
und wir verschoben diesen Kommunikationsversuch auf einen späteren Zeitpunkt.

Doch in der ersten Hälfte des Jahres 1964 war der Autor mit anderen dringenden Verpflichtungen ausgefüllt und konnte den Impräg-
nationsversuchen keine so starke Aufmerksamkeit widmen wie vorher. Das war der richtige Augenblick, um den verschobenen Kommunikationsversuch fortzuführen: Die einfache Aufgabe, auf eine
routinemäßige Art neue Daten zu sammeln, konnte dem Assistenten
überlassen werden, und die Auswertung wurde auf später verschoben.

Diese Auswertung fand erst im Spätsommer 1964 statt. Dann wurden die Index-Bestimmungen zuerst analysiert. Dabei wurde eine
wenig unter der Zufallserwartung liegende Punktzahl festgestellt.
Daher waren alle 1964 gesammelten Daten vom Standpunkt des
Kommunikationsversuches aus unzuverlässig und mußten annulliert
werden. (Später wurden all diese Daten aus der ersten Hälfte des
Jahres 1964 analysiert; dabei ergab sich eine negative Gesamtpunktzahl: 16.485 Treffer zu 18.465 Fehlern. Natürlich stand diese Punktzahl in einem auffallenden Gegensatz zu der oben erwähnten von
6679–5321, die P. S. beim gleichen Versuch im Sommer 1963 erzielt
hatte.)

So konnte dieser zweite Kommunikationsversuch nicht abgeschlossen werden, weil P. S.' Leistung ihre Zuverlässigkeit eingebüßt hatte. Dieses Ergebnis führte zu einem schwerwiegenden Schluß: Seit Anfang 1964 war die frühere zuverlässige Wiederholbarkeit von P. S.' ASW-Leistung verschwunden. Dieser Verlust muß ganz plötzlich eingetreten sein, da im November 1963 seine Leistung noch auf der normalen Höhe stand (siehe Seite 155), während bei den nächstfolgenden Versuchen, die im Januar 1964 begannen, seine Leistung bereits auf der Zufallsebene oder ein wenig unterhalb der Zufallsebene lag.

Überraschendes Versagen

Im Juli 1964, als wir in Prag den nächsten Besucher, Dr. John Beloff von der Psychologischen Abteilung der Universität Edinburgh, begrüßten, waren die oben erwähnten Analysen noch nicht durchgeführt, und wir wußten noch nicht, daß seit bereits einem halben Jahr P. S.' zuverlässige ASW-Fähigkeit erloschen war.

Dr. Beloff kam, wie die früheren ausländischen Besucher, um P. S.' ASW kennenzulernen und womöglich einige zusätzliche Untersuchungen über ihre Eigenarten anzustellen. Wir zweifelten nicht im geringsten, daß wir vor einem weiteren erfolgreichen Versuch standen, denn es gab keinen erkennbaren Grund, weshalb dies anders sein sollte.

Über die erwartete neue Bestätigung von P. S.' ASW-Leistung hinaus bestand das wissenschaftliche Ziel darin, die Möglichkeit einer psychologischen Bedingtheit des Fokuseffekts zu studieren. Dabei lag der Gedanke zugrunde, diese Abhängigkeit lasse sich steigern, wenn wir Karten verwendeten, die für P. S. eine besondere psychologische Bedeutung haben könnten.

Aus diesem Grund wurde ein Versuch durchgeführt, bei dem anstelle der gewohnten weiß-grünen Karten Schwarzweißfotografien als Zielobjekte Verwendung fanden. P. S. wurden – verhüllt – Fotografien mit verschiedenen Motiven vorgelegt: Fotografien von P. S.; Fotografien mit einem religiösen Motiv (ein Schwarzweißfoto eines religiösen Gemäldes); Fotografien mit einem schreckenerregenden Motiv (ein durch Krankheit verstümmeltes Gesicht); Fotografien mit einem erotischen Motiv (ein unbekleidetes Mädchen); dazu kamen die üblichen weiß-grünen Karten zur Kontrolle. P. S. sollte seine Bestimmungen mit den Worten „schwarz" (zur Bezeichnung der Bild-

seite der Fotografie oder der farbigen Seiten der Karten) oder „weiß"
(zur Bezeichnung der jeweils entgegengesetzten Seiten der Bestim-
mungsgegenstände) geben.

Bei den insgesamt 2400 Einzelbestimmungen notierten wir 1197
Treffer und 1203 Fehler – ein Zufallsergebnis, das erkennen ließ,
daß keine ASW erfolgt war. Das war natürlich ein sehr überraschen-
des und enttäuschendes Ergebnis; wir führten es auf die Verwendung
ungewohnter Zielobjekte zurück und unternahmen daher mit P. S.
einen anderen Versuch, bei dem wir die üblichen weiß-grünen Karten
verwendeten und uns an das Standardverfahren hielten. Dieser zweite
Versuch bestand aus 1200 Einzelbestimmungen; und es wurden nur
535 Treffer bei 665 Fehlern notiert. Das Ergebnis dieses zweiten Versuchs (65 Punkte unter der mittleren Zufallserwartung) war statistisch
signifikant (q $<$. 0002) und schien darauf hinzudeuten, daß P. S.'
ASW ihre Vorzeichen gewechselt hatte. Das war das typische Bild des
„psi-missing effect" (des sogenannten psi-bedingten Fehlers), der in
der Regel ein Anzeichen für eine negative Einstellung der Versuchsperson zum Versuch und zum Versuchsleiter bzw. einem davon ist.

Unsere beiden Versuche mit Dr. Beloff erreichten daher nicht die
theoretischen Ziele, die wir im voraus gesteckt hatten. Überdies be-
ließ das Versagen beim zweiten Versuch, der unter den gewohnten
Bedingungen stattfand, keine Begründung mehr für den Fehlschlag,
sondern zeigte unmißverständlich an: P. S. hatte seine ASW-Fähigkeit
verloren, oder die frühere Stabilität seiner ASW war zumindest verschwunden. Diese harte Tatsache traf uns schmerzlich und völlig unerwartet, und wir konnten sie uns zu diesem Zeitpunkt nicht erklären.

Neue Versuche

Nach Dr. Beloffs Abreise rätselten wir an P. S.' überraschendem
Versagen herum. Nach drei Jahren ununterbrochener Erfolge war es
gekommen wie ein Blitz aus heiterem Himmel. Schlimmer noch: Als
wir die Daten des Kommunikationsversuches analysierten, fanden
wir, wie bereits erwähnt, daß dieses Versagen keine nur zeitweilige
Indisposition war, sondern Teil eines regulären Verhaltensmusters,
das eine bleibende Änderung in P. S.' Leistung anzeigte.

Dabei schien P. S. wie vorher zu sein – geändert hatte sich nur seine ASW. Die einleuchtendste Erklärung schien uns zu sein, daß er der langen monotonen Testreihen bei dem jüngsten Kommunikationsversuch, der mehrere tausend Einzelfragen umfaßt hatte, überdrüssig geworden war – aber auch diese Erklärung war nicht überzeugend, da wir in der Vergangenheit auch schon sehr lange Versuche durchgeführt hatten, ohne daß P. S. jemals dabei versagt hätte. (Erst Jahre später, als neue Entwicklungen ein anderes Licht auf diese Ereignisse warfen, erkannten wir, daß P. S.' Versagen vielleicht einen ganz einfachen und natürlichen Grund hatte: Ohne es uns einzugestehen, hatte P. S. vermutlich kein Interesse mehr an der Erzielung guter Ergebnisse.)

Unsere erste Reaktion auf dieses plötzliche Versagen war sehr einfach: Wir versuchten, P. S.' ASW zu reaktivieren oder neu zu entfalten. Aber es stellte sich heraus, daß P. S. nicht mehr hypnotisierbar war. Seine ASW stand völlig unter seiner eigenen Kontrolle, und jeder Einfluß durch ein neues Training war unwirksam. Der einzig mögliche Weg bestand darin, im täglichen Kontakt mit P. S. die Versuche für ihn so ansprechend wie möglich zu machen, zu versuchen, ihm Motive für gute Ergebnisse zu geben und ihn anzuleiten, wie er seine ASW durch eigenes Bemühen verbessern könnte.

Das taten wir. Wir baten P. S., die Kartenbestimmungsversuche daheim fortzusetzen und erneut für sich selbst festzustellen, wie sich die Farben auf den Karten richtig erkennen ließen. Die Anweisungen schlossen die Aufforderung ein, er solle, wenn er feststelle, daß er wieder erfolgreich arbeite, den Autor informieren, und die Versuche sollten wieder aufgenommen werden.

Tatsächlich kam P. S. nach einiger Zeit wieder und erklärte, er sei zuversichtlich, daß er wieder erfolgreich arbeiten könne. Bei einem formlosen Test mit weiß-grünen Karten in undurchsichtigen Umschlägen erzielte er auch prompt bei 60 Einzelbestimmungen 46 Treffer bei 14 Fehlern. Durch dieses Ergebnis wieder ermutigt, schlossen wir, seine ASW sei zurückgekehrt, und führten einen neuen Bestätigungsversuch durch nach dem Verfahren und mit den Sicherungen, die wir in den vorausgehenden Versuchen allgemein beobachtet hatten.

Eine Assistentin richtete einen Satz von zehn Karten her, die auf der einen Seite weiß, auf der anderen grün waren, und legte sie in

undurchsichtige Umschläge, die anschließend versiegelt wurden. Sie
mischte sie gründlich und reichte sie dem Versuchsleiter. Nachdem er
sie erneut gemischt hatte, markierte der Versuchsleiter ihre Seiten
durch gleiche Zahlen, steckte sie in feste undurchsichtige äußere Umhüllungen und legte sie P. S. zur Bestimmung vor. Die Ansagen der
Versuchsperson wurden zusammen mit den Zahlen der betreffenden
Seiten auf den Umschlägen notiert. Nachdem P. S. den ganzen Durchgang von zehn Einzelbestimmungen hinter sich hatte, wurden die
Umschläge aus ihren Hüllen genommen, nach Zufallsordnung umgedreht, gemischt und hinter einem Schirm erneut in ihre äußeren
Hüllen gesteckt. In diesen Hüllen wurden sie dann erneut P. S. zum
nächsten Durchgang vorgelegt.

So wurden 200 Durchgänge (2000 Einzelbestimmungen) absolviert.
Dann öffneten wir die Umschläge mit den Karten, notierten die wirklichen Farben und analysierten das Ergebnis. P. S.' ASW erschien tatsächlich wieder in nahezu der gleichen Form wie vor dem Versagen.
Die Gesamtpunktzahl war statistisch überzeugend: 1114 Treffer zu
886 Fehlern. Auch die inneren Analysen der Daten ergaben ähnliche
Resultate wie die der vorausgegangenen Tests. Der einzige Unterschied bestand darin, daß jetzt der Fokuseffekt weniger ausgeprägt
war als vorher.

Neue Besucher

Nun war die Zeit gekommen, neue ausländische Besucher nach
Prag einzuladen, damit sie P. S.' Talent begutachten könnten. Im Sep-
temper 1964 kam Dr. John Freeman vom Institut für Parapsychologie
in Durham N. C. nach Prag in Begleitung der indischen Parapsycho-
login Fräulein B. K. Kanthamani. Kurze Zeit darauf traf der japani-
sche Psychologieprofessor Soji Otani ein.

Bei dem Versuch mit J. Freeman und B. K. Kanthamani sollte wie-
derum P. S.' Fähigkeit getestet werden, auch in Abwesenheit des
Autors in Zusammenarbeit mit den ausländischen Besuchern seine
ASW zu entfalten.

Der Versuch bestand aus 200 Durchgängen zu je zehn Einzelbestimmungen (also insgesamt 2000 Einzelbestimmungen), die bei zwei
Sitzungen in M. R.s Heim-Laboratorium durchgeführt wurden. Karten und Verfahren waren im wesentlichen die gleichen wie bei dem

Versuch mit der holländischen Gruppe (Seite 139 ff.): Weiß-grüne Karten in versiegelten, markierten, undurchsichtigen Umschlägen, die ihrerseits in undurchsichtigen, starken äußeren Umhüllungen steckten, wurden P. S. wiederholt in Durchgängen von je zehn Karten vorgelegt. Die Karten wurden zwischen den einzelnen Durchgängen sorgfältig nach Zufallsabfolge verteilt. Das Verfahren der Herrichtung der Bestimmungsobjekte stellte sicher, daß keiner von den am Versuch Beteiligten die Lage der Karten in den Umschlägen kannte; diese Lage der Karten in den Umschlägen wurde erst bekannt, als nach Abschluß des Versuches, also nach Absolvierung aller 2000 Einzelbestimmungen, die Umschläge geöffnet wurden. Der Versuch wurde durchgeführt von J. F. und B. K. K. allein. M. R. war während des ganzen Versuchs abwesend und nahm nur an der Prüfung der Ergebnisse teil.

Es wurden 1158 Treffer (158 über der mittleren Zufallserwartung) notiert. Dieses Ergebnis bestätigte überzeugend ($p < 10^{-11}$) das Wiederaufleben von P. S.' ASW-Fähigkeit und auch seiner Fähigkeit, in M. R.s Abwesenheit erfolgreich arbeiten zu können.

In einem ähnlichen Versuch mit S. Otani erzielte P. S. 1187 Treffer bei 2000 Einzelbestimmungen (187 Treffer über der mittleren Zufallserwartung); das ist ein statistisch hochsignifikantes Ergebnis ($p < 10^{-14}$) und bildet eine weitere Bestätigung für das Wiederaufleben von P. S.' ASW-Fähigkeit. Interessanterweise war die Qualität von P. S.' ASW, gemessen an dem Prozentsatz der Treffer, in all diesen Versuchen annähernd gleich hoch, wie sie es in charakteristischer Weise bei den früheren Bestätigungsversuchen mit ausländischen Besuchern gewesen war.

Ende der Zusammenarbeit

Doch das Wiederaufleben der ASW-Fähigkeit unserer Versuchsperson im Herbst 1964 sollte nur von kurzer Dauer sein. Bald nach der Abreise von Professor Otani wurde seine Leistung wieder unstabil. Wir konnten daher kein wichtiges neues Forschungsprojekt in Angriff nehmen. Offene Probleme aus früheren Forschungen konnten nicht gelöst werden.

Seltsamerweise schien sich außer der Änderung seiner Leistung an P. S. nichts geändert zu haben. Er nahm regelmäßig an den Versuchen teil, und sein Verhalten war wie gewöhnlich freundlich. Ich versuchte, ihm zusätzlich einige Büroarbeit zu geben, so daß ich ihm auch in den Perioden, in denen die geringe Qualität seiner ASW-Leistung intensive Versuchstätigkeit nicht rechtfertigte, einige zusätzliche Einnahmen verschaffen konnte. Ich suchte nach neuen Wegen, um sein Interesse an einem Erfolg zu steigern. So schien alles in bester Ordnung – außer seiner ASW, die nicht mehr vorhanden war.

Bei näherem Hinsehen gab es aber doch einige Änderungen in P. S.' Verhalten: seine Neigung zur Zusammenarbeit wurde irgendwie schwächer. Er verwandelte sich in eine Art Primadonna. Während er vorher darauf bedacht war, zu tun, was von ihm erwartet wurde, und bereit, seine ganze Freizeit für die Versuchstätigkeit zur Verfügung zu stellen, stellte er nun Ansprüche. Auch seine Leistung während der Versuche wurde weniger sorgfältig. Während er früher die ganze Versuchsdauer über aufmerksam und konzentriert erschien, begann er nun, die Farben in einer offenbar schlampigen Weise, gleichsam aufs Geratewohl, anzugeben, ohne die nötige Aufmerksamkeit für seine Aufgabe, so daß der Eindruck entstand, es komme ihm nicht auf die Ergebnisse an. Rückblickend erinnerten wir uns, daß sich ähnliche Zeichen mangelnder Beteiligung auch schon in der ersten Hälfte des Jahres 1964 gezeigt hatten, als seine Leistung unter die Zufallserwartung absank.

Doch all diese Änderungen in P. S.' Verhalten waren nicht so auffallend, daß sie besorgniserregend wurden, und wir maßen ihnen daher keine besondere Bedeutung bei. Es war schließlich durchaus zu verstehen, daß P. S. einmal private Gründe haben konnte, die Teilnahme an einem Versuch abzusagen. Ebenso konnte die inzwischen mangelnde Sorgfalt bei seiner Arbeit auch auf eine gewisse Ermüdung zurückzuführen sein. Diese Beobachtungen erhielten erst im Lichte von Ereignissen, die Jahre später eintraten, eine neue Bedeutung.

Lange Zeit standen wir ratlos vor diesem neuerlichen Stabilitätsverlust von P. S.' ASW-Leistung. In der Vergangenheit hatte er seine ASW unter Kontrolle gehabt; und nun war er immer noch ausreichend zur Zusammenarbeit bereit, und wir erkannten daher keinen Grund für den Verlust seiner Fähigkeit. Im Gegensatz zum vorübergehenden Nachlassen seiner ASW in der Vergangenheit (besonders dem Anfang 1964) schien der Verlust diesmal bleibend zu sein.

Bisweilen schien es, als liefere P. S. vorsätzlich (doch ohne es zuzugeben) seine ASW nur „dosiert" – gerade so, daß er interessant genug blieb, um eine Fortführung der Versuche zu motivieren, ohne daß er jedoch bereit gewesen wäre, irgendwelche wirklich wertvollen Ergebnisse zustande zu bringen. So erzielte er zum Beispiel in einem der formlosen Tests, mit denen wir periodisch seine Leistung prüften, bei 300 Bestimmungen 200 Treffer und nur 90 Fehler (69,7 Prozent), doch dieser Test hatte keinerlei wissenschaftlichen Wert: Er sollte nur zeigen, ob es der Mühe wert war, zu diesem Zeitpunkt einen weiteren, komplizierter angelegten Versuch durchzuführen. Bei dem formellen Versuch unmittelbar nach diesem ermutigenden Ergebnis erreichte er bei 7650 Einzelbestimmungen 3846 Treffer und 3004 Fehler (50,3 Prozent Treffer). Ein andermal erzielte er bei einem wertlosen Probetest 76 Treffer auf 100 Bestimmungen (76,0 Prozent). Bei dem sich anschließenden in aller Form durchgeführten Versuch aber kam er wieder nur auf das Zufallsergebnis von 3865 Treffern und 3785 Fehlern (50,5 Prozent Treffer) bei 7650 Bestimmungen.

Doch konnten wir nicht glauben, daß P. S. seine ASW vorsätzlich „dosiere". Wir vermuteten eher, daß irgendwelche psychologischen Faktoren ihn störten. Zuerst dachten wir, er würde fürchten, die ständige erfolgreiche Demonstration seiner ASW könne ihn in den Brennpunkt unerfreulicher Aufmerksamkeit tschechoslowakischer Behörden bringen (sein ängstlicher Charakter schien für diese Vermutung zu sprechen). Erst später gelang es uns, Bruchstücke aus vergangenen Gesprächen, gelegentliche Bemerkungen gemeinsamen Freunden gegenüber und andere Anzeichen aus Ereignissen, die zu privater Art sind, als daß sie hier berichtet werden könnten, zu einem verständlichen Bild zusammenzusetzen. Das deutete dann zumindest auf einige Faktoren hin, die bereits lange Zeit unbemerkt im Hintergrund gewirkt hatten.

Wir erkannten, daß sich bei P. S. eine entschiedene Feindseligkeit gegen den Autor entwickelt hatte, die er jahrelang zu verbergen gewußt hatte. Der Grund für diese Feindseligkeit ließ sich nur erraten. Die größte Wahrscheinlichkeit spricht für die Annahme, daß er zu selbstbewußt und stolz auf seine ASW geworden war und sich einbildete, seine Mitarbeit werde nicht genügend gewürdigt – sowohl auf der Ebene von Ehrung und Ansehen als auch in finanzieller Hinsicht.

Während unserer Versuche erhielt P. S. eine regelmäßige Vergütung für seine Mitarbeit, die nach tschechischen Maßstäben sehr gut war.

Aber grundsätzlich vertrat ich immer den Standpunkt, er solle seine ASW-Fähigkeit als Gabe auffassen, die er in den Dienst der wissenschaftlichen Forschung zu stellen und nicht kommerziell auszubeuten habe. Offenbar war diese Auffassung nicht realistisch genug: ASW scheint den gleichen Gesetzen von Angebot und Nachfrage zu unterliegen wie alles, was auf einem Markt angeboten wird. P. S. hatte erkannt, daß seine Fähigkeit einzigartig und die Nachfrage nach einer Person mit ASW groß war. Durch seine Kontakte mit ausländischen Parapsychologen hatte er festgestellt, daß Zusammenarbeit mit ihnen ihm Vorteile bringen konnte, die der Autor ihm damals nicht gewähren konnte; und da er schon lange vorher gelernt hatte, seine ASW unabhängig einzusetzen, glaubte er, er könne künftighin ganz nach eigenem Gutdünken darüber verfügen. So verbarg er seine feindlichen Gefühle, machte seine eigenen Pläne und beteiligte sich weiterhin an den Versuchen des Autors, als wäre nichts geschehen. Äußerlich war, wie gesagt, kaum eine Änderung in seinem Verhalten zu beobachten; innerlich aber hatte er nicht mehr den geringsten Wunsch, seine ASW bei diesen Versuchen zu betätigen.* Im Oktober 1966 schließlich informierte P. S. den Autor von seinem Entschluß, die Zusammenarbeit mit ihm ganz einzustellen und statt dessen mit anderen Forschern zusammenzuarbeiten. Das war das Ende unserer Zusammenarbeit.

Später stellte sich P. S.' ASW-Fähigkeit wieder ein. In Versuchen mit anderen Forschern zeigte er – mit wechselndem Erfolg – die frühere Form seiner ASW-Leistung.

Die Schlußphase unserer Zusammenarbeit ist sehr aufschlußreich und läßt eine Reihe typischer Schwierigkeiten bei der ASW-Forschung erkennen. Sie zeigt, wie komplex die psychologischen und soziologischen Probleme sind, mit denen wir uns auseinanderzusetzen haben, wenn wir die ASW-Leistung einer Versuchsperson für eine längere

---

* Den Ausschlag dazu gab, wie man leicht verstehen wird, die Ermutigung, die P. S. seitens eines der mit ihm experimentierenden Parapsychologen erfuhr. Ich verfüge über eine Erklärung von P. S. vom 9. September 1966, worin er feststellt: „Mr. X sagte mir, daß es seiner Meinung nach für unsere Experimente besser wäre, wenn ich die Versuche mit Dr. Rýzl einstellen und weiterhin nur mit ihm experimentieren würde. Das habe ich versprochen. Er sagte mir auch, er würde, falls die Ergebnisse meiner Sitzungen weiterhin hervorragend seien, in Erwägung ziehen, mich in nächster Zeit in die Vereinigten Staaten kommen zu lassen."

Zeit erhalten wollen. Diese Schwierigkeiten können besonders groß werden, wenn die Versuchsperson ihre ASW unter Willenskontrolle bekommt; dann hängt die Qualität der von ihr gezeigten Leistung auch davon ab, ob sie im Augenblick überhaupt ihre ASW betätigen will oder nicht. Der Versuchsleiter hat natürlich nur einen Zugang zu den äußeren Aspekten der Leistung der Versuchsperson und kann für eine unbestimmte Zeit in völliger Unwissenheit über wichtige Faktoren bleiben, die die Leistung der Versuchsperson von Grund auf ändern können – wenn die Versuchsperson sie ihm verheimlicht.

ASW-Training im Gruppenversuch

Wir erwähnten bereits, daß die Hauptabsicht, für die wir P. S. trainiert hatten, die Demonstration von ASW vor einem skeptischen Publikum war, um durch solch eine Demonstration das Interesse tschechoslowakischer Wissenschaftler zu reizen und Mittel für künftige parapsychologische Forschungen zu erlangen. P. S. wurde trainiert, um ASW zu demonstrieren; er demonstrierte sie – und schließlich wurde tatsächlich das Interesse tschechoslowakischer Stellen geweckt!

Aber des Schicksals Tücke wollte, daß dieses Interesse leider nicht von der Art war, die einer freien Forschung dienlich sein konnte; statt dessen mußte der Autor auf diese Aufmerksamkeit hin im Sommer 1967 sein Land verlassen und kam in die Vereinigten Staaten. Das erbrachte ihm allerdings die Möglichkeit, weitere Forschungen auf neuen Wegen zu betreiben: Er konnte eine vorläufige Forschung über die Anwendbarkeit des ASW-Trainings in der Gruppensituation durchführen.

Wenn wir an ASW-Forschung denken, fassen wir auch die Möglichkeit ihrer künftigen praktischen Anwendung ins Auge. Und natürlich erfordert jede praktische Anwendung der ASW in größerem Umfang, daß diese Fähigkeit fester Besitz möglichst vieler Menschen wird. ASW müßte – um einen Vergleich zu gebrauchen – ebenso verbreitet werden wie Schreiben oder Lesen. Wenn das notwendig ist und wenn ASW trainiert und entfaltet werden kann, müßte ein in einer Gruppensituation durchgeführtes Training wirksamer sein als eins bei Einzelpersonen wie im Falle von J. K., P. S. und anderen früher erwähnten Versuchspersonen. Damit greifen wir den Gedanken auf, daß eines Tages ASW in den Schulen gelehrt werden könnte – ähnlich wie man dort heute Lesen und Schreiben lernt.

Eignet sich ASW wirklich für die Einübung in einer Gruppensituation? Der folgende Versuch gab uns die Antwort. Es sei aber gleich gesagt, daß diese Antwort nur vorläufig ist, da mehrere Hindernisse, die sich unserer Kontrolle entziehen, uns nicht gestatten, so viele Versuchsdaten zu sammeln, wie wir gehofft hatten.

1969 hielt ich einen kurzen Einführungskurs für Parapsychologie vor einem breiteren Publikum in San Diego, Kalifornien. Der Kursus lief über drei Wochen und bestand aus neun Einzelveranstaltungen (drei pro Woche). Bei jeder wurde die Hälfte der Zeit für Vorlesung und Diskussion verwendet, während in der verbleibenden Stunde ein Versuch des ASW-Trainings durchgeführt wurde.

Die insgesamt acht Stunden, die wir für den Versuch verwenden konnten, genügten natürlich kaum, und das Versuchsprogramm mußte stark kondensiert werden, um dieser zeitlichen Begrenzung Rechnung zu tragen. Bei der ersten Sitzung führten wir mit allen Teilnehmern Kontrollversuche in drei Abwandlungen durch – als Test für Hellsehen, Telepathie und Präkognition. Die zweite und dritte Sitzung waren der Gruppenhypnose und Konzentrationsübungen vorbehalten mit dem Ziel, die ASW-Fertigkeit der Teilnehmer, jedoch nur im Hellsehen, zu steigern. Während der vierten bis achten Sitzung wurden Tests in Hellsehen, Telepathie und Präkognition wiederholt, um festzustellen, ob nach zwei Übungssitzungen eine Änderung in der Leistung der Teilnehmer festzustellen war. (Für die letzte, die neunte Sitzung, die ausschließlich der allgemeinen Diskussion vorbehalten bleiben sollte, konnte kein Versuch geplant werden.)

Für den Hellsehtest richtete der Autor einen Satz von 50 Karten (25 weiße und 25 schwarze) in undurchsichtigen Umschlägen her. Die Farben waren in einer Zufallsfolge verteilt. Der Autor stand vor der Gruppe der Zuhörer, hob einen Umschlag nach dem anderen hoch, und die Teilnehmer wurden aufgefordert, jeweils die Farbe der inliegenden Karte zu bestimmen. Es wurden einige naheliegende Vorkehrungen getroffen, um die gegenseitige Beeinflussung der Teilnehmer möglichst gering zu halten. Sie saßen mit geschlossenen Augen, in weiten Abständen voneinander, und antworteten wortlos durch Handheben (die eine Hand bedeutete „weiß", die andere „schwarz"). Die Teilnehmer waren angewiesen, ihre Antworten durch Handheben alle im gleichen Augenblick auf ein bestimmtes Signal hin zu geben. Dann notierte der Assistent die Ansagen.

Für den Telepathietest hatte der Autor im voraus eine Liste von 50 Signalen für „rechts" oder „links" in einer Zufallsabfolge hergerichtet. Er zählte dann, hinter der Gruppe stehend, jedesmal langsam von 1 bis 50 und konzentrierte sich dabei jeweils auf ein mentales Signal an die Teilnehmer, ihre linke oder rechte Hand zu heben. Die Assistentin notierte die Antworten (ohne die richtige Abfolge der Signale zu kennen); nach Abschluß des Tests wurden ihre Notizen an Hand der Liste des Autors geprüft.

Der Präkognitionstest war eine Abwandlung des Record-Sheet-Tests für Präkognition, der in Versuchen mit Fräulein J. K. (siehe Seite 72) verwendet worden war. Anstelle des Originalblattes mit 500 Feldern wurde bei diesem Test ein ähnliches Blatt mit nur 100 Feldern verwendet. Die Versuchspersonen sollten auf einem darübergelegten Blatt durchsichtigen Papiers schriftlich eine Vorhersage geben, welche Auswahl von Symbolen auf die Felder des Blattes fallen würde (zur Auswahl standen fünf Symbole: $\triangle \, \bigcirc \, \mathsf{L} \, + \, =$). Die Assistentin fügte dann nachher die Symbole in einer Zufallsordnung in alle Felder ein, und die Trefferzahl wurde ermittelt.

Leider stieß der ganze Plan auf eine Anzahl Probleme: Als erstes mußte der Gesamtvorgang des Trainings, der für gewöhnlich mehrere Wochen oder Monate in Anspruch nimmt, schematisiert und in nur zwei kurze Sitzungen gepreßt werden. Ein weiteres Handikap in jeder Hinsicht bestand in der Unmöglichkeit einer Aufmerksamkeit für den Einzelteilnehmer. Und schließlich gestattete die Kürze der Zeit keine sorgfältige Hypnose. Generell wurde der geeignete Bewußtseinszustand nur in einer groben Annäherungsform erreicht, und häufig beschränkte sich die gesamte „hypnotische" Einflußnahme auf Wachsuggestionen der Entspannung und des Selbstvertrauens. Die Teilnehmer brauchten eine sehr lange Konzentrationszeit für jede Einzelaufgabe, und wenn sie keinen genügend klaren Eindruck bekamen, gaben sie überhaupt keine Antwort. Diese Hindernisse sind, zusammen mit den allgemeinen Schwierigkeiten des Arbeitens mit einer größeren Personenzahl, schuld daran, daß wir bedeutend weniger gültige Daten erhielten als geplant. Und schließlich waren nicht alle Teilnehmer an diesem Versuchsteil genügend interessiert: Viele von ihnen besuchten die Vortragsreihe nur sehr unregelmäßig, so daß wir am Ende nur die Daten von zehn Teilnehmern berücksichtigen konnten, die an allen Vorträgen teilgenommen hatten (von 27 ursprünglich Eingeschriebenen).

Dennoch vermittelten die von diesen zehn Teilnehmern erzielten Daten uns einige wertvolle Informationen.

Bei dem Kontrollversuch (bei dem nicht mit ASW gerechnet wurde) erzielten wir die erwarteten Zufallsergebnisse, die das Fehlen von ASW anzeigten:

(1) Bei dem Hellsehtest: 261 Treffer, 239 Fehler bei 500 Einzelbestimmungen.

(2) Beim Telepathietest: 242 Treffer und 258 Fehler bei 500 Einzelbestimmungen.

(3) Beim Präkognitionstest: 228 Treffer bei 1000 Einzelaufgaben (die mittlere Zufallserwartung bei diesem Test betrug 20 Prozent Treffer).

In den Sitzungen nach dem Training notierten wir folgende Ergebnisse:

(1) Beim Hellsehtest: 51 Treffer und 26 Fehler bei 77 Bestimmungen. Dieses Ergebnis ist statistisch signifikant ($p < .005$ in einer binomischen Formel ausgedrückt) und zeigt das Vorhandensein von ASW an. Auch die Differenz der Ergebnisse vor und nach dem Training ist statistisch signifikant in einer Höhe von 2,5 Prozent ($X^2 = 5.29$, 1 d. f.). Bedauerlicherweise leidet die Überzeugungskraft dieses Ergebnisses aber unter der geringen Zahl der Bestimmungen, die notiert werden konnten.

(2) Beim Telepathietest: ein Zufallsergebnis von 93 Treffern und 85 Fehlern auf 178 Einzelaufgaben.

(3) Das Ergebnis beim Präkognitionstest erreichte eine marginale statistische Signifikanz: 356 Treffer auf 1568 Aufgaben (42 Treffer über der mittleren Zufallserwartung); aber die Differenz zwischen dem Ergebnis vor und nach dem Training ist nicht signifikant.

Diese Ergebnisse gestatten uns folgenden provisorischen Schluß: Selbst das oberflächliche Training, das bei dem Versuch möglich war, verbesserte die Leistung beim Hellsehtest (dem einzigen Test, bei dem eine ASW-Fertigkeit trainiert worden war). Das spricht zugunsten unserer Erwartung, daß sich ASW in einer Gruppensituation einüben läßt. Zugleich aber konnten wir bei den anderen Tests keinen genügenden Beweis für die Beteiligung von ASW finden. Das würde darauf hindeuten, daß das Training nicht irgendeine allgemeine ASW-

Fähigkeit steigert, sondern in erster Linie die bestimmte Fertigkeit, die trainiert wird. (Diese Feststellung findet eine Analogie im Lernprozeß: Wir erwerben zum Beispiel, wenn wir Fremdsprachen lernen, nicht die allgemeine Fertigkeit, „fremde Sprachen zu sprechen", sondern wir lernen eben Spanisch oder Russisch oder Deutsch usw.). Doch der sehr knappe Erfolg beim Präkognitionstest kann auch bedeuten, daß der Erwerb einer ASW-Fähigkeit den Erwerb anderer ASW-Fähigkeiten erleichtert.

Natürlich hat dieser kurze Versuch nicht alle Probleme beantwortet und konnte es auch gar nicht. Einflüsse psychologischer Faktoren sowie mögliche Unterschiede in der Motivierung vor und nach dem Training waren nicht völlig auszuschalten. Weitere einschlägige Forschung ist notwendig, ehe ein endgültiger Schluß gezogen werden kann. Doch konnte zumindest gezeigt werden, daß bei diesem speziellen Versuch eine gezielte Anleitung der Gruppe zu einer Verbesserung der ASW-Ergebnisse bei ihren Mitgliedern führte.

* * *

Wenn wir über ASW-Training in einer Gruppensituation sprechen, dürfen wir ein verbreitetes Mißverständnis nicht außer acht lassen. Es gibt verschiedene Kurse oder „Schulen", die ein Training anbieten, das sie bisweilen als „psychische Entfaltung", Training der „inneren Bewußtheit" oder der „ASW" ausgeben. Auch besteht bei vielen Menschen ein erhebliches Interesse an Praktiken und Konzentrationsübungen, die zu ungewöhnlichen Erfahrungen ekstatischer oder mystischer Art führen sollen und häufig einen religiösen oder philosophischen Inhalt haben; und es ist zu einer verbreiteten Gewohnheit geworden, von „außersinnlicher Wahrnehmung" zu sprechen, wenn diese Erfahrungen gemeint sind.

Um Mißverständnisse und mögliche Verwechslungen mit solchen „Schulen" oder Praktiken zu vermeiden, möchten wir noch einmal ausdrücklich definieren, was der Begriff ASW in diesem Buch bedeutet: ASW (= außersinnliche Wahrnehmung) wird hier als ein neuer Weg zum Erwerb von Information über Ereignisse in der Umwelt verstanden, als eine Art neuer Sinn, der unabhängig von den bekannten Sinnen arbeitet.

Wenn wir den ASW-Charakter bestimmter Erfahrungen anerkennen wollen, müssen wir eine vernünftige Sicherheit haben, daß sie irgendeine gültige Information gebracht hat; daß diese ihren Ursprung nicht in normalen Sinnesreizen oder schlußfolgerndem Denken hat; und daß sie nicht allein vorhandene Kenntnisse oder Glaubensinhalte der sie erlebenden Person widerspiegelt. Um sicher zu sein, daß ASW aufgetreten ist, müssen wir die Möglichkeit haben, die Richtigkeit der Erfahrung objektiv durch andere Sinne nachzuprüfen oder durch vergleichbare adäquate Methoden. Der objektive Charakter des Empfangs außersinnlicher Signale als Träger einer gültigen Information ist hier wesentlich.

Nicht erfüllt wird diese Bedingung normalerweise bei subjektiven Erfahrungen, die möglicherweise interessante und vielleicht persönlich bedeutsame, aber nichtsdestoweniger nur subjektive Erfahrungen stimulieren oder entwickeln.

Damit ist natürlich nicht gesagt, daß nicht auch dort ASW im Spiele sein könnte. Wir können also nicht von vornherein die Möglichkeit bestreiten, daß – in Zukunft einmal – auch in ekstatischen und religiösen Erfahrungen irgendein ASW-Gehalt entdeckt werden könnte. Aber bisher ist noch kein experimenteller Beweis für das Wirken von ASW in derartig hoch subjektiven Erfahrungen erbracht worden.

*   *   *

In diesem Zusammenhang sollte ferner noch einmal betont werden, daß das, was in allen in diesem Buch beschriebenen Versuchen angestrebt wurde, eine kritisch geprüfte, objektive Evidenz war, die die wesentliche Vorbedingung für jede wissenschaftliche Forschung bildet. Im Gegensatz dazu sind viele volkstümliche Behauptungen über Verwendung von ASW, die immer wieder einem allzu leichtgläubigen Publikum vorgelegt werden, unkritisch übertrieben. Leider führen derartige unbegründete Behauptungen dazu, daß auch andere, ernsthaftere Bemühungen um die Erforschung von ASW und verwandten Phänomenen in Verruf geraten.

Ausblicke in die Zukunft

Aus den oben beschriebenen Versuchsergebnissen läßt sich ein wichtiger Schluß ziehen: Wir sind an den Punkt gelangt, an dem wir behaupten können, daß ein gewisses Maß von Kontrolle über ASW erreichbar ist und daß ASW selbst bei Versuchspersonen entwickelt werden kann, die nie zuvor daran gedacht haben, über derartige Fähigkeiten zu verfügen. Die Hypnose hat sich als wirksames Werkzeug zu diesem Zweck erwiesen. Sie braucht durchaus nicht das einzige Werkzeug zu sein, hat sich aber als wirksam herausgestellt.

Die hier ausführlich dargestellten Fälle zweier Versuchspersonen zeigen, daß das Auftreten von ASW nicht auf eine besondere Gruppe von Menschen beschränkt ist. Beide Versuchspersonen waren so verschieden voneinander wie nur möglich: J. K. war eine junge Dame mit sehr dynamischer Persönlichkeit, extravertiert und stark auf Aktivität ausgerichtet; P. S. war ein zurückgezogen lebender, introvertierter Mann, der sich gern Tagträumen überließ.

Wir könnten sagen: Wenn einmal die richtige Methode zur Entfaltung der ASW gefunden worden ist, steht nichts mehr ihrer Anwendung in großem Umfang im Wege. Wir möchten sagen: Hunderte, ja Tausende von weiteren Versuchspersonen könnten ohne Schwierigkeiten für die Demonstration von ASW und ihre praktische Verwendung trainiert werden. Und doch liegen die Dinge nicht so einfach. Überall in der Wissenschaft ist der Weg von der Entdeckung eines neuen Phänomens bis zu seiner praktischen Anwendung weit und voller Hindernisse. Viel hängt davon ab, wie früh der Bedarf nach der Entdeckung erkannt wird und welche finanziellen Mittel und Hilfskräfte für ihre weitere detaillierte Erforschung verfügbar sind.

Hier dürfte vielleicht der Vergleich mit der Erforschung der Atomenergie passend sein. Ihre Entdeckung war nur ein sehr bescheidener

Anfang. Die ersten Forschungsarbeiten waren denkbar primitiv. Sie befriedigten eher die Wißbegier einer Handvoll Wissenschaftler, die von dem seltsamen Phänomen fasziniert waren und unbedingt die Wahrheit über sein Wesen erfahren wollten, als irgendwelche praktische Bedürfnisse. Viele Jahre, ein großer Aufwand und intensive Bemühungen vieler Tausender Spezialisten waren notwendig, ehe genügend Informationen über die Einzelheiten der Vorgänge gesammelt waren, die schließlich zur industriellen Nutzung der neuen Energie führen konnten.

Im Falle der ASW dürften die Schwierigkeiten noch größer sein. Das Verhalten subatomarer Teilchen geschieht nach Gesetzen, die sich mathematisch formulieren lassen; ihre Eigentümlichkeiten können objektiv gemessen und ihr Verhalten kann mit genügender Genauigkeit vorausgesagt werden. Aber die für ASW bestimmenden Gesetze sind größtenteils psychischen Ursprungs, und es sind Einzelmenschen beteiligt, von denen jeder vom anderen verschieden ist und sich ständig ändert. Die Komplexität der psychologischen Struktur jedes Individuums macht es notwendig, weit mehr komplexe Regelhaftigkeiten in Rechnung zu stellen, ehe eine Anwendung von ASW in großem Maßstab möglich wird.

Das Problem der Kontrolle der ASW reicht daher über das eigentliche Training dieser Fähigkeit hinaus. Ist sie einmal entwickelt, so ergibt sich ein weiteres Problem: Wie läßt sie sich über einen längeren Zeitraum hin erhalten? Bei der ASW begegnen wir einem Problem, das allen menschlichen Fertigkeiten eigen ist: Sie ist keine bleibende, statische Fähigkeit, sondern eine dynamische Befähigung, die sich ändert und entwickelt. Neue Fertigkeiten werden beim Vorgang ihrer Anwendung selbst entwickelt, während ungenutzte Fertigkeiten nach und nach vergessen werden und verlorengehen.

Außerdem ist die vorhandene Methode zur Entfaltung der ASW keineswegs einfach. Viel hängt von ihrer individuellen Anpassung an jede einzelne Versuchsperson ab. Ein Erfolg kann nicht erzwungen werden, und im Gegensatz zu ihrem ungewissen Ergebnis stellt die Methode große Ansprüche an die Geduld und das hingebungsvolle Interesse des Versuchsleiters wie der Versuchsperson.

Ich erinnere mich an eine einige Jahre zurückliegende Diskussion, die ich in der Zeit, als ich noch in Prag lebte, mit einem ausländischen

Besucher hatte, der gekommen war, um P. S.' Leistung zu prüfen. Obwohl er von ihr beeindruckt war, fragte er mich nach der Trainingsmethode. Er erkundigte sich, wieviel Zeit ungefähr erforderlich ist, um eine erfolgreiche Versuchsperson auszubilden. Ich erzählte ihm, ich experimentiere mit jeder Versuchsperson im Durchschnitt dreimal wöchentlich in Sitzungen von durchschnittlich zwei Stunden Dauer; es seien mehrere Monate erforderlich, um gute Ergebnisse zu erzielen; und nur ein begrenzter Prozentsatz von Versuchspersonen erweise sich als wirklich erfolgreich. Der Besucher verglich dann in Gedanken die relativ geringe Wirksamkeit der Methode (bei nur zehn Prozent der sich als Versuchsperson Meldenden) und die heutige Lage der Dinge, die eine Forschung auf diesem Gebiet vom Standpunkt des materiellen Nutzens aus kaum vertretbar werden läßt. Er prophezeite daher, die Chance, genügend Versuchsleiter und Versuchspersonen mit ausreichender Geduld und Motivierung zur Entdeckung eines ernsthafte Versuche lohnenden Verfahrens zu finden, sei äußerst gering.

Alle Versuchspersonen, mit denen ich gearbeitet habe, verloren entweder im Laufe der Zeit ihre Fähigkeit oder wurden sonst für weitere Forschungen unansprechbar. Normalerweise geschah dies im Gefolge einer Änderung ihrer Einstellung zu den Versuchen. J. K. verlor ihre Fähigkeit nach einer Reihe tragischer Ereignisse, die ihr Leben von Grund auf änderten. P. S.' ASW wurde unstabil im Gefolge psychischer Konflikte, die mit seinen Bemühungen Hand in Hand gingen, aus seiner Fähigkeit persönliche Vorteile zu ziehen. Aber beide Versuchspersonen waren genügend motiviert, um mehrere Jahre hindurch mit ASW zu leben.

Die meisten meiner Versuchspersonen jedoch konnten keine längere Zeit über mit ASW leben. Viele von ihnen beendeten die Zusammenarbeit aus so naheliegenden Gründen wie Zeitmangel vor dem Examen, Heirat oder Umzug in eine weit entfernte Stadt. Doch allgemein und zu meiner großen Überraschung mußte ich feststellen, daß meine Versuchspersonen für gewöhnlich früher oder später eine negative Einstellung ihrer ASW gegenüber entwickelten.

Das überraschte mich deshalb, weil ich ASW stets als wünschenswerte Fähigkeit betrachtet habe, weil ich die große Bedeutung sah, die die Entwicklung eines neuen, umfassend einsetzbaren Sinnes für die

Menschheit haben kann. Häufig habe ich eine Person mit ASW-Fähigkeit in unserer gegenwärtigen Zivilisation mit einem Sehenden unter Blinden verglichen; und ich glaube fest daran, daß eine Kontrolle über die ASW unsere Zivilisation von Grund auf wandeln kann, ja daß sie es uns einmal ermöglichen wird, nur durch richtige geistige Konzentration vieles von dem zuwege zu bringen, was wir heute durch technische Mittel bewerkstelligen.

Nach meiner Meinung sollte die ASW von all diesen verheißungsvollen Perspektiven aus als eine sozial wünschenswerte Fähigkeit betrachtet werden, und ich habe immer geglaubt, meine Versuchspersonen müßten erfreut sein bei der Aussicht, diese Fähigkeit zu erwerben (genauso, wie ich selbst es sein würde, wenn ich diese Fähigkeit besäße). Zwar gaben sie im einführenden Gespräch vor Beginn des Trainings für gewöhnlich ihrem Wunsch Ausdruck, zur ASW zu gelangen; doch mit der Zeit und wenn sie sich später der Tatsache gegenüber sahen, daß sie wirklich über ASW verfügten, schienen sie ihre Meinung zu ändern.

Das ausgeprägteste Beispiel war Herr T. L., ein 19jähriger Medizinstudent, der mich eines Tages im Dezember 1959 aufsuchte und mir sein ernsthaftes Interesse erklärte, sich dem hypnotischen ASW-Training zu unterziehen. Er erwies sich als außerordentlich gut hypnotisierbar, und ihm gelang etwas ganz Ungewöhnliches, was ich bis dahin bei keiner anderen von meinen Versuchspersonen erlebt habe: Bei unserer ersten Sitzung schon entwickelte er eine derart vollkommene ASW, daß er ohne einen einzigen Irrtum den ganzen Satz von 25 ASW-Symbolen bestimmen konnte. Natürlich war ich glücklich, eine neue, so vielversprechende Versuchsperson zu haben, und da er sich während des Versuchs im Zustand der Hypnose befand, achtete ich besonders darauf, daß er sich nach dem Erwachen aller Einzelheiten erinnerte. Ich hoffte, die Erinnerung an seine sensationelle, ja nahezu unglaubliche Leistung werde sein Interesse an der Fortsetzung unserer Versuche weiter steigern. Wir vereinbarten eine Zeit für das nächste Treffen – doch kam er nie wieder und vermied jeden weiteren Kontakt mit mir sorgfältig. Später einmal erzählten mir seine Kommilitonen, der junge Mann sei von seiner Erfahrung, die nicht in sein Weltbild hineinpaßte, allzusehr erschüttert worden.

Es war eher die Regel als eine Ausnahme, daß meine Versuchspersonen ihre ASW ablehnten, wenn sie sie einmal entwickelt hatten.

Diejenigen von ihnen, die bereit waren, über ihre Empfindungen mit mir zu sprechen, beklagten sich über folgende Hauptgründe für ihre Einstellung:

(1) Sie hatten das Empfinden, die ASW unterscheide sie allzusehr von den übrigen Menschen ihrer Umgebung, und ihnen war unbehaglich bei dem Gedanken, zu stark von der „Norm" abzuweichen; sie fürchteten, lächerlich zu erscheinen.

(2) Andere litten unter der Last, allein eine Fähigkeit zu besitzen, die allzu kostbar und allzu erwünscht sein konnte; sie fürchteten, allzusehr das unerfreuliche Interesse staatlicher Stellen zu erregen. (Diese Überlegungen erklären vielleicht, weshalb die Mehrzahl meiner Versuchspersonen unbedingt ungenannt zu bleiben wünschte.)

(3) Manche Versuchspersonen fürchteten, ihre ASW-Fähigkeit könne ein Anzeichen für einen anormalen oder gar pathologischen Zug ihrer Persönlichkeit sein, der später möglicherweise zu Geistesstörungen führen könne.

(4) Oder sie empfanden die ASW als ambivalent und wandten dagegen ein, sie könne zu einem unerfreulichen Eindringen in die Privatsphäre jedes Einzelmenschen führen.

(5) Und schließlich fürchteten sie, ihre ASW könne sich ihrer Kontrolle entziehen und ihnen Informationen über unerfreuliche Ereignisse bringen (zum Beispiel über einen plötzlichen Tod), die sie oder ihnen Bekannte erwarteten und die sie besser nicht kennen wollten. (Das ist natürlich grundsätzlich kein gültiges Argument, denn wir können nicht auf die Fähigkeit des Lesens verzichten aus Furcht, wir könnten bei der Lektüre auf irgendwelche unerfreulichen Informationen stoßen.)

Diese wenigen Beispiele ablehnender emotionaler Reaktionen auf ASW können die Komplexität der mit der Kontrolle über die ASW zusammenhängenden Probleme veranschaulichen. Wir sind soweit gekommen, daß wir ein gewisses Maß von Kontrolle über Faktoren gewinnen können, die für das Auftreten von ASW maßgeblich sind. Viele Probleme warten noch auf ihre Lösung, Probleme, die sich der Kontrolle des Einzelmenschen entziehen. So ist zum Beispiel das Problem, wie sich für einen Menschen eine dauerhafte Motivierung, ASW zu haben und zu verwenden, schaffen läßt, nicht mehr ein Problem der Psychologie allein; es ist weit mehr ein komplexes soziologisches Problem. Es schließt die Frage der Haltung des einzelnen der ASW gegenüber ein, aber diese Haltung wird notwendig bestimmt von der Haltung der Gesellschaft dem einzelnen gegenüber, der die Fähigkeit der ASW besitzt. (Ich denke dabei nicht nur an die Furcht vor der Lächerlichkeit; es sind in der Vergangenheit verschiedene Fälle bekanntgeworden, in denen die Gesellschaft einzelne getötet hat, die unter dem Verdacht standen, Fähigkeiten zu besitzen, die wir als ASW bezeichnen würden.)

Man spricht heute gern von ASW, und das ist solange ein erregendes Thema, wie jedermann zu wissen glaubt, daß gelegentliche bisher beobachtete Fälle von ASW sehr unvollkommen und unzuverlässig waren. Unter solchen Umständen besteht keinerlei Grund zu wirklichen Befürchtungen, und ASW gilt als eine Art netter Zeitvertreib. Doch sobald die Möglichkeit (oder die Gefahr?) auftaucht – und sei es nur in weitester Ferne –, die ASW könne zuverlässig und in der Praxis nach bestimmten Regeln benutzt werden, sieht man in dem Zeitvertreib ein sehr ernstes Problem; und es kann sogar die Frage auftauchen, ob ASW wirklich eine wünschenswerte Fähigkeit ist (zumindest im gegenwärtigen Stadium der Menschheitsentwicklung).

Offenbar wird es keine wirkliche Kontrolle über ASW geben, solange diese Fähigkeit nicht allgemein als wünschenswert anerkannt ist; solange die Menschen nicht beginnen, sie als etwas ganz Natürliches, Selbstverständliches zu verstehen; solange sie nicht anfangen, sie ohne übertriebene Erregung zu betrachten, sondern vielmehr als einen neuen, hilfreichen Sinn, als neues Werkzeug, das der Mensch für seine Orientierung in der Außenwelt verwenden kann. Zuerst also muß die ASW psychologisch in das Leben des Einzelmenschen integriert werden; das aber kann nicht geschehen, solange ASW nicht moralisch und gesetzlich in das Leben der menschlichen Gesellschaft integriert ist.

Doch können wir kaum alle Probleme, die eine solche Integrierung aufwerfen dürfte, voraussehen.

Literaturhinweis

Eine genauere Beschreibung der vom Autor verwendeten Methode des ASW-Trainings findet sich in *International Journal of Parapsychology*, vol. 8, No 4, 1966 (Herausgegeben von der Parapsychology Foundation, Inc., New York, N. Y.). Genauere Beschreibungen einzelner Versuche mit P. S. unter besonderer Hervorhebung von Einzelheiten der Versuchsverfahren sind in einer Artikelreihe in *The Journal of Parapsychology*, Jahrgänge 1962–1967 (Besitzer: Foundation for Research on the Nature of Man, Durham, N. C.), erschienen. Spätere Versuche mit P. S. sind beschrieben worden in einer Artikelreihe von anderen Autoren, vor allem in *The Journal of the American Society for Psychical Research* (New York, N. Y.) ab 1967.

Anhang: Moderne Strömungen in der ASW-Forschung

Wir haben in diesem Buch unsere Forschungen zur Möglichkeit einer Steigerung individueller ASW-Leistungen einzelner Versuchspersonen und die Ergebnisse unserer Versuche beschrieben. Wir haben gezeigt, daß die Hypnose ein vielverheißendes Hilfsmittel zu diesem Zweck ist und daß sie helfen kann, ASW unter die Kontrolle des Willens zu bringen.

Die in diesem Buch geschilderten Versuche hatten sehr einfache Wahrnehmungsaufgaben zum Thema und gestatteten daher die Verwendung sehr einfacher Versuchsmethoden. Wenn die Versuchspersonen in der geeigneten Weise psychologisch disponiert waren, war kein besonderes Instrumentarium erforderlich. Ein paar Sätze Karten in undurchsichtigen Umschlägen genügten allen Erfordernissen unserer Versuche.

Für die moderne Parapsychologie aber war diese Forschungsrichtung – so verheißungsvoll sie sein mag – nur eine von verschiedenen Tendenzen in der Erforschung der ASW. Parallel mit der zunehmenden technologischen Verfeinerung in anderen Wissenschaften modernisierte sich auch dieser Forschungsbereich.

Auch bei parapsychologischen Experimenten werden in zunehmendem Maße verfeinerte Instrumente verwendet – für die Registrierung der Daten, als empfindliche Detektoren schwer faßbarer ASW-Erreger oder zur Erfassung jenes schwer zu bestimmenden Bewußtseinszustands, der für ASW disponiert (und den wir durch Hypnose zu erreichen suchten).

So ist es zum Beispiel mittlerweile sehr beliebt, technische Spezialgeräte für ASW-Tests zu konstruieren. Derartige Geräte erleichtern den Testvorgang und bieten entscheidende Vorteile, wenn es bei quantitativen Versuchen darauf ankommt, eine große Menge Daten zusammenzutragen. Ferner können solche Geräte bei der Lösung dieser oder jener Sonderprobleme verwendet werden (so etwa bei der Isolierung reinen Hellsehens von Telepathie).

Wir haben ebenfalls ein solches Gerät entwickelt für unsere Versuche mit P. S., obwohl uns spätere Ereignisse (vor allem die Emigration des Autors aus der Tschechoslowakei im Jahre 1967) die Möglichkeit nahmen, es so ausgiebig zu gebrauchen, wie wir es beabsichtigt hatten.

Das Gerät konnte automatisch Zielobjekte für die einzelnen Tests auswählen und sie vorlegen. Es erzeugte eine Zufallsfolge wechselnder Signale, die jeweils eine der beiden verborgenen elektrischen Birnen aufleuchten ließ (von denen eine weiß, die andere grün war), und die Versuchsperson hatte die Aufgabe, mit Hilfe von ASW festzustellen, welche der Birnen aufleuchtete. Diese Bestimmung äußerte die Versuchsperson durch Drücken eines der beiden Antwort-Knöpfe (von denen ebenfalls der eine weiß, der andere grün war) in dem Antwort-System. Das Gerät zählte anschließend automatisch Treffer und Fehler getrennt sowie, zur Kontrolle, auch die Gesamtanzahl der Einzelaufgaben.

Die ganze Anlage bestand im wesentlichen aus zwei Teilen: einem Kontroll-System und einem Antwort-System. Das Antwort-System befand sich im selben Raum wie die Versuchsperson. Das Kontroll-System, das die wichtigsten Funktionselemente enthielt, war mit ihm durch ein langes Kabel verbunden, so daß die Möglichkeit gegeben war, das Kontroll-System, wenn notwendig, in einen anderen Raum zu stellen.

Das Antwort-System enthielt zwei Glühbirnen, die als Zielobjekt dienten (eine weiße und eine grüne), sowie zwei Antwort-Knöpfe (einen weißen und einen grünen), einen Kontroll-Knopf (rot) und einen Zähler für die Gesamtzahl der Einzelbestimmungen. Die Kontroll-Einheit enthielt einen Zufallsgenerator (der die Glühbirne auswählte, die jeweils aufleuchten sollte) und zwei Zähler zum Zusammenzählen der Fehler und der Treffer. (Bei einem späteren Typ des gleichen Gerätes bauten wir zwei weitere Zähler ein, die ermöglichten, Fehler und Treffer für jede der beiden Glühbirnen getrennt zu zählen; so konnten wir feststellen, wievielmal jede Glühbirne aufgeleuchtet hatte, und besaßen auf diese Weise eine Möglichkeit, das richtige Funktionieren des Vorgangs der Zufallsauswahl zu überprüfen.

Das Gerät war besonders für Versuche mit „reinem Hellsehen" geeignet. Es überprüfte die Richtigkeit der von der Versuchsperson gegebenen Bestimmungen und zählte die Treffer und Fehler – alles ohne Beteiligung auch nur eines menschlichen Bewußtseins. Das Gerät behandelte alle Einzelaufgaben einer Versuchsreihe als ein Ganzes, und es blieb keinerlei „Spur" der jeweiligen Abfolge der Zielobjekte erhalten. Das Wissen, um was für ein Zielobjekt es sich bei irgendeiner Einzelaufgabe handelte, gelangte auf diese Weise niemals in ein menschliches Bewußtsein. Damit war die Möglichkeit von Telepathie absolut ausgeschaltet.

Der Versuch mit reinem Hellsehen begann damit, daß der Versuchsleiter (oder die Versuchsperson) den roten Kontroll-Knopf drückte. Dadurch leuchtete eine der beiden verborgenen Glühbirnen auf (welche von beiden, war vorher durch den Zufallsgenerator bestimmt worden). Dann gab die Versuchsperson ihre Bestimmung ab, indem sie entweder den grünen oder den weißen Antwort-Knopf drückte. Der Zähler im Antwort-System addierte eine Aufgabe und die Zähler im Kontroll-System einen Treffer oder einen Fehler – je nachdem, ob die Bestimmung richtig gewesen war oder nicht. Zugleich erlosch die Glühbirne wieder. Durch Druck auf den roten Knopf wurde das Gerät für die folgende Aufgabe in Gang gesetzt.

Die oben geschilderte Arbeitsweise des Gerätes prüfte reines Hellsehen in der Situation der Gleichzeitigkeit (das heißt, daß es darum ging festzustellen, welche Glühbirne in dem Augenblick aufleuchtete, in dem die Versuchsperson ihre Aufgabe löste). Doch waren die Schaltungen des Geräts so eingerichtet, daß es durch einfache Betätigung des Kontroll-Schalters am Kontroll-System auf die Prüfung von präkognitiven Leistungen umgestellt werden konnte.

Bei dem Präkognitionsversuch drückte die Versuchsperson zuerst den weißen oder grünen Knopf, um zu bestimmen (oder vorherzusagen), welche Birne nach dem Drücken des roten Knopfes aufleuchten würde. Der Kontroll-Zähler registrierte eine Präkognitionsaufgabe, danach drückte die Versuchsperson (oder der Versuchsleiter) den roten Knopf, so daß eine der beiden Birnen aufleuchtete. Wenn die Birne aufleuchtet hatte, addierte einer der Zähler des Kontroll-Systems einen Treffer oder Fehler, je nachdem, ob die Voraussage richtig war oder nicht. (Die Birne, die aufleuchtete, war vom Zufallsgenerator ausgewählt worden; dazu war eine besondere, variierbare

Einrichtung zur Funktionsverzögerung in den Stromkreis eingeschaltet, die gewährleisten sollte, daß die Auswahl der jeweils aufleuchtenden Birne nicht durch die Wahl des Augenblicks bestimmt wurde, in dem man den roten Knopf betätigte.) Dann ging der Versuch weiter mit der nächsten Aufgabe, die damit begann, daß die Versuchsperson durch Betätigen eines der beiden Antwort-Knöpfe eine neue Bestimmung machte.

Die Konstruktion eines solchen ASW-Testgeräts bietet keine außergewöhnlichen technischen Probleme, und in den parapsychologischen Forschungszentren in aller Welt waren bereits verschiedene Abwandlungen solcher Geräte gebaut worden.

Sie erwiesen sich als besonders nützlich, wenn bei quantitativen Versuchen ein schnelles Zusammentragen großer Datenmengen erforderlich war. Nicht selten beeinflußte die Einführung eines neuen eindrucksvollen mechanischen Geräts die Versuchsperson auch psychologisch, fesselte sie und steigerte ihr Interesse an dem Versuch durch die Neuheit des Versuchsverfahrens. So kann ein Testgerät also indirekt auch zur Verbesserung der ASW-Leistung der Versuchsperson beitragen.

Eine wichtige Tatsache jedoch kann nicht genug betont werden: Wie wertvoll ASW-Testgeräte auch für die Erleichterung der Versuchsverfahren sein mögen – man darf nie vergessen, daß ihre grundlegende Rolle immer darin besteht, Daten zu *registrieren,* in denen ASW entdeckt werden kann. Sie können *niemals* selbst ASW verursachen. Menschen, die solche Geräte konstruieren und bauen, sind für gewöhnlich technisch orientiert und neigen häufig dazu, die eben erwähnte Tatsache zu übersehen und zu vergessen, daß auch ein hochentwickeltes ASW-Gerät nicht zu verwenden ist, wenn die wichtigste Voraussetzung für einen Versuch fehlt: eine *talentierte Versuchsperson, die in der Lage ist, in der gegebenen Versuchssituation ASW-Leistungen zu vollbringen.*

Außer den speziell für die ASW-Forschung bestimmten Geräten haben in jüngster Zeit Parapsychologen immer häufiger auch Geräte eingesetzt, die für den Gebrauch in anderen Bereichen von Wissenschaft und Technologie entwickelt worden waren.

So hat sich, wie kaum anders zu erwarten, die parapsychologische Forschung sehr bald auch die Computer-Technik zunutze gemacht, und zwar nicht allein in der Datenanalyse, sondern auch in einer etwas ungewöhnlichen Weise: Die Computer-Technik lieferte ein neues Medium für die Betätigung von ASW. Die Versuchsperson bekam den Auftrag, beim Arbeiten an einem Datenverarbeitungsgerät und beim Lochen von Datenkarten ihre ASW zu betätigen, mit dem Ziel, verborgene Zielobjekte herauszufinden. Dieses Verfahren hat – außer seiner eventuellen motivierenden Wirkung – einen Vorteil, insofern die Versuchsdaten in einer zur unmittelbaren Analyse durch einen Computer geeigneten Form geboten werden.

Natürlich unterscheiden sich die von verschiedenen Autoren verwendeten Techniken in den Details. (Mehrere Konstrukteure komplizierterer ASW-Testgeräte sorgten auch für eine automatische Übertragung aller sich im Verlauf des Tests ergebenden Daten auf Lochkarten.)

Bei unserem Versuch diente eine IBM-Datenkarte als Zielobjekt. In diese Karte waren 80 Löcher in Zufallsordnung eingestanzt (ein Loch je Spalte). Das ergab eine Abfolge von 80 Einzelaufgaben nach einem Dezimal-Schlüssel mit je $1/10$ Wahrscheinlichkeit eines Zufallstreffers. Diese Karte wurde in einen undurchsichtigen Umschlag gesteckt, und die Versuchsperson erhielt den Auftrag, auf dem IBM-Locher andere IMB-Karten möglichst ebenso zu lochen wie die in dem undurchsichtigen Umschlag verborgene.

Das gleiche Versuchsverfahren läßt sich auch auf eine Präkognitionssituation umstellen. Eine ungelochte Karte wurde als Zielobjekt genommen; dann bemühte sich die Versuchsperson, andere Karten so zu lochen, wie die ungelochte Karte, die als Zielobjekt diente, zu einem künftigen Zeitpunkt gelocht werden würde. Später wurde die Abfolge von 80 Zahlen durch Zufallsauswahl bestimmt; mit diesen Zahlen wurde dann die als Zielobjekt dienende Karte gelocht.

Bei beiden Versuchsanordnungen erzielte die Versuchsperson (M. B.) eine signifikante, über der Zufallserwartung liegende Trefferzahl, die anzeigte, daß auch bei dieser Versuchsanordnung tatsächlich ASW wirksam wurde.

Doch die jetzt geschilderten Neuerungen in den Methoden stellen im Grunde nur eine Verfeinerung der Registrierungsverfahren für die ASW-Leistung dar, die in bereits vorliegenden Ergebnissen der Versuchsperson zutage treten. Andere Techniken (vor allem physiologische Messungen) wurden im Hinblick auf einen wesentlicheren Teil des Vorgangs und mit dem Ziel, den Weg zu möglicherweise ver-

heißungsvolleren Verfahren zu finden, verwendet. Sie richteten sich
auf die Versuchsperson selbst.

Man verwendete moderne physiologische Meß- und Aufzeichnungstechniken mit der Absicht, auf diese Weise Personen mit besonders
hoher ASW-Fähigkeit herauszufinden oder Augenblicke festzustellen,
in denen die Versuchsperson ihre ASW besonders erfolgreich einsetzen
kann, falls – wie das bei der ASW sehr häufig vorkommt – die Versuchsperson diese Augenblicke nicht durch Selbstbeobachtung bestimmen kann.

Schon bei den Versuchen mit J. K. verwendeten wir den Elektro-
enzephalographen in der Hoffnung, dadurch irgendwelche Erkenntnisse über den ASW-Vorgang selbst zu gewinnen. In einer kurzen
Versuchsreihe (die in den oben mitgeteilten Daten nicht enthalten
ist) wurde J. K., auf einer Couch liegend, hypnotisiert; dabei waren
an ihrem Kopf Elektroden für ein EEG (= Elektroenzephalogramm)
befestigt. Dann bekam sie einen undurchsichtigen Umschlag, in dem
sich eine ASW-Testkarte befand, in die Hand, durfte seine Oberfläche mit den Fingern abtasten und sollte, wenn sie sich klar darüber
war, was für ein Symbol auf der inliegenden Karte stand, dieses Symbol nennen. Danach wurde der Umschlag, den sie in der Hand hielt,
fortgenommen und durch einen neuen ersetzt für die nächste Aufgabe.

Während des ganzen Versuches wurde ein EEG ihrer Gehirntätigkeit aufgenommen und ein Elektromyogramm ihrer Handmuskeln.
Das Elektromyogramm ließ deutlich die Bewegung ihrer Finger beim
Betasten des Umschlages erkennen; ihr EEG dagegen zeigte nichts
Ungewöhnliches, obwohl sie bei dem Versuch nachweislich ihre ASW
betätigte. Ihr EEG zeigte alle Eigenarten der normalen Tätigkeit in
vollwachem Zustand.

Neuerdings aber haben andere Autoren behauptet, sie könnten
charakteristische Änderungen im EEG dann erkennen, wenn die Versuchsperson sich im für ASW disponierenden Zustand befinde. (Dabei ist in jüngster Zeit vor allem das Auftreten des Alpha-Rhythmus
als in dieser Hinsicht bedeutungsvoll betrachtet worden.)

Eine andere und vielleicht noch verheißungsvollere Verwendung
physiologischer Aufzeichnungstechniken in der ASW-Forschung ist
die, sie als empfindliche Detektoren auf außersinnlichem Wege emp-
fangener Informationen zu verwenden.

Bisher wurde ASW für gewöhnlich in den bewußten Erfahrungen von Versuchspersonen entdeckt, wenn sie mitgeteilt wurden und sich herausstellte, daß sie auf außersinnlichem Weg empfangene Informationen enthielten. In den üblichen ASW-Versuchssituationen bekam die Versuchsperson die Aufgabe, verborgene Zielobjekte (Symbole auf ASW-Karten, Farben usw.) zu benennen oder die Kenntnis dieser Zielobjekte durch irgendein Verhaltensmuster zum Ausdruck zu bringen (z. B. durch Lochen von Karten oder durch Betätigung von Knöpfen an ASW-Testgeräten). All diese zur Entdeckung von ASW verwendeten Reaktionen waren psychologischer Art.

Wir können annehmen, daß beim Vorgang der ASW die Information über das wahrgenommene Ereignis durch Signale bisher unbekannter Art an den Organismus der Versuchsperson herangebracht wird. Wenn diese geheimnisvollen Signale die Information an den Organismus übertragen, wird sie im Gehirn der Versuchsperson verarbeitet, bewußt erfahren und mitgeteilt, oder sie löst diese oder jene unbewußte Reaktion im Verhalten aus.

Die psychische Tätigkeit der Versuchsperson tritt hier als wesentliches Bindeglied in Erscheinung. Es scheint sogar, als sei sie ein entscheidend störendes Element: Manche Signale können zu schwach sein und nur auf der unterbewußten Ebene wirksam werden (ohne daß die Versuchsperson sie überhaupt bewußt erfährt); andere Signale können vom Bewußtsein gehemmt werden (und unbemerkt bleiben), wenn es nicht bereit ist, sie zu empfangen; und schließlich können wieder andere Signale durch Einwirkung psychischer Vorgänge bei der Versuchsperson verzerrt (und dadurch falsch empfangen und erfahren) werden.

Man kann begründetermaßen annehmen, daß eintreffende ASW-Signale – wenn sie auf einem verkürzten Weg die bewußte Erfahrung aussparen – körperliche Vorgänge beeinflussen; sie könnten direkt entdeckt werden, wenn diese Vorgänge durch eine geeignete und genügend empfindliche physiologische Apparatur registriert werden. Derartige Entdeckungsverfahren können so empfindlich reagieren, daß sie möglicherweise selbst solche ASW-Signale sichtbar machen, die nach dem bisherigen Verfahren unentdeckt bleiben.

Dazu sind in jüngster Zeit verschiedene Methoden entwickelt worden, und nach weiteren, neuen Verfahren wird noch gesucht. Das vielleicht erste erfolgreich zur direkten Entdeckung von ASW verwendete physiologische Verfahren dürfte die Plethysmographie sein. Diese Methode basiert auf der Beobachtung, daß der Umfang der Blutgefäße ein sehr empfindlicher Indikator für Gehirnvorgänge ist. Der Plethysmograph entdeckt und registriert selbst winzige Änderungen im Umfang von Kapillargefäßen und erfaßt auf diese Weise eintreffende Signale, die die Tätigkeit des Nervensystems beeinflussen. Mehrere Autoren haben bereits von Versuchen berichtet, bei denen telepathische Signale, die von der Versuchsperson nicht bewußt erkannt worden waren, vom Plethysmographen erfolgreich entdeckt wurden.

Ein weiterer Detektor für ASW-Eindrücke wurde in den schnellen Augenbewegungen entdeckt (REM-Technik). Am Gesicht der schlafenden Versuchsperson befestigte Elektroden entdeckten Bewegungen ihrer Augäpfel, die infolge des Empfangs von ASW-Signalen eintraten.

Ganz ähnlich haben in jüngster Zeit mehrere Autoren versucht, direkt Änderungen in der Gehirntätigkeit festzustellen, die durch das Eintreffen von ASW-Signalen verursacht wurden. Zu diesem Zweck wurde ein EEG von der Gehirntätigkeit der Versuchsperson analysiert, in der Hoffnung, es könnten sich einige Änderungen in den Schwingungsrhythmen entdecken lassen, die als Anzeichen für das Eintreffen von ASW-Signalen dienen könnten. (Das einzige, was wir auf diese Weise zu erreichen hoffen können, ist natürlich nur die Entdeckung einfacher Einzelimpulse; wegen unseres begrenzten Wissens über die Verschlüsselung von Signalen bei der Übertragung über die Nervenbahnen können wir auf diese Weise nicht mit der Entdeckung irgendwelcher komplizierter Bedeutungsgehalte rechnen.)

Obwohl diese Forschung sich noch in ihrem Vorbereitungsstadium befindet, scheint es, als diene die Verwendung der EEG-Technik einem doppelten Zweck: Einerseits kann die Analyse von Gehirnwellen die Periode bestimmen helfen, in denen die Versuchsperson für ASW-Signale besonders empfänglich ist; andererseits kann sie direkt helfen, diese Signale aufzuspüren.

Diese wenigen Beispiele sind charakteristisch für die gegenwärtig in der Parapsychologie herrschenden Bemühungen, bei denen eine schrittweise Akzentverschiebung von früheren vergleichsweise einfachen psychologischen Forschungsmethoden zu höher verfeinerten physiologischen Versuchen zu beobachten ist. Man kann begründetermaßen voraussagen, daß auf diesem Weg weitergegangen werden wird und daß kompliziertere Geräte und verfeinerte Forschungsmethoden von der künftigen Parapsychologie in wachsendem Umfang verwendet werden.

Natürlich wird die mit ASW-Fähigkeiten begabte Person immer das Hauptelement bei allen Bemühungen zur Kontrolle der ASW bleiben. Daher werden die Grundfragen der ASW-Forschungen nach wie vor lauten:

a) Wie bringe ich die Versuchsperson in den Bewußtseinszustand, der zur ASW disponiert?

b) Wie kann ich diesen Zustand objektiv bestimmen und entdecken?

c) Wie läßt sich dieser Bewußtseinszustand genügend lange erhalten?

d) Wie können wir der Versuchsperson in wirksamer Weise helfen, ihre ASW immer dann einzusetzen, wenn sich die praktische Notwendigkeit dazu ergibt?

Selbst noch so sehr verfeinerte Instrumente und Geräte können also lediglich dabei behilflich sein, diese grundlegenden Ziele zu erreichen.

Bildteil

ASW-Karten, das meistgebrauchte Werkzeug bei quantitativen ASW-Versuchen. (Bei einem ASW-Versuch bekommt die Versuchsperson die Aufgabe, die Zeichen auf den einzelnen Karten zu bestimmen. Die Ergebnisse von langen Reihen solcher Bestimmungen werden anschließend statistisch ausgewertet.)
a) Die meistgebrauchten ASW-Karten; sie wurden vom Parapsychologischen Laboratorium der Duke University (Durham, N. C.) entwickelt.
Andere Arten von Karten, die zur Prüfung von ASW-Leistungen verwendet worden sind:
b) Karten mit „emotionalen" Symbolen in Gestalt von Karnevalsmasken (Higbee cards).
c) Karten mit esoterischen Symbolen, die von indischen Parapsychologen vorgeschlagen wurden.
d) Karten mit farbigen Bildern, vorgeschlagen von dem bulgarischen Parapsychologen G. Lozanow.
e) Von dem polnischen Parapsychologen S. Manczarski verwendete Karten.

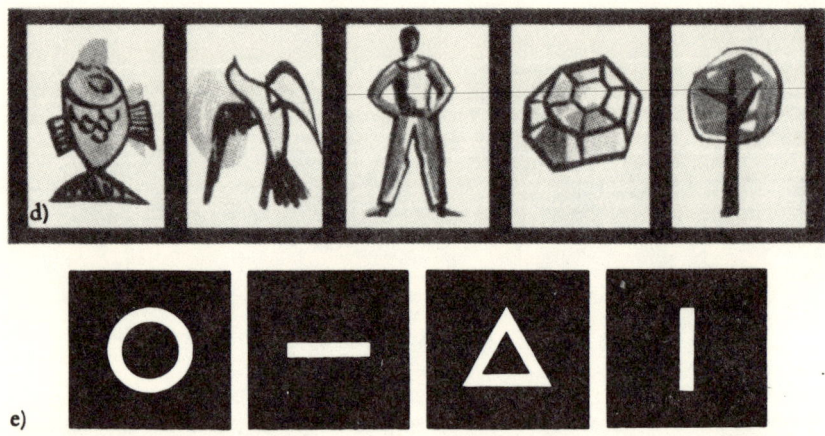

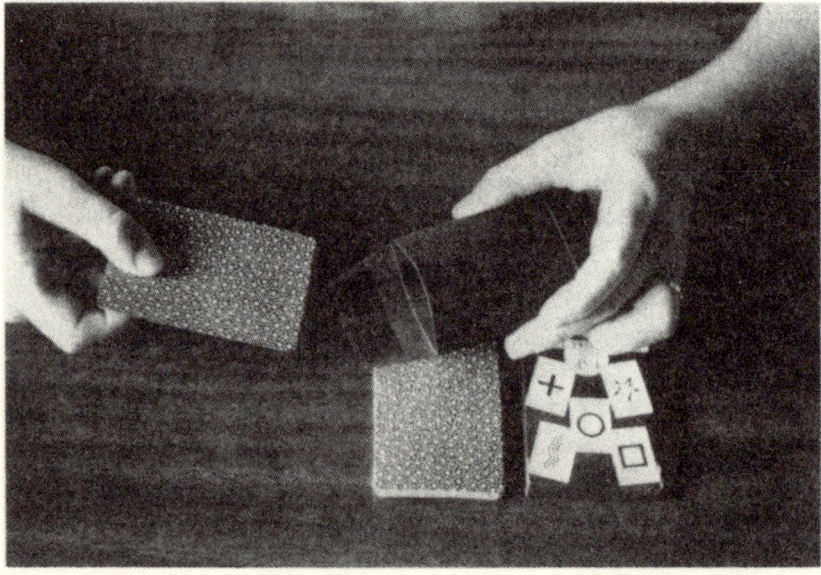

Bei quantitativen Karten-Bestimmungsversuchen müssen alle Möglichkeiten einer normalen Sinneswahrnehmung sorgfältig ausgeschaltet werden. Es genügt nicht, nur die Oberseiten von Karten verborgen zu halten, da auch die Rückseiten Kratzer oder andere Unregelmäßigkeiten aufweisen können, die der Versuchsperson möglicherweise helfen, die Karten durch normale Sinneswahrnehmungen zu bestimmen. Daher gilt als Regel, daß die Karten vor dem Versuch in undurchsichtige Umschläge gelegt werden, damit der Versuchsperson auch die Rückseiten verborgen bleiben.

ASW-Training in Hypnose. Die hypnotisierte Versuchsperson erhielt die Suggestion einer autoskopischen Halluzination (das heißt, daß sie den eigenen Körper
von oben sieht). Als sie erklärte, sie sehe ihr Gesicht, erhielt sie die Aufforderung
zu sagen, was neben ihrem Kopf liege (eine ASW-Karte mit Kreuzsymbol).
Unten: Nahaufnahme vom Gesicht der Versuchsperson, die sich gerade bemüht,
das Symbol auf der Karte durch ASW zu erkennen.

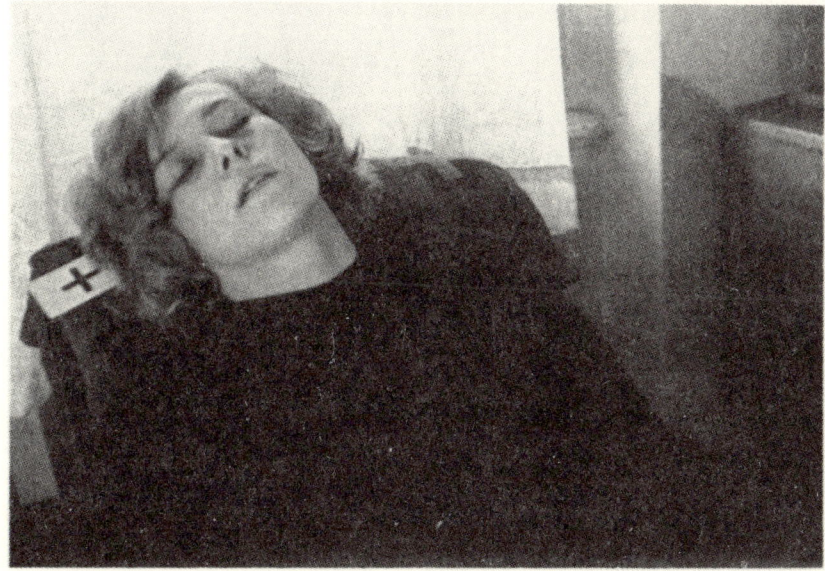

ASW-Training mit Hilfe von Hypnose: Die hypnotisierte Versuchsperson bemüht sich, die Uhrzeit von der hinter einem undurchsichtigen Schirm liegenden Kinderuhr „abzulesen".

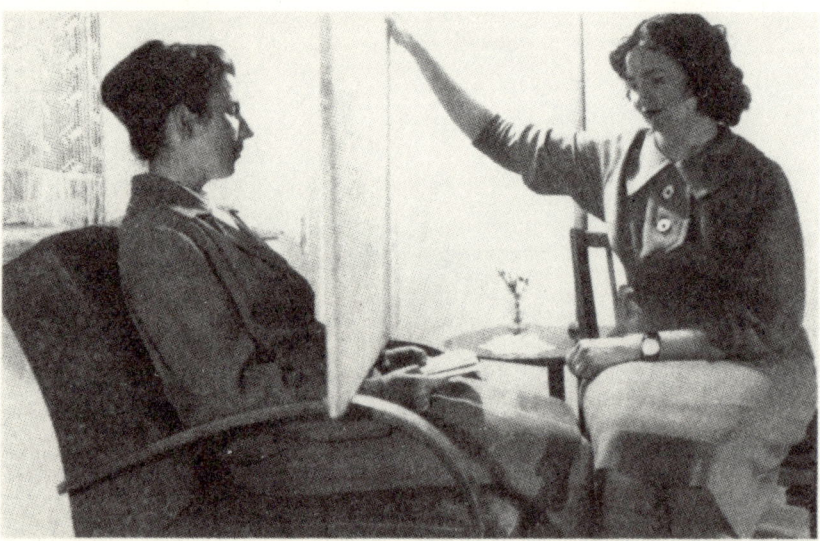

Fräulein L. S., P. S.s Vorgängerin, versucht, im Zustand der Hypnose die Farben von in undurchsichtigen Umschlägen liegenden Karten zu bestimmen. Obwohl die Umschläge selbst undurchsichtig sind, hindert ein ebenfalls undurchsichtiger, von der Assistentin gehaltener Schirm die Versuchsperson daran, sie zu sehen.

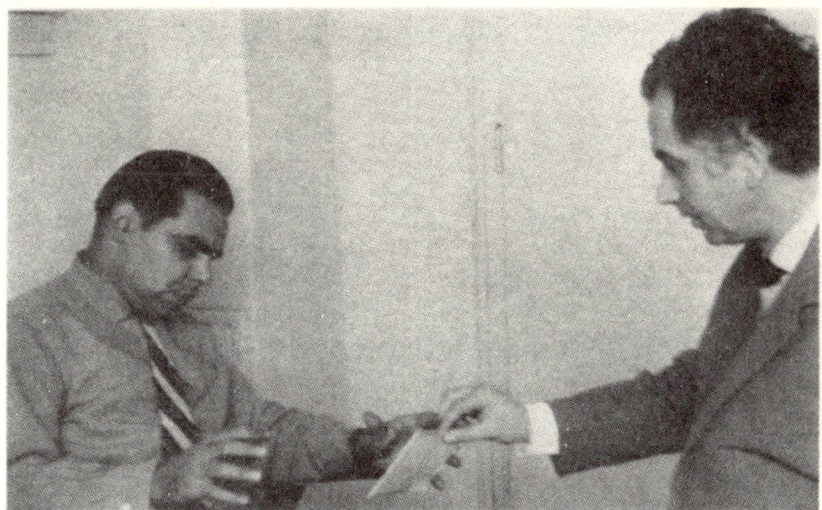

Die bulgarische Versuchsperson Dusko V. bei dem Versuch, in Hypnose die in einem undurchsichtigen Umschlag liegende Karte zu erkennen, ohne sie berühren zu dürfen. Versuchsleiter ist Dr. G. Lozanow.

Die gleiche Versuchsperson – Dusko V. – vollführt in tiefer Hypnose Bewegungen, die ihr auf telepathischem Wege suggeriert werden.

Fräulein J. K. betätigt ihre
ASW in Hypnose.
a) Beim Versuch, das Symbol
auf einer ASW-Karte, die in
einem undurchsichtigen Umschlag steckt und hinter einem
ebenfalls undurchsichtigen
Schirm liegt, zu bestimmen.
b) Bei derselben Aufgabe,
jedoch mit der Abwandlung,
daß es der Versuchsperson
gestattet war, die Oberfläche
des Umschlags zu berühren
und abzutasten.

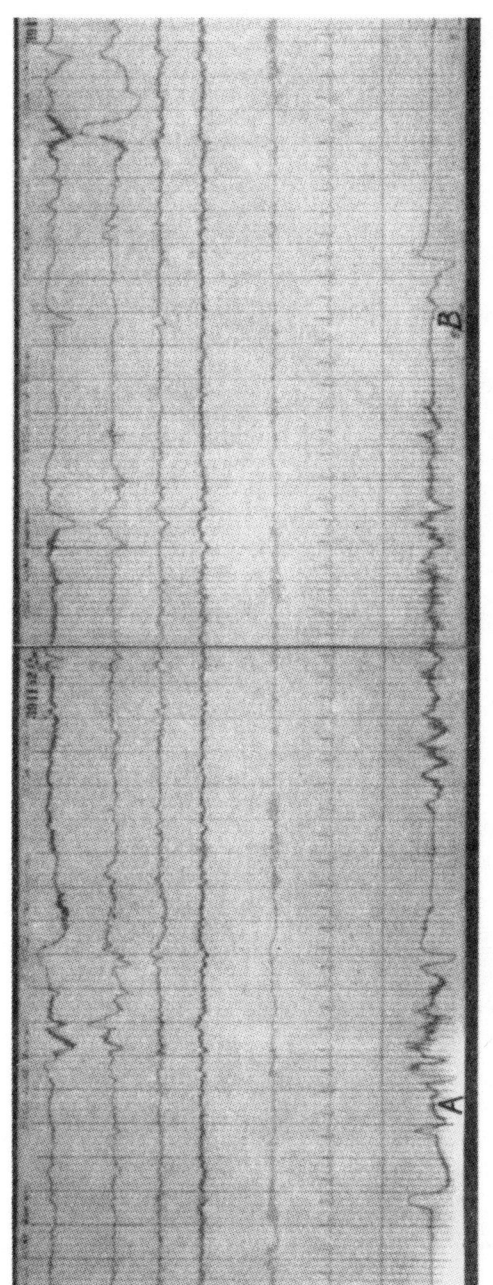

Ein Elektroenzephalogramm von J. K.s Gehirntätigkeit, das aufgenommen wurde, während sie ihre ASW betätigte. – A) Der Augenblick, in dem J. K. der Umschlag mit der ASW-Karte in die Hand gegeben wurde. – B) Der Augenblick, in dem J. K. das Symbol auf der Karte richtig bestimmte. (Starke senkrechte Linien bezeichnen Zeiträume von je einer Sekunde.)
Die ersten fünf Linien des EEG zeigen die Aufzeichnung der Tätigkeit verschiedener Gehirnpartien (entsprechend der Anbringung der Elektroden, wie sie auf der Skizze unten links angegeben ist).
Zeile 6: Elektrokardiogramm.
Zeile 7: Leerzeile.
Zeile 8: Elektromyogramm.

Bei Versuchen mit Herrn P. S. verwendete Zielobjekte.
1. Links: Äußere Umhüllung.
Rechts oben: Eigentliches Zielobjekt = die Karte, von der jeweils die Farbe der obenliegenden Seite zu bestimmen war. (Auf der Abbildung ist die grüne Seite sichtbar, während die weiße Seite unten liegt.)
Rechts unten: Innerer Umschlag.
2. Herrichtung der Zielobjekte:
a) Die Karte wird in den undurchsichtigen inneren Umschlag gesteckt.

b) Der innere Umschlag (mit der zu bestimmenden Karte) ist versiegelt und in die undurchsichtige äußere Hülle gesteckt worden.
3. Das hergerichtete Zielobjekt: die äußere Hülle mit dem versiegelten inneren Umschlag, in dem die zu bestimmende Karte steckt.

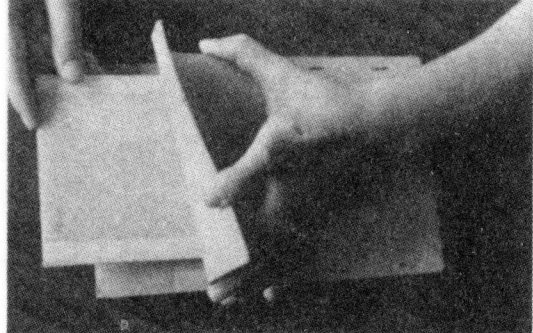

4. Ein für den Versuch vorbereiteter Satz von Zielobjekten (mit inliegenden Karten).

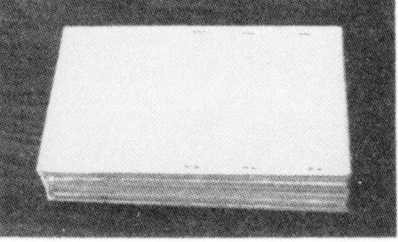

Typische Versuchssituation bei Versuchen mit P. S.
Erste Form: P. S. bekommt einen Satz von Umschlägen mit Karten vorgelegt und reicht unter Ansage der Farbbestimmungen eine nach der anderen dem Versuchsleiter; dieser schreibt die Ansagen nieder.
Zweite Form: P. S. darf die Umschläge mit den inliegenden Karten nicht berühren.
(P. S. besaß die Fähigkeit, bei beiden Versuchsformen ASW-Leistungen von gleicher Qualität zu zeigen.)

Dr. J. G. Pratt war der erste ausländische Besucher, der P. S.s Arbeitsweise und Leistungen prüfte. Unser Bild zeigt Dr. Pratt im Gespräch mit dem Autor.

Eine Gruppe holländischer Wissenschaftler kam 1964 nach Prag, um P. S.s Leistung zu begutachten, und führte mit ihm einen Kontrollversuch durch, der P. S.s ASW-Fähigkeit bestätigte. Von links nach rechts: Professor J. T. Barendregt, Dr. P. R. Barkema, Dr. J. Kappers, Herr P. S.

Als Dr. J. B. Rhine im Jahre 1965 Prag besuchte, führte P. S. ihm das Versuchsverfahren vor.

Dr. J. B. Rhine und Frau L. E. Rhine besprechen die Versuchsergebnisse mit dem
Autor.

Vom Autor entwickeltes ASW-Testgerät.

1. Links: Antwortsystem mit als Zielobjekt dienenden Glühbirnen (die während des Versuches mit einem undurchsichtigen Schirm bedeckt sind), Knöpfen und einem Zähler für die Zählung der Gesamtzahl der Einzelaufgaben.

Rechts: Kontrollsystem mit Schalthebel zur Bestimmung der Funktionsweise (entweder für Präkognition oder für reines Hellsehen), und mit Zählern zum Zusammenzählen der Fehler und Treffer.

2. Innenansicht des Geräts.

3. Herr P. S. beim Arbeiten mit dem ASW-Testgerät. (Durch Verwendung eines zusätzlichen Verlängerungskabels konnte das Antwortsystem mit den Glühbirnen an einem weiter von der Versuchsperson entfernten Platz aufgestellt werden.)

a) ASW-Testgerät, entwickelt von Dr. Helmut Schmidt. Das Gerät stellt der Versuchsperson vier Glühbirnen zur Auswahl.
Links: Antwortsystem mit Betätigungsknöpfen, Glühbirnen und Zählern.
Mitte: Kontrollsystem mit einem Generator in Zufallsfolge gegebener Signale.
Rechts: Zusätzliche Einrichtung zum Lochen der Daten in einen Papierstreifen zur anschließenden Datenauswertung durch einen Computer.
b) Versuchsperson am ASW-Testgerät (Modell Schmidt).
(Beide Aufnahmen mit freundlicher Genehmigung von Dr. H. Schmidt vom Parapsychologischen Laboratorium, Foundation for Research on the Nature of Man, Durham, N. C.)

ASW-Betätigung an der Lochmaschine. Die Versuchsperson locht IBM-Karten und versucht dabei, die Lochungen der als Zielobjekt dienenden gelochten Karten zu treffen (die sie in einem undurchsichtigen Umschlag in der linken Hand hält).

207

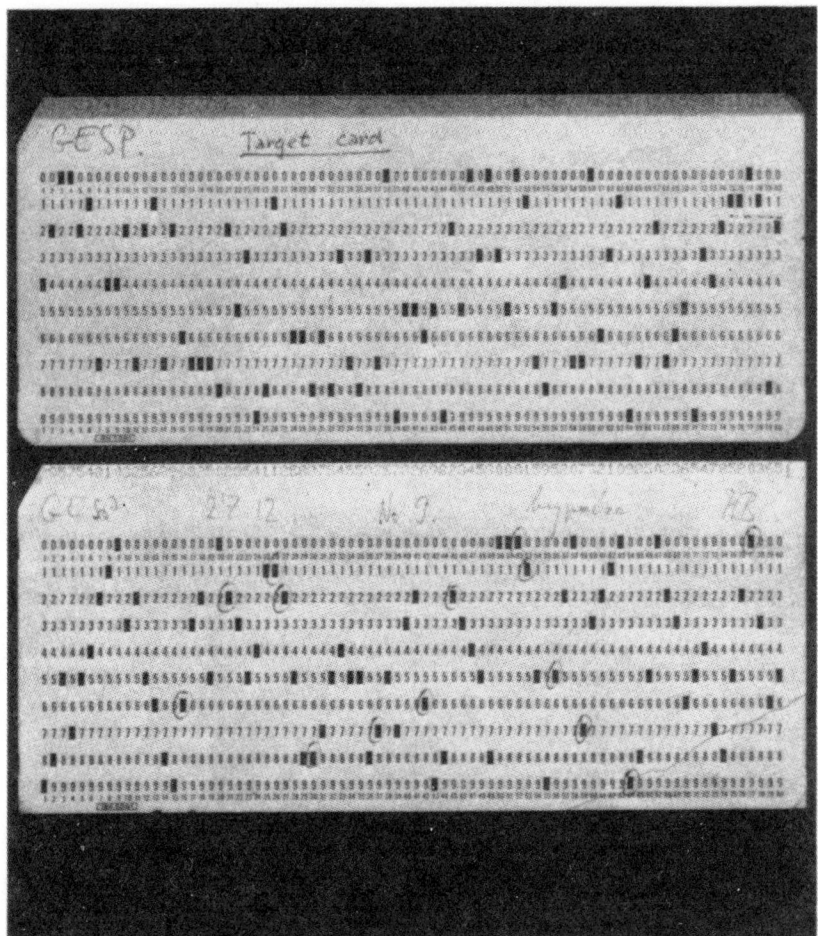

ASW-Versuch mit Lochkarten.
Oben: Als Zielobjekt dienende Lochkarte, die in einem undurchsichtigen Umschlag verschlossen war.
Unten: Von der Versuchsperson gelochte Testkarte. Es sollte dabei versucht werden, möglichst viele Lochungen der als Zielobjekt dienenden gelochten Karte zu treffen. Die Treffer sind mit Kreisen gekennzeichnet. Im vorliegenden Fall erreichte die Versuchsperson 14 Treffer – 8 hätten der Zufallserwartung entsprochen.

In manchen Versuchssituationen kann ein Lochbrett denselben Dienst leisten wie eine IBM-Lochmaschine.
Auf unserer Abbildung hält die Versuchsperson den undurchsichtigen Umschlag mit der als Zielobjekt dienenden Karte in der linken Hand und locht die Lösungskarte manuell auf einem tragbaren Lochungsgerät.

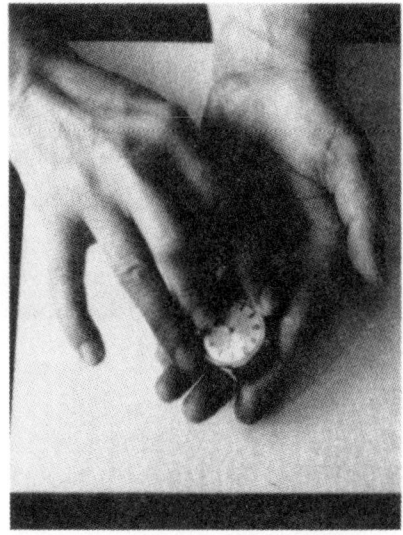

Eine der vielleicht besten Nutzungen der ASW ist ihre Verwendung beim Verlust des Gesichtssinnes. Die Darstellung zeigt die Hände einer blinden Studentin, die mit Hilfe von ASW die Uhrzeit „zu lesen" versucht. (Sie tastet mit ihren Fingern das Glas über dem Zifferblatt ab und empfängt dabei Eindrücke mit den Fingerspitzen, als berühre sie direkt die Zeiger.)

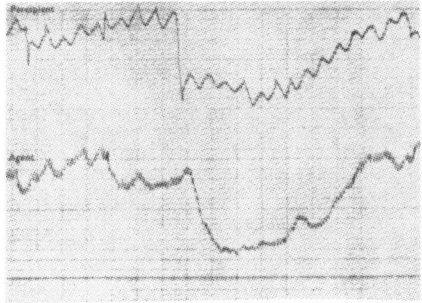

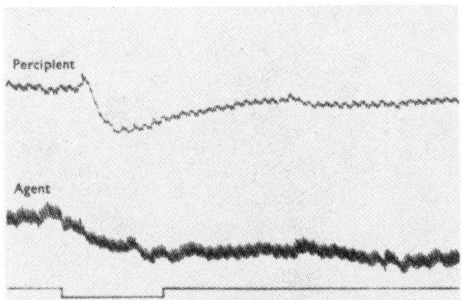

Der Plethysmograph als Indikator für telepathische Impulse.
1. Die Versuchsperson mit angelegtem Plethysmographen zur Feststellung von Änderungen im Volumen der Kapillargefäße.
2. Plethysmogramme: Die physiologische Reaktion des „Perzipienten" (=Empfängers) verlief parallel zu der entsprechenden Reaktion des „Agenten" (=Senders), obwohl zwischen beiden kein sensorischer Kontakt bestand. So konnte die Aufzeichnung des Plethysmographen als empfindlicher Detektor telepathischer Signale dienen.
(Aufnahmen mit freundlicher Genehmigung der Society for Psychical Research, London.)

210

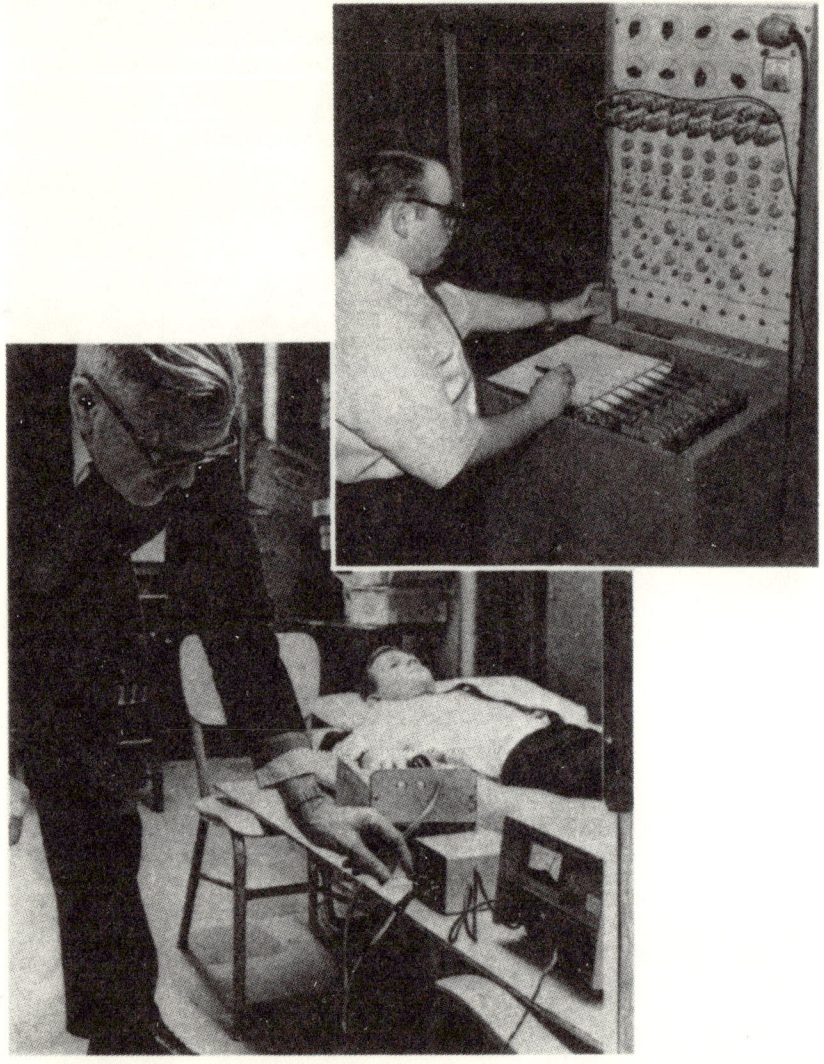

Elektroenzephalograph: Der Versuchsleiter überwacht die vom Gerät registrierten Schwankungen der Gehirnströme.
(Aufnahme mit freundlicher Genehmigung von Dr. S. Krippner, Dream Laboratory, Maimonides Medical Center, Brooklyn, N. Y.)

Moderne Weiterentwicklungen der Plethysmographie gestatten es, Gefäßreaktionen bequem aufzuzeichnen: Die Versuchsperson braucht nur ihre Finger in ein kleines Registriergerät hineinzustecken.
(Aufnahme mit freundlicher Genehmigung von E. Douglas Dan, Newark College of Engineering, N. J.)

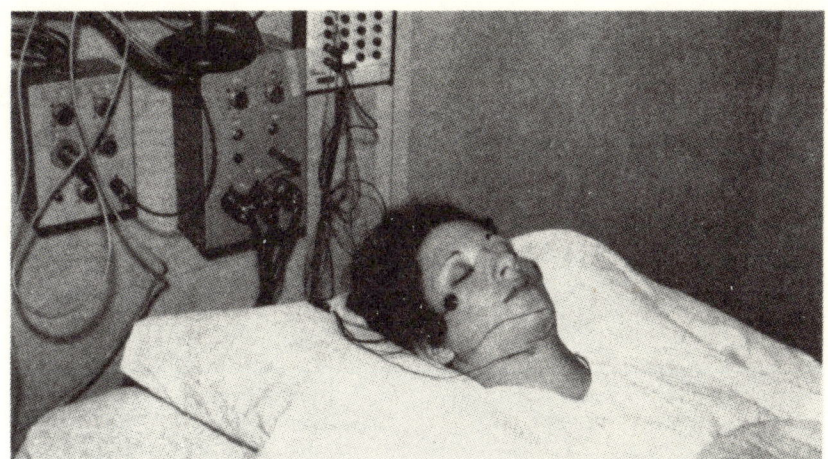

REM-Technik. Die an verschiedenen Gesichtspartien der schlafenden Versuchsperson angeschlossenen Elektroden registrieren ihre Augenbewegungen. Auch die
REM-Technik ist als Detektor für ASW verwendet worden.
(Aufnahme mit freundlicher Genehmigung von Dr. S. Krippner, Dream Laboratory, Maimonides Medical Center, Brooklyn, N. Y.)

Auch heutzutage noch erforschen Parapsychologen besonders begabte Sensitive
und Hellseher. Diese Untersuchungen können manche psychologischen Faktoren
enthüllen, die für das Verständnis des ASW-Vorganges von Bedeutung sind.
Unsere Aufnahme zeigt die blinde Vanga von Petric, berühmteste bulgarische Hell-
seherin, die von Dr. G. Lozanow überprüft wird.

Der Autor bei einer Vorlesung über seine Versuche in der Physiologischen Abteilung der Universität Leningrad. Der rechts im Bild sichtbare Zuhörer ist Professor P. I. Guljajew, Leiter des Laboratoriums für biologische Kybernetik.

Eine der wenigen Aufnahmen, die Professor P. I. Guljajew in einer Gruppe russischer Parapsychologen zeigt. In der Mitte sitzt Professor L. L. Wassiljew, der Pionier der russischen Parapsychologie.

Teilnehmer an der elften Jahresversammlung der Parapsychologen. (Veranstaltet an der Universität Freiburg [Br.], Bundesrepublik Deutschland, 1968.)
1 R. L. Van de Castle, 2 R. Chauvin, 3 J. Mihalaski, 4 D. J. West, 5 K. Osis, 6 A. Slomann, 7 M. Johnson, 8 J. G. Blom, 9 W. Pahnke, 10 C. B. Nash, 11 J. A. Freeman, 12 J. G. Pratt, 13 W. G. Roll, 14 D. H. Pope, 15 J. Kappers, 16 E. Mengoli, 17 E. D. Dean, 18 C. Honorton, 19 B. K. Kanthamani, 20 J. Eisenbud, 21 H. Bender, 22 G. Croiset, 23 T. Locher, 24 M. Rýzl (der Autor des Buches).

IN DER REIHE PARAPSYCHOLOGIE

sind von Prof. Dr. Milan Rýzl noch folgende Werke im Ariston Verlag erschienen

in Balacron mit Goldprägung und cellophaniertem, farbigem Schutzumschlag

---

PARAPSYCHOLOGIE — TATSACHEN UND AUSBLICKE

Dr. Rýzl liefert aufgrund überprüfbarer Experimente Beweise, daß es eine außersinnliche Wahrnehmung (ASW) — Hellsehen, Telepathie — und die psychische Beeinflussung materieller, auch biologisch-körperlicher Abläufe (Psychokinese) gibt. Ein anerkanntes Standardwerk der Parapsychologie. 240 Seiten, Best.-Nr. 1069.

ASW-TRAINING — METHODEN ZUR WECKUNG UND AKTIVIERUNG DES SECHSTEN SINNES

Dr. Rýzls brillante Kurzeinführung in Wesen und Phänomene der ASW (außersinnliche Wahrnehmung) und PK (Psychokinese) mit einem regelrechten Übungsprogramm zur Weckung und Entwicklung der in jedem Menschen schlummernden psychischen Gaben. Ein Kursus zu lohnendem Selbststudium. 240 Seiten, 12 Abbildungen, Best.-Nr. 1105.

HELLSEHEN UND ANDERE PARAPSYCHISCHE PHÄNOMENE IN HYPNOSE

Anhand zahlreicher Experimente und fotografischen Dokumentationsmaterials liefert der Autor überzeugende Fakten und faszinierende Ergebnisse über die ASW. In diesem Buch findet sich u. a. auch Dr. Rýzls Forschungsbericht über Pavel Stepanek, den er zum »besten je getesteten Hellseher der Welt« ausbildete (laut Liste der Weltrekorde im »Guiness Book of World Records«). 216 Seiten, 51 Abbildungen, Best.-Nr. 1083.

ASW-EXPERIMENTE, DIE ERFOLGREICH VERLAUFEN — DER SECHSTE SINN AUF DEM PRÜFSTAND

Der Forscherpionier der Parapsychologie zeigt in diesem Buch — nach einer Einführung über die richtigen Methoden wissenschaftlichen Forschens — in der Praxis erprobte Experimentalsituationen auf, durch die jedermann Phänomene der außersinnlichen Wahrnehmung testen und gültig auswerten kann. 278 Seiten, 8 Abb., Best.-Nr. 1183.

DER TOD UND WAS DANACH KOMMT — DAS WEITERLEBEN AUS DER SICHT DER PARAPSYCHOLOGIE

Dr. Rýzl präsentiert in diesem Buch Daten und Fakten, aus denen der Schluß gezogen werden muß, daß unsere Welt der Materie nur Teil einer von Raum, Zeit und Stofflichkeit unabhängigen höheren Welt ist und daß der Mensch in diesem geistigen Universum höherer Dimension nach dem Tod weiterlebt. Dieses Buch ist ein Markstein wissenschaftlichen Forschens, begeisternder Perspektiven und echter Sterbehilfe. 230 Seiten, Best.-Nr. 1221.

ARISTON VERLAG · GENF/MÜNCHEN

CH-1211 GENF 6 · POSTFACH 176 · TEL. 022/86 18 10 · TELEX 27983